JN273795

環境財務会計の国際的動向と展開

編著者
男正 昭之樹香
野田 俊裕秀智
河上八村阪 木井

東京 森山書店 発行

執筆者一覧 （執筆順）

河野　正男	中央大学経済学部教授	序章，終章
阪　　智香	関西学院大学商学部教授	第1章，第2章第1節，第2節，第5節
大森　　明	横浜国立大学経営学部准教授	第1章，第6章第3節2，第4節
井上　定子	流通科学大学商学部准教授	第2章第3節，第4節，第5節
上田　俊昭	明星大学経済学部教授	第3章
小形　健介	長崎県立大学経済学部准教授	第4章第1節，第2節，第3節，第6節，第7節
金藤　正直	弘前大学人文学部准教授	第4章第3節，第6節
植田　敦紀	LEC大学総合キャリア学部講師，米国公認会計士	第4章第4節，第5節，第5章第2節
八木　裕之	横浜国立大学経営学部教授	第5章第1節，第4節，第5節
千葉　貴律	明治大学経営学部教授	第5章第3節
村井　秀樹	日本大学商学部教授	第6章第1節，第3節1，3，第5節，第6節
齋尾　浩一郎	あずさ監査法人第3事業部シニアマネジャー，公認会計士	第6章第2節，第4節
小川　哲彦	佐賀大学経済学部准教授	第7章

＃　は　じ　め　に

　わが国では，環境報告書を通じて環境会計情報を開示する企業数は，旧環境庁が「環境会計ガイドライン」を2000年3月に公表して以来，周知のように急速に増加した。他方，財務報告書における環境会計情報の開示に関わる取り組みである環境財務会計の発展はなお未だしの感がある。しかしながら，今後環境財務会計の発展を予感させる要因を二つ挙げることができる。

　政府は2009年6月10日，2020年時点の温暖化ガスの中期目標として2005年比15％（1990年比8％）削減を表明した。また，2008年6月には長期目標として60〜80％削減するという福田ビジョンが公表されている。さらに，オバマ大統領が掲げるグリーン・ニューディール政策は，米国のみならず国際的規模で政治・経済面における環境保全に対する取り組みを促進させることになろう。これらの諸要因を勘案すると，温暖化対策を中心に企業による環境保全活動への取り組みは従来に増して推進されることが予想される。そして，これに比例して環境保全コストも上昇し，このことが，わが国における環境財務会計の発展を一段と推進するとみている。

　もう一つの要因であるが，欧米では，1990年代に入り，環境財務会計に関して，会計士団体，国際連合，欧州委員会等から各種の報告書が公表されるとともに，顕在化するさまざまな環境問題の処理に対応する形で，米国，欧州あるいは国際会計基準審議会等で会計基準が設定されている。この欧米の動向もわが国における環境財務会計の発展に影響するであろう。

　わが国での本格的な環境財務会計の発展に先立ち，この会計分野の基礎的研究を行うべく，2006年9月に，専修大学で開催された日本会計研究学会第65回全国大会で「環境財務会計の国際的動向と基礎概念の研究」を課題とするスタディ・グループを発足させた。翌年9月に第66回全国大会（松山大学）で中間報告を，2008年9月に第67回全国大会（立教大学）で最終報告を行った。そして，研究成果の刊行のために，独立行政法人日本学術振興会平成21年度科学研究費補助金（研究成果公開促進費）を申請し，幸いに交付を受け

た（課題番号：215144）。ここに刊行できたことは，執筆者一同，喜びとするところである。

　本書は基本的にはスタディー・グループの最終報告に依拠している。その構成は序章と終章を除き7章からなる。

　第1章では，1990年代から2000年初頭にかけて欧米の会計士団体や国際機関から相次いで出された環境関連の財務会計問題に関する報告書・指針等を取り上げる。これらの報告書・指針等では，環境関連の事象に関わる包括的な会計基準の設定を目的としていたが，現在は，環境情報やCSR情報の開示の制度化，同情報に関する自主的開示，資産除去債務等の個別の会計基準の設定という当面の課題解決の方向で展開されていることが明らかにされる。最後に，情報利用者が企業の全体的な環境リスクを判断しうる定量的な会計情報の作成の視点から，今後，包括的な会計基準の設定の検討の必要性が説かれる。

　第2章では，日本では未だ環境資産及び環境負債に関わる理論的研究が十分されていないとの認識のもとで，まず，環境資産について，会計の利益計算構造と環境資産認識アプローチを用いて，環境コストの資産計上に関する国際会計基準審議会や米国の基準を検討する。次いで，環境負債について，フロー認識法とストック認識法に基づき，その認識と計上について検討した上で，環境負債をめぐって負債範囲を拡張する方向性について論じる。以上の議論を通じて，環境資産及び環境負債に関わる検討課題が明らかにされる。

　第3章では，国際会計基準審議会の概念フレームワークを中心として，財務諸表の主たる目的を「経済的意思決定のための情報提供」と規定し，その利用者，意思決定にとって有用であるための財務諸表の質的特性，財務諸表の構成要素（環境資産，環境負債，環境収益及び環境費用），財務諸表の構成要素の認識と測定，さらには環境関連の非財務情報の動向等に言及する。

　第4章では，2008年3月に制定された「資産除去債務に関する会計基準」に関わる会計処理が実務上どのような影響を及ぼすのかを明らかにすることを念頭において，すでに制度化されている米国の状況とわが国の対応について検討する。米国の実証研究及び事例研究を見る限り，資産除去債務の会計処理による財務報告上の影響は軽微である。わが国の対応についても基準設

定プロセスにおいて影響を小さくしようとする動きが散見されるほか，既存の資産除去費用における金額的重要性の乏しさから，会計基準の金額的影響は軽微なものとなることが予想される。しかしながら，今後予想される環境法規制の強化・拡大は，資産除去債務における認識対象の拡大を導き，当該債務の金額的重要性を高める可能性が指摘される。

　第5章では，米国，EU，日本における土壌汚染に関連する法制度と財務会計を比較研究し，土壌汚染の会計が展開すべき今後の方向性を検討する。まず，米国については，その土壌保全政策に大きな影響を与えたスーパーファンド法とこれに対応した環境財務会計基準である米国公認会計士協会のSOP96-1を概括し，土壌汚染浄化コストを環境負債として測定・計上する必要性，及びその測定に当たり期待キャッシュフロー・アプローチによる環境修復負債額の見積りなどが提唱される。次に，EUについては，早くから土壌汚染対策に取り組んできたオランダ及びドイツの土壌汚染に関わる法制度と財務会計へのインプリケーションならびに2006年に策定された土壌保護戦略について概観する。最後にわが国については，土壌環境保全に関わる法制度，土壌汚染対策法，土壌汚染の実態，財務諸表上での関連情報の開示状況等を明らかにするとともに，財務会計における会計処理・開示方法等について検討する。

　第6章では，温暖化問題解決の一施策である排出量取引について多角的に取り上げる。排出量取引制度は，今日，欧州，北米，豪州等の先進国の国々で導入がはかられつつある。諸外国におけるこの制度の概要と動向，国際的な会計基準の問題点，日本の会計基準，アニュアル・レポートに見られる会計実態，排出量取引に類似したグリーン電力証書のような個別問題等を検討しながら，排出量取引に関する会計基準の方向性を考える。

　第7章では，日本における財務諸表による環境会計情報の開示状況の調査結果が明らかにされる。過去，財務諸表における環境会計情報の開示に関する実態調査は，東京・大阪・名古屋証券取引所第1部上場企業全社について，2001年及び2005年に実施している。それぞれの年の開示企業数は33社及び76社であった。2008年調査では，開示企業数は219社であった。2005年調査に比較すると143社も増加している。開示内容を見ると，PCBの処理及びアスベストの処理，そして土壌汚染対策に関連する項目が多い。企業の

環境保全対策や法規制の強化により環境関連コストの増大が背景にあると推測される。

　以上が本書の概要である。本書は，日本会計研究学会・スタディ・グループにおける研究成果である。研究の機会を与えてくれた日本会計研究学会に感謝する次第である。

　本書の各章各節で展開された議論は，財務会計の枠組みを前提としていることから，原則として執筆者一同の考えを調整した上のものではあるが，なお一部は未調整のままである。新しい分野の研究ということでご寛恕をお願いする次第である。

　最後に，本書の刊行にご協力いただいた執筆者各位，出版をご快諾下さった森山書店の菅田直文社長および編集・校正でお世話になった土屋貞敏氏に心より感謝を表したい。

　　2009年6月

　　　　　　　　　　　　　　　　　　　　　研究代表者
　　　　　　　　　　　　　　　　　　　　　　河　野　正　男

目 次

序　章　環境財務会計研究の必要性と目的 …………………… 1

第1節　京都議定書の概要と日本の現状 ………………………… 1
第2節　京都議定書以降の温暖化対策 …………………………… 4
第3節　資産除去債務及び土壌汚染等の浄化債務 ……………… 5
　1　資 産 除 去 債 務 ………………………………………………… 5
　2　土壌汚染等の浄化債務 ………………………………………… 6
第4節　日本における環境会計の現状 …………………………… 8
　1　環境報告書における環境会計 ………………………………… 8
　2　環 境 財 務 会 計 ………………………………………………… 9
第5節　環境財務会計研究の必要性と目的 …………………… 11

第1章　環境財務会計に関する指針・報告書 …………………… 13

第1節　は じ め に ………………………………………………… 13
第2節　環境財務会計の枠組み …………………………………… 13
　1　環境コストの範囲 ……………………………………………… 14
　2　環境コストの会計処理 ………………………………………… 14
　3　環境負債の会計処理 …………………………………………… 16
　4　環境コスト，環境負債及び環境方針の開示 ………………… 17
　5　CICA［1993］後の動き ……………………………………… 18
第3節　国際機関による環境財務会計への関心 ………………… 18
第4節　環境コストの会計処理の論点 …………………………… 20
　1　環境コストの概念 ……………………………………………… 20
　2　環境コストの処理 ……………………………………………… 21
第5節　環境負債の会計処理の論点 ……………………………… 23

		1	環境負債の認識 ………………………………	23

　　　　1　環境負債の認識 ……………………………………………… 23
　　　　2　環境負債の測定 ……………………………………………… 25
　　第6節　環境コストと環境負債の開示の論点 ………………… 27
　　　　1　環境コストの開示 …………………………………………… 27
　　　　2　環境負債の開示 ……………………………………………… 28
　　　　3　その他の環境関連諸要因の開示（定性的記述）………… 29
　　第7節　環境財務会計に関する指針・報告書の現代的意義 …… 30
　　　　1　環境問題から企業の社会的責任問題への展開 ………… 30
　　　　2　会計基準の国際的統一化の動向 ………………………… 31
　　第8節　お わ り に ……………………………………………… 33

第2章　環境財務会計基準の国際的動向 …………………………… 37

　　第1節　は じ め に ……………………………………………… 37
　　第2節　IASB及び米国における動向 ………………………… 38
　　　　1　環境資産に関連する会計基準 ……………………………… 38
　　　　2　環境負債に関連する会計基準 ……………………………… 42
　　第3節　環境資産をめぐる会計の理論的検討 ………………… 49
　　　　1　本節の問題意識 ……………………………………………… 49
　　　　2　環境資産認識アプローチと会計観の関連性 …………… 50
　　　　3　米国における環境資産の認識 ……………………………… 57
　　　　4　IASBにおける環境資産の認識 …………………………… 62
　　　　5　環境資産の認識の方向性 …………………………………… 68
　　第4節　環境負債をめぐる会計の理論的検討 ………………… 70
　　　　1　本節の問題意識 ……………………………………………… 70
　　　　2　米国における負債の範囲と環境負債の会計処理 ……… 71
　　　　3　IASBにおける負債の範囲と環境負債の会計処理 …… 77
　　　　4　負債範囲の拡張の方向性 …………………………………… 80
　　第5節　お わ り に ……………………………………………… 89

第3章　環境財務会計における対象領域の検討 …… 95

- 第1節　はじめに ………………………………………………… 95
- 第2節　環境財務会計の情報利用者と開示目的 ……………… 96
  - 1　情報の利用者（ステークホルダー）……………………… 96
  - 2　情報開示の目的 …………………………………………… 97
- 第3節　環境財務会計の開示内容 ……………………………… 99
  - 1　財務諸表の情報特性 ……………………………………… 99
  - 2　財務諸表の構成要素とその拡張 ………………………… 103
  - 3　財務諸表の構成要素の認識と測定 ……………………… 106
  - 4　有価証券報告書における非財務情報の増大 …………… 109
- 第4節　おわりに ………………………………………………… 111

第4章　資産除去債務の会計 …… 115

- 第1節　はじめに ………………………………………………… 115
- 第2節　SFAS第143号の基準設定過程 ………………………… 116
  - 1　本節の目的 ………………………………………………… 116
  - 2　2つの公開草案とSFAS第143号の内容比較 …………… 117
  - 3　SFAS第143号公表までのFASB提案の変遷とコメント・レターの影響 ……………………………………………… 123
  - 4　小括 ………………………………………………………… 128
- 第3節　米国におけるSFAS第143号公表前後の影響分析 …… 128
  - 1　本節の目的 ………………………………………………… 128
  - 2　Boatsman et al.〔2000〕の研究 ………………………… 130
  - 3　Schroeder et al.〔2005〕の研究 ………………………… 131
  - 4　Guinn et al.〔2005〕の研究 ……………………………… 133
  - 5　小括 ………………………………………………………… 135
- 第4節　SFAS第143号公表に対するChevronの実証例 ……… 136
  - 1　本節の目的 ………………………………………………… 136
  - 2　石油メジャーChevronの実証例 ………………………… 136

         3　小　　括 ……………………………………………………… 140
　第5節　日本の資産除去債務に関する会計基準 ……………………… 141
         1　『資産除去債務に関する会計基準』制定の経緯 ………… 141
         2　『資産除去債務に関する会計基準』の概要 ……………… 142
         3　資産除去債務の会計処理 …………………………………… 143
         4　基準適用関連事項…………………………………………… 148
         5　環境関連債務についての考察 ……………………………… 148
　第6節　日本企業における資産除去債務処理に関する現状分析 …… 152
         1　本 節 の 目 的…………………………………………… 152
         2　日本の資産除去債務の会計基準設定におけるコメント・
         　　レターの分析 ……………………………………………… 152
　第7節　お わ り に ………………………………………………… 156

第5章　土壌汚染の会計 …………………………………………… 163

　第1節　は じ め に ………………………………………………… 163
　第2節　米国における土壌汚染の会計 ……………………………… 164
         1　環 境 法 と 会 計 ……………………………………… 164
         2　スーパーファンド法………………………………………… 166
         3　ブラウンフィールド問題 …………………………………… 167
         4　会計基準の制定……………………………………………… 169
         5　ブラウンフィールド法 ……………………………………… 174
         6　土壌汚染の会計処理 ………………………………………… 179
         7　年次報告書における開示要求 ……………………………… 181
         8　今 後 の 展 望 ……………………………………………… 182
　第3節　欧州における土壌汚染の会計 ……………………………… 184
         1　は じ め に ………………………………………………… 184
         2　オランダの土壌問題 ………………………………………… 185
         3　ドイツの土壌保全法制度 …………………………………… 188
         4　EUの土壌保護戦略 ………………………………………… 192
         5　ま と め …………………………………………………… 195

第4節　日本における土壌汚染の会計 …………………………… 196
　　　1　土壌汚染と法制度 ……………………………………………… 196
　　　2　土壌汚染の状況 ………………………………………………… 199
　　　3　土壌汚染地の経済評価 ………………………………………… 201
　　　4　土壌汚染に係わる環境財務会計情報の現状 ………………… 203
　　　5　土壌汚染と環境財務会計 ……………………………………… 205
　　　6　今後の展開 ……………………………………………………… 207
　　第5節　お わ り に ………………………………………………… 208

第6章　排出量取引の会計 ………………………………………… 213

　　第1節　は じ め に ………………………………………………… 213
　　第2節　排出量取引に関する制度 ………………………………… 213
　　　1　京都議定書と京都メカニズム ………………………………… 214
　　　2　排出量取引の概要 ……………………………………………… 215
　　　3　EU排出量取引制度（EU-ETS）の概要 …………………… 216
　　　4　EU以外の諸外国の排出量取引制度 ………………………… 218
　　　5　日本における排出量取引制度の動向 ………………………… 220
　　第3節　排出量取引会計基準に関する動向 ……………………… 221
　　　1　米　　国 ………………………………………………………… 221
　　　2　欧　　州 ………………………………………………………… 227
　　　3　日　　本 ………………………………………………………… 234
　　第4節　排出量取引の会計処理及び開示に関する実態調査 …… 238
　　　1　排出量取引に関する開示実態の調査 ………………………… 238
　　　2　調査結果における開示事例の分析 …………………………… 242
　　　3　調査結果における会計処理の相違に関する分析 …………… 246
　　　4　当該調査のまとめ ……………………………………………… 249
　　第5節　排出量取引と会計処理の新展開 ………………………… 250
　　　1　海外植林の炭素権の会計処理 ………………………………… 250
　　　2　排出量取引の拡張と会計基準─再生エネルギー証書の会計─ 254
　　第6節　お わ り に ………………………………………………… 266

第7章　財務諸表における環境会計情報の開示に関する実態調査 ……… 273

第1節　はじめに ……………………………………………… 273
第2節　調査内容 ……………………………………………… 273
　1　調査対象 …………………………………………………… 273
　2　調査範囲 …………………………………………………… 275
　3　調査方法 …………………………………………………… 275
第3節　調査結果 ……………………………………………… 275
　1　環境会計情報の開示企業数 ……………………………… 275
　2　2001年調査における環境会計情報の開示項目 ………… 277
　3　2005年調査における環境会計情報の開示項目 ………… 278
　4　2008年調査における環境会計情報の開示項目 ………… 280
第4節　調査結果の考察 ……………………………………… 282
第5節　おわりに ……………………………………………… 285

終　章　環境財務会計発展の可能性と方向性 ……………… 289

第1節　環境財務会計発展の可能性 ………………………… 289
　1　環境コストの増加 ………………………………………… 289
　2　環境財務会計の国際的動向 ……………………………… 290
第2節　環境財務会計の展開の方向性 ……………………… 292
　1　環境コスト増大に伴う環境関連科目の開示 …………… 292
　2　環境資産及び環境負債概念の拡張 ……………………… 293
　3　環境関連の非財務項目 …………………………………… 295

参考文献 ………………………………………………………… 299

序章
環境財務会計研究の必要性と目的

　国際連合の気候変動に関する政府間パネル（IPCC）より2007年に公表された第4次報告では，温暖化は人為起源の温室効果ガスの排出によることはほぼ間違いないこと，及び2030年までに1990年比2.3倍〜2.6倍に温度上昇を抑えるためには年間CO_2・1トン当たり最大80米ドルを要し，世界全体のコストは最大でGDP比2.5％と見込まれている[1]ことなどが明らかにされた。

　また，2008年7月上旬に洞爺湖サミットが開催され，京都議定書以降の温暖化対策が有力な議題の一つとされたが，当時の福田総理は，洞爺湖サミットに向けての福田ビジョンで，2050年を目標として温暖化ガス排出量の現状比60〜80％削減を提唱した。他方，2008年より，京都議定書の約束期間（実行期間）に入ったが，日本では京都議定書の目標の達成が困難視されている。そこで，以下，京都議定書の目標達成の視点からみた日本における温暖化防止対策の現状を概括し，次に，洞爺湖サミットで取り上げられた京都議定書以降の温暖化防止対策，資産除去債務，土壌汚染問題等の環境問題に触れた後，日本の環境会計の現状を概括し，環境財務会計研究の必要性及び目的などについて述べる。

第1節　京都議定書の概要と日本の現状

　温室効果ガスの濃度を一定レベルに安定させることを目的として，1992年5月に「気候変動に関する国際連合枠組み条約」（気候変動枠組み条約）が採択され，1994年3月に発効をした。この条約に関する第3回締約国会議（COP3）が，1997年に京都で開催され，京都議定書が採択された。京都議定書では，先進国全体の2008年から2012年までの排出量を1990年比で少なくとも5％削減を目標に，各国毎の数値目標が定められた。周知のように，日本6％，米国7％，そしてEU8％などといった具合である。最近，

著しい経済成長がみられる中国，ロシア及びインドなどの諸国は削減義務を課せられなかった。

先述したように，2008年より京都議定書の約束期間に入っているが，2006年の温室効果ガスの排出量は1990年比6.2％（確定値）であるから，2008年から2012年の5年間平均で1990年比6％減を達成するには，達成期間中で12％以上の削減が必要となる。

日本に課せられた削減義務を果すために次のような計画が立てられた。2005年4月に閣議決定された「京都議定書目標達成計画」である。これによると，2002年度の排出量を1990年度比6％増を前提として，2010年度に1990年度比6％減とする，すなわち2002年度から12％減とするために，森林吸収3.9％，京都メカニズムに基づく政府による排出量購入1.6％に加えて，エネルギー対策4.8％，メタン・一酸化二窒素等の対策0.4％，代替フロン等3ガス対策1.3％などの削減が見込まれている[2]。

他方，京都議定書目標達成議員連盟の要請により，環境省が，京都議定書の達成のために政府がどれほどの追加予算を必要とするかの試算結果が2008年6月下旬に公表された。それによると，現在の国の環境関連の年間予算5,194億円に，約6,100億円を上積みする必要があるとされる。内訳は，一般家庭や企業の給湯・空調関連等の省エネルギー機器の購入の支援に2,760億円，省エネ住宅の新築・既存住宅の改修に750億円，太陽光発電や風力発電に1,360億円，バイオマス燃料や燃料電池等の新エネルギー導入に810億円などとなっている[3]。企業は，政府よりの支援（補助）により，温暖化対策を実施することになるが，企業によってはこの対策のための支出額は相当規模に達するものと思われる。

地球温暖化対策推進法に基づく排出量報告・公表制度により，2008年度3月に，2006年度の企業別のCO_2排出量が公表された。この報告制度は2005年の法改正によって導入されたもので，報告対象は約7,500社（約14,000事業所）と運輸部門約1,400社である。上位には電力，鉄鋼及びセメントなどの企業が顔を出している。上位20社は次のとおりである[4]。

図表1　CO₂排出量が多い上位20社

企 業 名	排 出 量	企 業 名	排 出 量
東 京 電 力	6,888	北 陸 電 力	1,752
ＪＦＥスチール	6,029	神 戸 製 鋼 所	1,742
新 日 本 製 鉄	5,933	太平洋セメント	1,455
中 部 電 力	4,732	北 海 道 電 力	1,398
Ｊ パ ワ ー	4,356	新日本石油精製	1,053
東 北 電 力	3,413	相馬共同火力発電	1,050
中 国 電 力	2,546	住友大阪セメント	928
住 友 金 属 工 業	2,214	三菱マテリアル	893
九 州 電 力	2,129	宇 部 興 産	877
関 西 電 力	2,048	四 国 電 力	863

(単位：万トン，CO₂換算；電力会社は利用者に供給した電力分を含めて計算)

　電気事業連合会，日本鉄鋼連盟等の業界団体が日本経団連に報告した取得見込みのCO₂排出量は合計で約2億トンとされ，主として京都議定書の約束期間の5年間に海外でのCDM事業を通じて年平均4,000万～6,000万トンを取得するとされている。その費用は最低でも5,000億円超といわれている。例えば，新日本製鉄では約1,000万トンの排出量を購入する契約をし，その費用は250億円程度とされる[5]。

　ある雑誌記事に，排出量報告・公表制度に基づく資料により，各社のCO₂排出量に排出量取引価格すなわち3,000円／トンを乗じた金額を算出し，その上位総合100社のリストが掲載された。この他，電力・熱供給事業者別，工場・事業所別，旅行業者別，荷主等の排出量の上位100社のリストも示されていた。後者のリストについては読者が3,000円／トンを乗ずれば金額が算定可能である。総合上位100社リストのトップの東京電力については2,000億円超の金額となる[6]。先に紹介した新日本製鉄の排出量購入金額から推定されるように，各企業は排出量の全量を，排出量取引を通じて購入するわけではない。自主的努力により削減する量（この努力にも費用はかかる）の他，かなりの部分は従来どおり排出が認められる。この記事は温暖化

問題との関連で，企業による温暖化効果ガスの排出量及び排出抑制コストにこの雑誌の編集者及び読者が高い関心を寄せている証左とみられる。

以上の議論から，2012年までに京都議定書の目標達成に日本，そして企業は相当額の費用を要することが見込まれうる。

第2節　京都議定書以降の温暖化対策

福田首相は，6月9日，日本記者クラブで『「低炭素社会・日本」をめざして』という題で演説を行った[7]。この演説で，7月7日から開催される洞爺湖サミットに向けての温暖化防止対策に関する日本の立場が表明された。これは福田ビジョンとして報道された。骨子は次のとおりである[8]。

(1) 2050年までの長期目標として温暖化ガス排出量を現状比60〜80％削減
(2) 2020年までに現状比14％削減は可能，来年に中期目標を発表
(3) 今秋に国内排出量取引を試験的に実施
(4) 日米英で創設する地球温暖化対策の多国籍基金に最大12億ドルを拠出
(5) 環境税を含め，低炭素化促進の観点から税制全般を横断的に見直し
(6) 与党が検討中のサマータイム制度導入について早期の結論を期待
(7) 太陽光発電の導入量を30年に現状比40倍に引き上げ
(8) 2012年を目途にすべての白熱電球を省エネ電球に切り替え

このビジョンの核心は (1) 及び (2) にある。これらの中長期の目標達成の手段として (3) 〜 (8) が考えられたと思われる。

ところで，洞爺湖サミットの最終日，議長総括が発表された[9]。その内容は，世界経済，環境・気候変動，開発・アフリカ，政治問題に分かれているが，環境・気候変動の部分の骨子は次のとおりである[10]。

(1) 2050年までに温暖化ガス排出量を半減する目標[11]を世界各国で共有し，国連の交渉で採択するよう要請
(2) G8は野心的な中期国別総量目標を設定
(3) セクター別アプローチは各国の排出削減を達成するために有益

この結果について，明確な数値目標に関する合意が示されなかったという

批判論がある一方，"共有"という形ではあるが一定の合意ができたという肯定論も出されている。

今後，2050年に向けての長期目標については基準年を何時にするかを含めて，国連その他の国際機関あるいは会議で議論されることになる。

日本では，福田ビジョンに沿って，2020年までの中期目標及び2050年までの長期目標に向けての議論が展開されるものと思われる。

経済産業省は，2008年5月21日にエネルギー需給見通しを発表している。そこでは，2005年度比で，2020年度の温暖化ガス排出量を11％削減するには，企業部門25.6兆円，家計部門26.7兆円，合計52兆円超の負担が必要となることが明らかにされた[12]。この内容については，2005年度に実際の排出量が1990年度比6％増であるとすると，2005年度比11％減は1990年度比4％減を意味するから，1990年度比6％減という国の目標に反するという意見も出されている[13]。

ともあれ，この試算は，当面，2020年に向けての温暖化対策に企業及び家計の双方に相当の負担がかかることを示唆している。60〜80％減という2050年を目指しての野心的な長期目標達成のためには，基準年を1990年とするか2005年とするかのいずれにもせよ，画期的な技術開発がない限り，収穫逓減の法則が働き，CO_2・1トン当りの削減コストは上昇を続け，温暖化ガス削減コストは全体として巨額に上ることが予想される。

第3節　資産除去債務及び土壌汚染等の浄化債務

第1及び2節で，2012年度，2020年度及び2050年度等までの温暖化防止対策の達成目標と企業負担について検討した。本節では，資産除去債務，土壌汚染及び化学物質等に関わる負債について検討する。

1　資産除去債務

資産除去債務は，必ずしも環境問題の対応を念頭において認識されたわけではない。詳しくは第4章に譲るが，その第2節に次のように記されている。すなわち，「FASBが資産除去債務の会計処理を展開するようになったのは，民間の電力会社の業界団体であるEdison Electric Instituteが1994年2月に

原子炉廃棄のためのコストや他の産業において発生する類似のコストを含む，除去コストに対する会計処理を扱うプロジェクトをアジェンダに加えるように要求したことに始まる。」その後，FASBは1996年2月に公開草案『長期性資産の閉鎖ないし除去に関わる特定負債の会計処理』を公表する。この公開草案に対するコメント・レターを検討した後，2000年2月に改訂公開草案『長期性資産の除去に関わる債務の会計処理』を公表する。そして，2001年8月に，公開草案とは名称を変えて最終基準書，SFAS第143号『資産除去債務の会計処理』が公表された。SFAS第143号の内容及びその実務への影響については第4章を参照されたい。

　日本においても資産除去債務に関する会計基準が公表された。その詳細は第4章第5節で取り上げられている。公表までの経緯は次のとおりである。

　ASBJは2006年7月に，資産除去債務に関わるワーキング・グループを立ち上げ，同年11月に資産除去債務専門委員会を設置した。そして2007年5月に『資産除去債務の会計処理に関する論点整理』を公表した。寄せられたコメントを検討後，2007年12月に企業会計基準公開草案第23号『資産除去債務に関する会計基準（案）』及び企業会計基準適用指針公開草案第27号『資産除去債務に関する会計基準の適用指針（案）』を公表した。その後，公開草案に対する意見を参考に審議が重ねられ，2008年3月に企業会計基準第18号『資産除去債務に関する会計基準』及び企業会計基準適用指針第21号『資産除去債務に関する会計基準の適用指針』が公表された。これらの会計基準及び適用指針の公表により，漸次，日本においても，資産除去債務の会計処理が実践されることになると思われるが，本スタディ・グループの調査（第4章第6節）では，未だ，資産除去債務の会計処理を実践している企業は数少ない。

2　土壌汚染等の浄化債務

　土壌汚染の会計も米国で発展した。その発端は，1980年の包括的環境対処・補償・責任法，通称スーパーファンド法の制定にある。この法の制定の契機は，ニューヨーク州のナイアガラ・フォールズ市にあるラブ・キャナルに，1940年代以来10年間にわたって多種多様の有害化学物質が埋められ，それらが時の経過とともに漏出し，1970年代後半に大きな環境問題に発展

したことに求められる。

　スーパーファンド法により，米国環境保護庁（EPA）は，特定のサイトの多様な汚染者に対して浄化を求めたり，あるいはファンドで浄化した後その費用の請求もできる。全米規模の土地調査により，汚染サイトは2万から5万，1サイト当りの浄化費用は平均2,500万ドルと見積もられた。もっとも危険なサイトと認定されると，National Priority Listに掲載，公表される。この場合，SEC Regulation S-Kにより年次報告書でその事実を公表しなければならない。

　かくして，スーパーファンド法による土壌汚染に対する厳しい責任追及と修復義務により，環境負債の認識・測定・開示が財務会計上の重要な問題となった。FASBの緊急問題専門委員会（FITF）は1993年にEITF93-5『環境負債の会計』を公表している。そして，EITF93-5の内容は1996年にAICPAから公表された環境負債の会計処理に関する実務指針（SOP）96-1『環境修復負債』に引き継がれた。米国の土壌汚染の会計処理に関するさらなる議論は第5章を参照されたい。

　日本では土壌汚染に関する会計基準は未だない。しかしながら，2002年5月に土壌汚染対策法が制定され，2003年2月に施行されたことを契機として，土壌汚染に対する企業の関心は高まっている。環境省の推計では，汚染の可能性の高い土地は113,000ヘクタール，その資産額は約43兆1,000億円，汚染除去等の対策に要する費用は約16兆9,000億円と見込まれている[14]。土壌汚染の規制の強化の方向での土壌汚染対策法の見直しも検討されており，日本においても，土壌汚染に関する浄化債務の会計処理問題が漸次俎上に上ってくるものと思われる。

　既に，化学メーカのM社は自社の工場サイトで高濃度の有害化学物質が検出されたため117億円の環境対策費を，H社は遊休地や工場跡地の洗浄費用として22億円を計上したなどの新聞記事が散見される[15]。

　有害化学物質がサイトに漏出すると土壌汚染問題となるが，人の健康や環境に悪影響を与える可能性もある。このようなリスクがある有害化学物質の管理を定めたEU規制のREACH[16]が2008年6月から本格的運用を開始した。この規制によると，企業は，約3万種類に及ぶ化学物質について，製品に使用されるそれらの安全性を自ら評価し，欧州化学物質庁に登録すること

が求められる。企業にとっては今後十数年間で推計1兆円のコスト負担と見込まれている[17]。

第4節　日本における環境会計の現状

1　環境報告書における環境会計

　ところで，日本では，1990年代後半，温暖化防止対策を含む広範囲の環境対策に関わるコストと効果を，環境報告書を通じて公表する企業が増加している。その契機は，当時の環境庁が，1999年に公表した環境会計ガイドライン（中間とりまとめ）にもとめられる。この中間報告の確定版である2000年版環境会計ガイドラインの序文に，1999年度に環境会計を導入した企業が数十社あることを指摘し，「1999年度は日本における"環境会計元年"というべき年」との記述がある。その後，環境会計を導入する企業は漸次増加し，環境省の調査によると，2006年度には819社に達した。導入予定企業数を加えると，近未来に環境会計に取組む企業数は1,000社を超えると思われる。しかしながら，2007年度に上場会社を含めて，導入企業数が減少に転じている点が気になるところである。

　最大の環境問題である温暖化について，IPCCが，その報告で，「温暖化の原因を人間の活動によるものであることをほぼ断定した」ことから，各国で，温暖化防止対策の一層の進展が予想される。このことは，先述したように企業の負担の増加をもたらし，環境保全コストと効果すなわち環境会計に従来に増しての関心が寄せられることになろう。

図表2　環境会計導入企業数

	環境会計導入済み	環境会計導入検討中	合計
2000年度	356（202）社	660（400）社	1,016（602）社
2001年度	491（298）	580（333）	1,071（631）
2002年度	573（355）	461（247）	1,034（602）
2003年度	661（393）	387（203）	1,048（596）
2004年度	712（416）	440（245）	1,152（661）
2005年度	790（455）	369（174）	1,159（629）
2006年度	819（453）	363（174）	1,182（627）
2007年度	761（428）	345（164）	1,106（592）

（注）（　）内は1，2部上場企業数
（出典：環境省『環境にやさしい企業行動調査　調査結果』より作成）

2　環境財務会計

　日本では，環境報告書における環境会計の取り組み企業数は表2にみられるように相当数に上っており，世界で最も進んでいるといえよう。しかしながら，既存の会計制度いわゆる財務会計制度の中での取り組みは余り進んでいない。

　2004年12月3日現在での東京・大阪・名古屋証券取引所第1部上場企業（全1,645社）について当スタディ・グループのメンバーである小川が環境会計情報の開示企業数の調査（2005年調査）を行っている[18]。開示企業数は76社であった。小川は2001年にも同様の調査を行っているが，その折の環境会計情報の開示企業数は33社であったから，開示企業数は増加傾向にあるといえよう。

　2005年調査の内容をみると，損益計算書掲載の環境関連項目では，営業外費用及び特別損失を含めて，最も多い開示費目は，土壌汚染処理関連及び環境対策関連の費目でそれぞれ7社であった。以下，廃棄物処理関連及び環境整備関連の費目がそれぞれ5社，廃鉱処理関連の費目が4社，訴訟関連の費目が3社，屑・スクラップの評価損・処分損が2社と続く。この他，電力会社が電気事業営業費用として廃棄物処理費，使用済核燃料再処理費及び特定放射性廃棄物処分費を，それぞれ10社，9社及び9社，開示していること

を明らかにした。

　さらに，貸借対照表掲載の環境関連項目の開示については，資産では流動資産として作業屑を1社が開示しているのみであった。流動負債では貸出容器保証金が4社，環境整備引当金が1社であった。固定負債では，鉱害防止引当金が7社で最も多く，以下，廃鉱費用引当金及び各種リサイクル引当金等がそれぞれ4社，土壌汚染処理損失引当金が2社，環境整備引当金，特定災害防止引当金，汚染負荷量引当金及び緑化対策引当金が各1社であった。これらの引当金以外に，電力会社関連で使用済核燃料再処理引当金が9社あった。資本の部では，社会貢献積立金が2社，地域環境対策積立金及び公害防止積立金がそれぞれ1社あった。

　小川の2005年調査では，廃棄物処理，リサイクル，土壌汚染，廃鉱及び公害関連の項目が目に付く。これらの中で，前3項目は，近年における廃棄物処理法，容器包装リサイクル法，土壌汚染対策法等の制定あるいは改正による環境関連の規制の強化による財務諸表への反映とみなされよう。とはいえ，2005年調査でも，環境会計情報の開示企業数は76社に過ぎない。全体の4.6％である。2005年度の上場企業（2部上場企業を含む）による環境報告書における環境会計の取組み企業数が455社で上場企業の37.5％と比較すると，かなり少ないといえる。小川によると，その一因は，環境関連項目の金額が僅少のため，重要性の原則に照らして明示されないことにある。

　第7章で詳述されるが，小川は2008年（2007年12月末現在）にも調査を実施した。2008年調査によると，財務諸表により環境会計情報を公表した企業は219社であった。2005年調査の76社の約3倍である。固定負債とされる土壌汚染浄化引当金等の各種の引当金（相当数が負債性引当金）の開示数は2005年調査では28社であったが2008年調査では110社に増加している。1999年の環境省・環境会計ガイドライン案の公表により，環境報告書を通じての環境会計情報の開示が急速に進んだことから，2000年版環境会計ガイドラインでは，1999年を「環境会計元年」と称したが，環境財務会計についても，2007年がエポックメーキングな年となることを期待したい。

第5節　環境財務会計研究の必要性と目的

　先述したように，今後，温暖化防止対策の強化が図られることに加えて，報道によると土地汚染対策の強化が図られようとしている。これらの対応のために企業の負担が増大することが予想される。そして，これらの負担に関わる会計処理や開示の問題が財務会計制度の枠組みの中で俎上に上がってくるであろう。既に資産除去債務に関する会計基準が公表されている。財務会計制度の枠組みの中での環境会計情報の取り組みを環境財務会計と呼ぶことにする。実務の中で環境財務会計の諸課題が問題となる前にこれらの諸課題についての理論的研究に取組む必要がある。

　環境財務会計に関しては，1990年代以降，欧米の会計士団体，国際連合，欧州委員会等から各種の報告書が公表されると同時に，顕在化する様々な環境問題に対応する形で，米国，欧州，国際会計基準委員会等で会計基準が設定されている。

　本書では，欧米，国際機関を中心に進展している環境財務会計の理論，制度，企業実務等に関する動向を組織的に調査・把握し，その基礎概念を解明するとともに，日本の現状をこれらの分析結果と比較することで，日本における環境財務会計の発展の可能性と方向性を明らかにすることを目的とする。

注

（1）　IPCC報告では，CO_2・1トン当たり削減コストは20～80米ドルの範囲，世界全体のコストは世界のGDP比で中央値0.6％，0.2～2.5％の範囲とされる（毎日新聞2007年5月5日）。
（2）　『京都議定書達成計画』2005年4月28日。
（3）　『日本経済新聞』2008年6月22日。
（4）　https://www.asahi.com/business/update/0328/TKY200803270415.html?ref=doraku
（5）　『日本経済新聞』2008年3月9日。
（6）　『週刊東洋経済』2008年7月12日号，36-55頁。
（7）　http://www.kantei.go.jp/hukudaspeech/2008/06/09speech.html

（8）『日本経済新聞』2008年6月10日。
（9）http://www.g8summit.go.jp/doc/doc080709_09ka.html
（10）『日本経済新聞』2008年7月10日。
（11）世界全体で温暖化ガスの排出量を半減するには，先進国全体60～80％の削減が必要とされている（『産経新聞』2008年5月23日）。
（12）http://www.enecho.meti.go.jp/topics/080523.htm
（13）『日本経済新聞』2008年3月21日（社説）。

その後「地球温暖化問題に関する懇談会」の中期目標検討委員会（座長・福井俊彦前日銀総裁）は，2009年3月27日，2020年までの削減目標として，1990年比4％増から25％減までの5案をまとめた（『産経新聞』2009年3月28日）。この案に対して，地球温暖化問題に関する懇談会（座長・奥田碩トヨタ自動車相談役）による世論調査が行われ，各案の支持率が4％増案15.3％，7％減案45.4％，15％減13.5％，25％減案4.9％であることが，明らかにされた。国立環境研究所等の試算では，最も高い支持率の7％減案が実施されると，2020年までの累計で約2.8兆円～3.4兆円の経済損失の発生が，そして1世帯当たりの年間可処分所得が約4万円～15万円押し下げられることが見込まれる（『産経新聞』2009年5月25日）。

（14）『毎日新聞』2007年6月15日。
（15）『日本経済新聞』2008年5月29日。
（16）Registration, Evaluation, Authorisation and Restriction of Chemicalsの頭文字をとったもの。
（17）『日本経済新聞』2008年6月1日；http://www.env.go.jp/chemi/reach/reach.html
（18）小川［2005］，33-105頁。

（河野　正男）

第1章

環境財務会計に関する指針・報告書

第1節　はじめに

　本章では，財務会計領域における環境問題に関連する事象を扱ってきた先行研究として，1990年代～2000年初頭にかけて会計士団体や国際機関から公表された環境コスト及び環境負債の会計処理・開示に関わる研究を比較・検討する。具体的には，まず，環境財務会計の枠組みを初めて提示したCICA［1993］における論点を概観した上で，包括的な環境会計基準（ないし指針）を提示しているUNCTAD［1999］，EC［2001a］及びFEE［1999］の報告書を検討する。さらに，包括的な環境財務会計基準の設定に向けた作業の必要性を主張するに際しての予備的な考察として，近年における個別的又はピースミール的な環境に関わる財務会計基準（資産除去債務の会計等）の設定動向を踏まえて，これらの報告書の現在における意義を検証することにしたい[1]。

第2節　環境財務会計の枠組み

　豊富な自然資源を有するカナダでは，バルディーズ号の原油流出事故等があった1980年代後半を境に環境問題への関心が一気に高まり，環境法規制も連邦・州レベルで制定又は大幅改正がなされてきた。これらは企業に新たな要求，コスト及びリスクを課し，カナダの会計・報告基準に環境問題に関する要求が含められた影響もあって[2]，環境情報の開示は広まりをみせた。
　しかし，年次報告書における環境情報開示は進展がみられたものの，なお全般的には具体性に欠け，環境問題の漠然とした記述にとどまるものが多かった。その理由は，環境問題に関わる事象に既存の会計基準をどのように適

用すべきかが不明瞭であったため，また，既存の会計基準では適切に認識できないためであった。そこで，カナダ勅許会計士協会 (The Canadian Institute of Chartered Accountants: CICA) は，これらの問題点を明らかにし，環境問題の影響を既存の財務報告フレームワークの枠内においてどのように会計処理し報告すべきかについて検討を行い，その成果を1993年に研究報告書「環境コストと環境負債―会計及び財務報告の諸問題 (Environmental Costs and Liabilities: Accounting and Financial Reporting Issues)」として公表した。以下では，このCICA [1993] における環境財務会計の枠組みに基づき，環境コストの範囲，環境コストの会計処理，環境負債の会計処理及び開示の順に概観していくこととする (阪 [1996])。

1 環境コストの範囲

既存の財務会計フレームワーク内での財務報告の目的は，企業の経済的資源とその資源の変動についての情報を伝達することである。この目的に沿うならば，空気や水のように企業に属さない資源は，企業の経済的資源に影響を及ぼす場合にのみ会計上扱われることになる。

企業にとっての環境コストは，環境対策コスト及び環境損失から成る。環境対策コストとは，環境汚染の防止，削減もしくは浄化，又は再生可能資源もしくは再生不能資源の保護のためにとられる対策に要するコストである。環境損失とは，環境に関連して便益なくして発生する罰金・科料・損害賠償等のことである。環境とそれ以外の理由の両方に関連してコストが発生する場合，環境とそれ以外の区分への配分を行うことが有用な情報を提供することになる。

2 環境コストの会計処理

既に発生し当期に認識された環境コストの会計処理の概要を示したものが図表1-1である。

当期に認識されたコストが，以前に認識されたコストの見積変更である場合は，見積変更に関する会計基準に従って処理されるが，見積変更によって生じたコストでないならば，そのコストを過年度，当期又は将来期間のいずれに賦課すべきかを決定しなければならない。

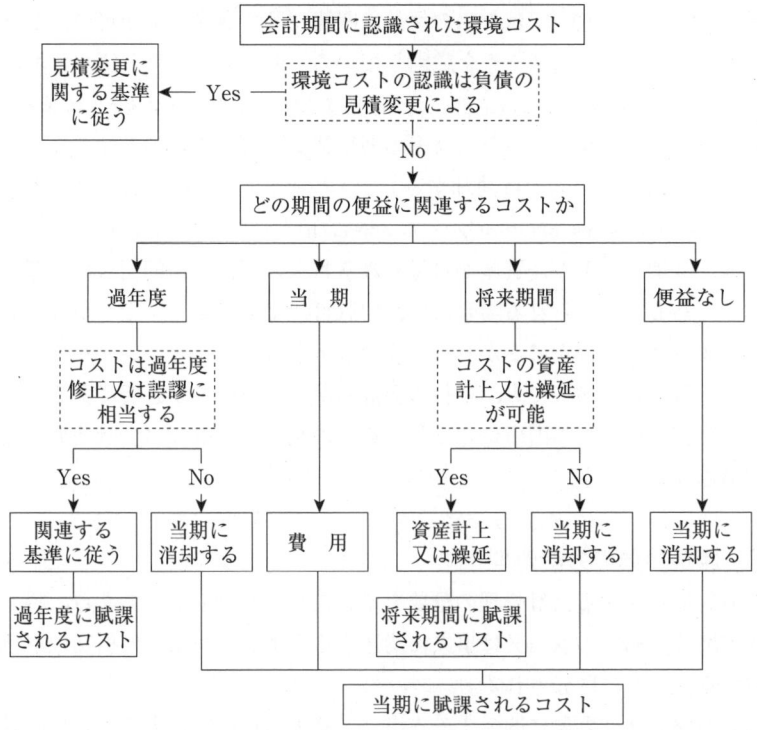

図表 1-1　環境コストの会計の概要

```
                        ┌─────────────────────────┐
                        │会計期間に認識された環境コスト│
                        └─────────────────────────┘
                                    │
        ┌──────────┐      ┌─────────────────┐
        │見積変更に │◄─Yes─│環境コストの認識は負債の│
        │関する基準 │      │  見積変更による   │
        │ に従う   │      └─────────────────┘
        └──────────┘               │ No
                                    ▼
                        ┌─────────────────────┐
                        │どの期間の便益に関連するコストか│
                        └─────────────────────┘
              ┌───────────┬───────────┬───────────┐
              ▼           ▼           ▼           ▼
          ┌──────┐    ┌──────┐    ┌──────┐    ┌──────┐
          │過年度│    │当 期│    │将来期間│    │便益なし│
          └──────┘    └──────┘    └──────┘    └──────┘
              │                       │           │
         ┌─────────┐             ┌─────────┐
         │コストは過年度│           │コストの資産│
         │修正又は誤謬に│           │計上又は繰延│
         │ 相当する  │             │ が可能  │
         └─────────┘             └─────────┘
          Yes     No              Yes     No
           │      │                │      │         │
         ┌────┐ ┌────┐  ┌──┐  ┌────┐ ┌────┐   ┌────┐
         │関連する│ │当期に│  │費用│  │資産計上│ │当期に│   │当期に│
         │基準に従う│ │消却する│ │  │  │又は繰延│ │消却する│  │消却する│
         └────┘ └────┘  └──┘  └────┘ └────┘   └────┘
           │                       │
       ┌──────┐               ┌──────┐
       │過年度に賦課│             │将来期間に賦課│
       │されるコスト│             │されるコスト │
       └──────┘               └──────┘
                             │
                    ┌─────────────────┐
                    │当期に賦課されるコスト│
                    └─────────────────┘
```

（出典：CICA［1993］p.14.訳書 p.40.）

　過年度に賦課される環境コストは，過年度の便益に関連し，かつ，過年度損益修正や過年度の財務諸表の誤謬の修正とみなされるコストのみであり，非常に限定される。

　当期に賦課される環境コストは，当期の営業活動に直接的又は間接的に関連するために費用化されるもの，及び，過去又は将来のいずれの期間にも賦課することができず消却されるコストである。

　問題は，将来期間に賦課される，つまり，資産として計上又は繰り延べられる環境コストをどのように決定するかである。資産の取得，建設，開発の一部として，又はそれに関連して計画された環境対策のコストは，当該活動のコストの一部として資産計上が可能である。判断が難しいのは，固定資産

の取得，建設又は開発以後に固定資産に関連して発生した環境コストの処理であり，CICA [1993] では将来の便益に関連づけて資産計上が可能かどうかについて，2つのアプローチを識別している。1つめの「将来便益の増加アプローチ（increased-future-benefits approach）」（以下，IFBアプローチ）によれば，環境コストが資産から得られる将来の期待経済的便益を増加させるならば資産計上し，過度なコストは消却する。2つめの「将来便益の追加コストアプローチ（additional-cost-of-future-benefits approach）」（以下，ACOFBアプローチ）によれば，環境コストが，資産から得られる将来の期待経済的便益に関連するコストであると考えられる場合には，回収可能である限り，それが経済的便益を増加させるか否かにかかわらず資産計上を可能とする。いずれのアプローチをとる場合であっても，現行の会計基準との整合性が必要である。

この他に，環境への配慮から生じる資産の減損は，既存の会計基準に従って認識される。

3　環境負債の会計処理

環境負債に関する会計処理の概要を示したものが図表1-2である。将来の環境支出は，過去の取引又は事象に関連する支出と，将来の取引又は事象に関連する支出とに区分される。

過去の取引又は事象に関連する支出は，発生の可能性が大きく合理的見積が可能ならば負債として認識され，そうでなければ開示のみがなされる。環境負債には，発生の可能性が高いにもかかわらず合理的見積が困難であるために認識されないものが多いが，経営者の最善の見積によって将来の環境支出の範囲が明らかであれば認識すべきである。測定に関しては，関連する期待回収額が見込まれる場合や貨幣価値変動の処理なども問題となる。環境負債の見積には不確実性と複雑性を伴うため，認識された負債は毎年見直すことが望ましい。

将来の取引又は事象に関連する支出は，将来便益が期待される場合は，発生以前には財務諸表で認識されないが重大なものは開示される。将来便益が期待されない場合は，将来損失に対する引当金が当期に設定される。

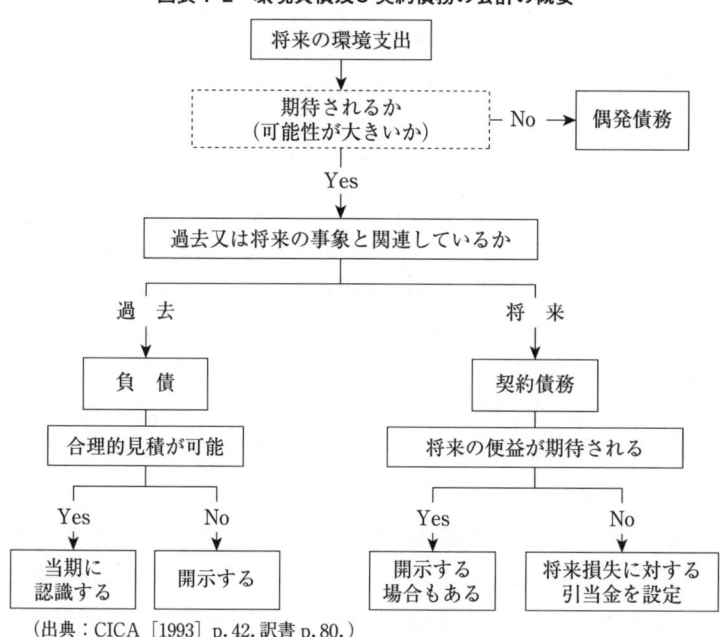

図表 1-2　環境負債及び契約債務の会計の概要

```
                    将来の環境支出
                         │
                         ▼
              ┌──────────────────┐
              │    期待されるか    │──── No ──→ 偶発債務
              │ (可能性が大きいか) │
              └──────────────────┘
                         │ Yes
                         ▼
            過去又は将来の事象と関連しているか
                   │              │
                  過去            将来
                   ▼              ▼
                 負 債          契約債務
                   │              │
            合理的見積が可能   将来の便益が期待される
              │      │           │      │
             Yes     No         Yes     No
              ▼      ▼           ▼      ▼
            当期に  開示する    開示する   将来損失に対する
            認識する           場合もある  引当金を設定
```

（出典：CICA［1993］p. 42. 訳書 p. 80.）

4　環境コスト，環境負債及び環境方針の開示

　財務諸表で認識された環境コストは，その性質によって営業費用，営業外費用又は異常損益項目に分類される。ただし，環境費用総額及び重要な項目，重要な当期の環境投資の性質・金額及び環境への配慮の結果生じた資産の減損は，独立して開示しなければならない。環境コストの重大な変動についての説明，経営成績に及ぼす影響等は，開示することが望ましい。

　環境負債については，その総額及び重要な項目を財務諸表において独立して開示すべきである。認識された環境負債に関する測定の重大な不確実性の性質及び予測しうる結果の範囲，今後5年間の支出総額を開示すべきである。将来の環境支出及び損失で負債として認識されなかったものについてはその性質，時期，見積金額又は範囲あるいは見積が不可能である旨を開示しなければならない。契約による債務，及び，現在又は近い将来予想される環境法規制によって要求される重大な将来の環境支出も，開示しなければなら

ない。

　環境コストに含まれる項目，環境コストの資産又は費用計上の方法，その償却方法，環境負債の認識方法についての会計方針は開示しなければならない。

5　CICA［1993］後の動き

　以上のCICA［1993］の提言を受けて，CICAハンドブックの必要箇所の見直しや追加がなされてきた。一例をあげると，CICAハンドブックのセクション1508「測定の不確実性」の公表，CICAハンドブックのセクション3060「過年度修正」の削除等である。このように，CICAは，関連する会計基準を一部改訂するなどして解決を図ろうとする一方で，財務会計のフレームワークを越えて新たな環境会計の可能性を探るための研究報告書「フルコスト環境会計」も公表した。

　その後，CICAは，CICA独自の研究から，GRI等の国際機関に協力する方向へと大きく転換した。その背後には，次節にあげられるような環境報告や環境会計をめぐる国際的な進展，財務会計基準の国際化・調和化の進展があり，環境財務会計もそれらの影響を大きく受けることとなったためである。次節以降では，会計の国際化を受けて，国際機関から環境財務会計を扱った報告書等が公表されるようになった経緯と，その報告書等において論じられている環境財務会計の内容について取り上げることとする。

第3節　国際機関による環境財務会計への関心

　国連貿易開発会議（UNCTAD）の「会計・報告の国際基準に関する専門家による政府間作業部会」（the Intergovernmental Working Group of Experts on International Standards of Accounting: ISAR）は1982年に設置されたが，その前身は1975年に設置された「国際会計・報告基準に関する専門家部会」（Expert Group on International Standards of Accounting and Reporting）である。同部会設置は，多国籍企業の活動に対する財務及び非財務情報の欠如と比較可能性の限界を克服するために，標準化された会計と報告に関する国際的に比較可能な会計基準が要請されたことを背景としている[3]。この中で非財務情

報が財務情報と同等に扱われている点が興味深い。すなわち，ISARの根底には，多国籍企業が全世界に及ぼす悪影響を排除しようとする思考が取り入れられていると考えられ，そのことが1980年代後半から，ISARをして環境情報又は環境会計の問題への取り組みに着手させたと考えることができよう[4]。以下で取り上げるUNCTAD [1999] は，ISARにおける環境会計研究の一つの集大成であり，環境財務会計に関する包括的な基準作成の試みとして位置づけられる。

欧州委員会 (Commission of the European Communities: EC) においても環境財務会計に関する包括的な指針が公表されている。そのたたき台となったAAF [1995] が公表された直接的な契機は，第5次環境行動計画に求められる。同計画はEUの環境関連法規制の基本に位置づけられ，そこでは，政策課題の一つに「経済的手段；適切な価格の入手」をあげ，その中で，環境政策に役立つマクロ環境会計の整備とともに，企業における環境財務会計があげられている (EC [1993] par. 7. 4.)。具体的には，企業に対して環境問題に対する意識を向上させるため，すべての環境支出とリスクを財務諸表に取り入れるため，及び企業の環境に関わる受託責任の説明を促進するため，という3つの目的が表明されている (EC [1993] par. 7. 4.)。

当該計画の見直し過程における『単一市場と環境』(EC [1999]) と題する政策提言書では，環境と経済の両立に向けた諸提案が行われ，その一つとして，財務報告書における環境関連情報の開示を取り上げ，その報告指針の不在による比較の困難性，及び開示される情報の信頼性を問題としている (EC [1999] pp. 14–15)。これらの問題に対処すべく，「勧告書」として公表されたのがEC [2001a] である。

以上から，ISARとECにおいて実現すべき目的を果たすための施策の一環として，環境財務会計が位置づけられていることがわかる。そこでは，企業の行動を環境配慮の方向へと導くために，企業活動の大半が集約されている財務諸表において環境関連の事象を取り入れることを通じて，企業による環境配慮活動の促進に役立てようとする姿勢を読み取ることができる。

さて，取り上げるべきもう一つの国際機関は，欧州会計士連盟 (Fédération des Experts Comptable Européens: FEE) である。FEEは，欧州諸国における職業会計人の組織であるため，上記2機関とは性質を異にするが，FEE [1999]

は，主として環境に関わる財務会計基準の整備をIASCに提言する内容となっている。特に，1990年代後半に次々に公表されたIASが，環境問題に関連すると考えられるにも関わらず，それが取り上げられていない点を重視し，当該報告書の公表につながっている。

　以上3つの国際機関が環境財務会計の研究に取り組んだ同じ時期，会計基準の国際的調和化から国際的収斂に転換する契機として，証券監督者国際機構（IOSCO）の動向がある。IOSCOは，1980年代からIASCと協働して会計基準の国際的調和化に関与してきたが，1993年以降その動向が本格化し，1996年には，IASをコア・スタンダードとして承認するための作業計画を発表した。これにより，コア・スタンダードとして承認されたIASがIOSCOのお墨付きを得て，グローバル・スタンダードとして機能する方向性が明示された[5]。この動向は，IASに対し，環境財務会計に関わる会計基準を導入するという誘因を3つの国際機関に与えたと推察できる。実際，ISARは，UNCTAD [1999] において，「IASCにおいて環境に関わる包括的な会計基準が設定される見込みがない」（UNCTAD [1999] par. 3）ことを報告書作成の目的として掲げている。EC [2001a] では，環境に関連する事象がIASに含まれてくるにも関わらず，IASCがほとんど言及していないことを問題視し，勧告書の公表に至ったとしている（EC [2001a] pars. (8)–(9)）。さらに，FEE [1999] は，IASCに対して「環境問題に関するプロジェクトが，IOSCOと合意した『コア・スタンダード』プログラムの中でできるだけ早く取り込まれるように勧告する」（FEE [1999] p.1）と表明している。従って，会計基準の国際的調和化から収斂への転換の過程が，これらの機関における1990年代中葉から2000年初頭にかけての報告書の公表という事実につながっていると推察される。

第4節　環境コストの会計処理の論点

1　環境コストの概念

　UNCTAD，EC及びFEEの報告書ではいずれも，環境に関わって生ずるコスト全般を環境コストとしているが，ECのそれは，環境法規制への非遵守に起因する罰金等，将来の経済的便益をもたらさないか，収益獲得に貢献

しないようなコストを除外するよう明文化している。ECのように明文化されてはいないが，UNCTADにおいては，「環境に責任をもつ方法で」及び「環境目的と要求事項から引き出される」という文言から，環境に好影響を及ぼすと考えられる事象に関連するコストを環境コストと捉えており，また，「罰金，科料及び第三者に対する損害賠償などは企業に何ら便益を提供しないことから他の環境コストと性格が異なる」（UNCTAD［1999］para. 49）ものと位置付けていることから，ECと同様にいわゆる環境損失に該当するコストは環境コストの定義から除外されているとみなすことができる（上田［2006］p. 41）。このことから，FEEのみが，「とられることが要求されている行為がもたらすコスト」（FEE［1999］p. 1脚注）としている点で，環境損失も環境コストに含みうるとみなすことができ，CICAにおける環境コスト概念と類似する。なお，ECでは「環境支出」という用語を使用しているが，それは，マクロ会計の領域における環境保護支出の集計への活用を視野に入れているためと推察される。

2　環境コストの処理

環境コストの処理に際しての各機関の基本的な考え方は，いずれも，資産の認識規準に合致した場合に環境コストを資産として認識することを原則として掲げ，それ以外は当期に費用計上すべきとしている。

この基本的な考え方に表れているように，主として，発生した環境コストを資産計上すべきか，それとも費用計上すべきか，という点がここでの主な論点となる。環境コストの資産計上に際しての具体的な要件としては，UNCTADにおいては，将来の経済的便益を直接又は間接にもたらす場合（UNCTAD［1999］paras. 14-15）としているのに対し，他の2機関は，将来の経済的便益をもたらさない場合であっても，当該環境コストの存在なしにはある特定の資産が将来の経済的便益をもたらさないと考えられる場合に資産計上が可能であるとしている（EC［2001a］pars. 3.12, 13, 15; FEE［1999］p. 3）。ただし，UNCTADにおいても，「企業に将来の経済的便益を直接又は間接にもたらす場合（傍点引用者）」としている点で，いずれの機関においても資産計上に際して，IFBアプローチを基本としながらもACOFBアプローチを許容していると理解することができる。

なお，環境上の理由からすでに当該資産の簿価が経済的便益の喪失を考慮している場合に，その便益を回復させるために行われる支出については，EC及びFEEはともに，資産計上できるとしている（EC [2001a] pars. 3.21; FEE [1999] p. 3)。

土壌汚染などの環境上の要因に起因する資産の減損については，いずれの機関によっても，減損テストを経て適切に当該資産の減損を認識するように求められているが，特にFEEでは，資産の減損に関する会計基準であるIAS第36号において，企業に関連する環境関連の要因に照らした減損をもたらす事象の具体例を列挙するようにIASに求めるとともに，その測定において以下の3点を特に考慮するように求めている（FEE [1999] pp. 6-7)。

- 浄化コストや利息費用の増加をもたらす汚染を処理する必要から生じる資産処分の遅延,
- 関連する技術の改善可能性や法規制の変化による不確実性，及び
- 潜在的な購入者を躊躇させ，より市場を制約的にしてしまうような汚名効果（stigma effect）から生じるリスク。

「汚名効果」については，UNCTADが，汚名効果に起因する資産の減損について考慮する必要性だけを述べている（UNCTAD [1999] para. 20）のに対し，FEEでは，それを「潜在的な社会的負債や，未知に対する恐怖から生じる追加的な健康被害などの，さまざまな要因から生じる資産汚染の一側面」と規定した上で，IAS第36号において，汚名効果に起因する資産の減損について取り上げて言及すべきことが提言されている（FEE [1999] pp. 6-7)。特に，「すべての予想される修復コストを考慮した後の資産価値までさらに割引を適用すること」で汚名効果が認識できるとし，その旨をIAS第36号において取り上げることが提言されている（FEE [1999] p. 7)。

環境コストに関連する上記以外の事象については，ECにおいてパテント，免許，汚染許可及び排出権といった事象が，また，FEEでは，汚染許可，排出権及び環境税についての指針が提供されている。ECでは，これらの事象が環境に関連して取得される場合に，資産の要件に合致すれば資産計上され，そうでない場合には費用計上される（EC [2001a] par. 3.18)。FEEでは，汚染許可や排出権についてIAS第38号「無形資産」の規定に照らして検討し，これらを獲得しなければ営業活動が遂行できない「追加コスト」と考え

て資産として認識するよう要請している。さらに，これらは無形資産として独立して開示されるべきことも提言している。環境税については，現行IASにおいて明確な指針が提供されていない状況をあげた上で，その営業費用としての処理の是非，他の税金と環境税との関係及び独立開示について明確な規定を求めている（FEE［1999］pp. 2, 7）。

第5節　環境負債の会計処理の論点

1　環境負債の認識

　まず環境負債の定義から概観する。UNCTADでは，環境負債を「企業によって負担される環境コストに関連する債務であり，負債としての認識規準に合致するもの」（UNCTAD［1999］par. 9）と定義しているのに対し，FEEでは，「企業によって負担され，負債としての認識規準に合致する環境コストに関連する債務」（FEE［1999］p. 2）としている。ECでは環境負債の定義づけを行っていないが，後述するとおり，他の2機関と概念上の相違があるとは認められない。いずれの機関においても，IAS第37号「引当金，偶発債務及び偶発資産」における負債の定義，すなわち「過去の事象から発生した企業の現在の債務であり，その決済により，経済的便益を有する資源が企業から流出する結果をもたらすと予想されるもの」（IASC［1998b］par. 10）のうち，環境に関わるものと解釈できる。

　次に環境負債の認識要件について概観する。最も明確に認識要件を提示しているのはECであるが，そこでは，環境負債の認識要件として，①「過去の事象に起因する環境上の性質を有する現在の（法的又は推定上の）債務であること」（現在の法的・推定上の債務），②「経済的便益を有する資源の流出の可能性が高いこと」（高い発生確率）及び③「その決済額が合理的に測定されること」（合理的な見積），の3つを充足した時をあげている（EC［1999］para. 3.1）。これは，IAS第37号における引当金設定の要件（IASC［1998b］par. 14）とほぼ同じである。FEEでは，IAS第37号の規定に従う旨が明示されているが，UNCTADでは，環境コスト負担の義務がある場合に認識するとの記載にとどまっている。3機関とも，法的債務（legal obligation）と推定上の債務（constructive obligation）がある場合に，金額の合理的な見積

りがなされれば環境負債が認識されると捉えてよいであろう。従って，推定上の債務に対する3機関の捉え方をみることが重要となろう。

結論からいえば，いずれの機関も「現在の債務」に推定上の債務を含めている。そこでの推定上の債務については，基本的にIAS第37号の以下の規定に即したものとして理解できる。

「推定上の債務とは，次のような企業の行動から発生した債務をいう。
(a) 確立されている過去の実務慣行，公表されている経営方針又はきわめて明確な最近の文書によって，企業が外部者に対しある責務を受諾することを表明しており，かつ，
(b) その結果，企業はこれらの責務を果たすであろうという妥当な期待を外部者の側に生起させる。」(IASC [1998b] par. 10)

ただし，UNCTADとFEEにおいては，推定上の債務の一形態とされる衡平法上の債務 (equitable obligation) の存在に基づく環境負債の認識の可能性を指摘している。つまり，「企業が避ける余地のないような環境損傷に対する倫理的・道義的な浄化義務」についても，衡平法上の債務として捉え，環境負債として認識する可能性を検討するようIASCに求めているのがFEEであるのに対し (FEE [1999] p. 4)，UNCTADでは，推定上の債務の定義において「倫理的・道義的な配慮から生ずる債務」と記述している (UNCTAD [1999] para. 9, footnote3) 点で衡平法上の債務を包含している。よってUNCTADとFEEでは，債務の概念をECよりも広く捉えていると指摘できる。

また，企業が所有する資産に対する将来の閉鎖や除却に関連する将来のコストを環境負債として認識することについてもUNCTADとECにおいて言及されている。両者はいずれも，サイトの浄化，除却又は閉鎖に関連する環境負債が，その将来の支出の時点ではなく，債務の発生した日に認識されるべきとしている。特に，負債の認識が活動の終了時点かサイトの閉鎖時点まで遅らされるべきではないという点が強調されている (UNCTAD [1999] paras. 26-29; EC [2001a] paras. 3.27-29)。負債の認識と同時に，将来の見積コストの資産計上を許容している点でも，両機関の考え方はほぼ同じといえる。これらは，現在では米国財務会計基準審議会 (Financial Accounting Standards Board：FASB)，国際会計基準審議会 (International Accounting

Standards Board：IASB）及び企業会計基準委員会（Accounting Standards Board of Japan：ASBJ）によって資産除去債務として基準化されている（詳細は第4章参照）。

2　環境負債の測定

環境負債の測定の基本的な考え方として，UNCTAD及びECでは「最善の見積額」（best estimate）を提供することと規定されている（UNCTAD [1999] paras. 33-35; EC [2001a] paras. 3. 23, 25）。この見解は，IAS第37号における負債の測定に関する要件と合致しており，そこでは，引当金として認識される金額が「貸借対照表日における現在の債務を決済するために要する支出の最善の見積でなければならない」（IASC [1998b] par. 36）とされる。FEEにおいて該当記述がないのは，IAS第37号の規定を是認しているためと推察される。また，環境負債は，将来の支出までの期間が長期に及ぶことが多いため測定が困難な場合，UNCTADとECにおいては，「損失範囲」を見積もった上でその範囲内から最善の見積額を提供する。さらにそれも困難な場合には，見積範囲の最低額を提供する旨が指摘されている（UNCTAD [1999] paras. 34-35）。他方，ECでは，見積範囲ではなく，その負債を偶発債務として考慮するべきとしている（EC [2001a] para. 3.25）。なお，UNCTAD及びECはともに，その見積額に至った詳細又は見積額が提供できない場合にその理由の注記が求められている（UNCTAD [1999] paras. 33-34; EC [2001a] para 3.25）。

次に，環境負債の測定アプローチについて検討する。UNCTADでは，環境負債の測定に際して，(a) 現在価値アプローチ（PVアプローチ），(b) カレント・コストアプローチ（CCアプローチ）及び (c) 期待支出額提示アプローチ，の3つが識別されている[6]。まず，PVアプローチもCCアプローチもともに，既存の状況と法的要求事項に基づいて，サイトの復元，閉鎖又は除去活動を遂行するのに必要な見積コストを基礎に環境負債を測定する。CCアプローチでは当該見積コストが環境負債の測定額となるが，PVアプローチは，債務を履行するのに要求される将来の見積キャッシュ・アウトフローの現在価値に基づく。PVアプローチで用いられる割引率は通常リスクフリーレートとされるとともに，予想されるインフレーションの影響を考慮するよ

うに求められる。また，環境負債の金額を毎年見直す必要性も指摘している。

　UNCTADではPVアプローチとCCアプローチの双方の長所と短所，すなわち前者にあっては，意思決定への有用性が高められる一方で将来キャッシュ・フローの時期と金額に影響を及ぼす要因に起因する不確実性と測定結果の信頼性の問題が，後者にあっては，測定金額の信頼性が高いとする一方で負債の当初認識からその後の決済に至るまでの時間の長さに比例した意思決定有用性の低下の問題が，それぞれ指摘されている。

　（c）のアプローチは，将来にわたって次第に要求されていくキャッシュ・アウトフローの見積額を測定額とするものであるが，資産除去債務のように，当該資産に関連する活動が行われる期間にわたって長期の除去コストを提供することが，容認できる実務であるとしている。

　UNCTADが提示した上記3アプローチに対して，ECは，PVアプローチを原則とした上で，CCによる測定も許容するという姿勢を示している。そして，割引計算に際して必要となるさまざまな諸前提，すなわち割引率の決定，見積キャッシュ・フローの決済時期とその金額に影響を及ぼすような諸要因について開示するとともに，負債の金額を毎年見直すことも求めている点で，UNCTADによる見解とほぼ同じと捉えられる（EC [2001a] para. 3-30）。他方，FEEでは，PVアプローチのみを取り上げ，割引計算における主観性の介在及び将来の不確実性について，十分に考慮するように求めている（FEE [1999] p. 4）。これは，IAS第37号において，「貨幣の時間価値の影響が重要な場合には，引当金額は債務の決済に必要と見込まれる支出の現在価値としなければならない」（IASC [1998b] par. 45）という規定を是認した上で，PVアプローチの課題である不確実性等に対する十分な考慮を反映するよう要請していると解釈できる。

　環境負債の測定に際しては，論点の一つである期待される回収額には，(a) 第三者からの期待回収額，(b) 関連する財産の売却による期待受取額や廃物の売却代金，及び (c) 資産の残存価額や残余価値，の3つが考えられ（上田 [2006] p. 49），UNCTADもECもともに (a) と (b) に対する指針を提供している。まず，(a) は，どちらの機関においても環境負債と相殺する法的根拠がない限り，回収額は資産として，また環境負債は負債としてそ

れぞれ独立開示することが求められる。また，(b) についても，いずれの機関も環境負債と相殺するべきではないとしている (UNCTAD [1999] paras. 30, 32; EC [2001a] paras. 3-6-8)。つまり，環境負債の測定においては，期待される回収額を原則として控除すべきではないという立場が表明されている。なお，FEEにおいては，本件に対する提案は開示面のみとなっているため，期待される回収額の認識についてはIAS第37号に準拠する[7]ものと考えられ，FEEも期待される回収額の独立開示を求めているといえる。

第6節 環境コストと環境負債の開示の論点

1 環境コストの開示

環境コストの開示については，いずれも財務諸表での独立開示を基本としている。まず，UNCTADでは，当期に費用計上される環境コストについては，営業費用又は営業外費用に区分された上で損益計算書において表示されるとするが，資産計上された環境コストについては，その金額を注記するように求めている。ECもほぼ同じ内容となっている。両者は，注記情報として，環境コストの金額以外にも，その詳細情報を掲載するように求めているが，特にECでは「環境領域ごとの支出細目の開示」を求めている点に特徴がみられる (UNCTAD [1999] paras. 45-47; EC [2001a] para. 4.6)。ここで「環境領域」とは，欧州統計局 (EUROSTAT) がマクロ環境政策を見据えて各国の環境保護支出の集計を進めるために用いている環境保護活動・支出分類 (The Classification of Environmental Protection Activities and Expenditure: CEPA 2000) を指す[8]。ECの報告書が公表される誘因として，EUにおけるマクロ環境政策があげられることから，CEPAによるミクロ，すなわち企業の環境に関わるデータ収集に活用する意図をうかがい知ることができる[9]。

次に，環境コストとして分類されないコスト，すなわち環境法規制への非遵守等に起因する科料や罰金等の開示については，いずれも他の環境コストと区別して開示することが求められている。なお，環境に関連する異常項目として識別されるものについても，非遵守によるコストの開示と同様に，他の環境コストと区別して開示されることが求められている (UNCTAD [1999] paras. 48-49; EC [2001a] paras. 4.5-6; FEE [1999] pp. 2, 7)。

2 環境負債の開示

環境負債の開示に関しては，環境コストと同様に，いずれの機関も貸借対照表における独立開示を求めている（UNCTAD [1999] para. 51; EC [2001a] paras. 4. 4-5; FEE [1999] p. 2)。

環境負債の測定では，採用するアプローチの違いや計算上の諸前提の存在，さらには多くの不確実性の介在などが問題となるため，これらの機関では，補足情報としてこれらの情報を財務諸表の注記において開示するよう求めている。特にPVアプローチを採用した場合，UNCTADでもECでも，CCの見積額と割引率が示されるように求められるとともに，UNCTADではインフレ率も開示するべきとしている（UNCTAD [1999] para. 53; EC [2001a] para. 4. 5)。

また，環境負債の決済時期や期間についての説明をはじめ，不確実性の排除を目的とする説明が求められている。特にECでは，環境損傷の修復を求める法規制の説明と予定される修復又は予防ステップの説明をするように求めるとともに，環境負債の測定額に反映されている前提となる既存の技術や想定される法規制の改正等についても説明を求めている（EC [2001a] paras. 4. 5-6)。

このように，環境負債については，その項目と金額を貸借対照表において独立開示する一方で，計算根拠及び不確実性に関する情報を，注記における記述によって説明するという方向性を見出すことができる。

また，環境負債としての認識要件を充足しない場合，IAS第37号では，以下の場合に偶発債務として開示すると規定している。

> 「（i） 可能性のある債務であり，企業が経済的便益を有する資源の流出を引き起こす現在の債務を有しているか否かがまだ確認されていないもの，又は
>
> （ⅱ） 本基準書における認識規準に合致しない現在の債務（その理由が，債務の決済に経済的便益をもつ資源の流出が必要となる可能性が高くないか，又は，債務金額の十分に信頼できる見積ができないかのいずれかであるもの)。」(IASC [1998b] par. 13)

3つの機関においてもIAS第37号に準じて偶発債務を捉えているが，UNCTADでは，偶発債務を「企業の管理不能な一つ又はそれ以上の不確実

な事象の生起又は消滅によってのみ確定する，貸借対照表日において過去の事象から生じた潜在的な債務」(para. 9) と定義し，上記の2要件に対して不確実な状態のままであると考えられるものについて，環境上の偶発債務として捉えている。また，上述のとおり環境損傷が将来の会計期間で修復されなければならない場合は，偶発債務としての開示を求める規定を置いている。ECとFEEにおいては，環境負債の要件を満たさない場合，環境負債が存在しないことを意味するわけではないという考えから，少なくとも環境負債の存在を情報として提供する必要性を強調している。よって，いずれの機関においてもIAS第37号の規定を基本としながらも，環境偶発債務に関しては，できるだけ開示するという方向性が示されているものと理解できる。

3 その他の環境関連諸要因の開示（定性的記述）

開示されるべきその他の補足情報として，環境コストと環境負債の処理に際して用いられた会計方針があげられている。UNCTADとECでは，環境上の理由から企業経営に影響を及ぼす事項として開示されるべきものが列挙され，特にECは，環境パフォーマンス情報も開示すべきとしている。さらに，両機関は，環境保護に関連して政府から提供される補助金や税軽減といったインセンティブに関する情報も開示されるのが望ましいとしている (UNCTAD [1999] paras. 57-59; EC [2001a] paras. 4.2, 4.6)。

ECでは，さらに，環境効率指標や事業セグメント別の指標の開示を望んでいる。また，環境パフォーマンス情報として，エネルギー，水及び原材料等の消費量を物量単位による総量で示すよう求めており，財務諸表における金額情報と当該物量情報との連携を視野に入れている。さらに特徴的な点としては，財務報告書のみならず，独立した環境報告書にも考慮が及んでいることである。そこでは，財務報告書の利用者の視点から，環境報告書と財務報告書の一貫性を求めるとともに，外部の検証プロセスを経ることが奨励されている (EC [2001] paras. 4.2, 4.6)。

第7節　環境財務会計に関する
　　　　指針・報告書の現代的意義

　近年，環境問題に関わる会計基準又は実務指針が次々と公表されてきている。これら基準等の特徴は，環境関連法規制の強化に伴って生ずる企業の負担をどのように会計上表現するかという点から個別的に設定されている。こうした個別的な環境財務会計基準が次々と設定されるのと対照的に，環境財務会計に関する包括的な指針又は基準を検討する動向は，3機関による報告書公表以降，やや停滞しているように見受けられる。その要因として，(a) 環境問題から企業の社会的責任 (Corporate Social Responsibility: CSR) 問題への展開[10]及び (b) 会計基準の国際的統一化の動向の2つをあげることができる。

1　環境問題から企業の社会的責任問題への展開

　まず (a) の要因であるが，これは，ISARとEUがともに財務報告書における環境情報の提供から，社会的責任情報の提供へとその焦点を移行させたことに起因する。ISARでは，UNCTAD [1999] 以降，2002年に改訂版 (UNCTAD [2002]) を公表しているが，そこでは，環境財務会計の指針に加えて，環境報告書で開示されるべき環境情報や環境パフォーマンス指標の提案へと展開している。この間，ISARでは，環境問題に焦点を当てた検討から，企業統治や社会的責任に関わる情報の開示に向けた検討へとその関心領域が移行してきた。特に，会計不正事件の各国での頻発に端を発する企業統治に関する情報開示の強化，及び，多国籍企業の及ぼす各国における社会的影響に関する情報開示の強化，という2つの側面から展開している[11]。

　『企業が社会に及ぼす影響に関する開示：現在の傾向と課題』(UNCTAD [2004]) は，企業の及ぼすグローバルな影響に着目し，ISARにおいてCSR問題とその会計・報告上の問題について検討するためのたたき台となっている。その中で，UNCTAD [1999] についてはあまり言及されず，もっぱら，社会に関連する分野について検討されている。そして，将来的に，社会報告の国際的な比較可能性と情報利用者にとっての有用性を達成するために，社

会報告の形式と内容に対する国際的な合意形成の必要性を主張している（UNCTAD［2004］pp. 18-19）。その後，2006年10月のISAR第13会期に提出された『年次報告書における企業責任指標の手引き』（UNCTAD［2006b］）では，環境に関連するパフォーマンス指標の開発はすでにほぼ完了しているとして，社会に関連する他のパフォーマンス指標について検討され，環境財務会計やその他環境関連の指標についてはほとんど取り上げられていない（UNCTAD［2006b］par. 9）。

他方，ISARにおける企業統治に向けた研究では，『企業統治開示の最善の実務に関する手引き』（UNCTAD［2006a］）が2006年に公表されている。そこでは開示すべき財務情報と非財務情報について提言がなされ，環境やCSRが非財務情報の一部として扱われ，提言の一部分でUNCTAD［1999］に若干言及されている程度である。当該部分の展開は，GRIなどの持続可能性報告のガイドライン策定に任されている（UNCTAD［2006a］pp. 22-23）。

またEUでは，2001年に勧告書が公表されたのとほぼ同時期に，CSRを推進する政策，及び会計基準の国際的調和化又は統一化に向けた会社法現代化の政策が策定されており，そのことが，EUにおける環境財務会計に関わる包括的指針作成に大きな影響を及ぼしている[12]。

まずCSR政策については，CSRに関する『グリーン・ペーパー』（EC［2001b］）が2001年に発行され，EU域内におけるCSRに関する議論が展開された後，2002年にCSRに関する政策提言（EC［2002a］）が行われている。そこでは，GRIの「持続可能性報告ガイドライン」を高く評価する一方，環境財務会計に関しては，EC［2001a］を域内標準として位置づけている（EC［2002a］pp. 20-21）。しかし，環境財務会計に関してはその後，新たな展開はみられない。

2　会計基準の国際的統一化の動向

次に二つ目の停滞要因として会計基準の国際的統一化の動向を検討する。UNCTADでは，2005年の第22会期より，会計基準の国際的統一化がもたらす諸問題について検討に着手したが，そこでは環境財務会計は取り上げられていないため，EUにおける動向に着目すべきであろう。

EUでは，CSR政策と並び会社法現代化の政策が推進されてきた。具体的

には，EU加盟各国の会社法の改正を求めるEU指令を採択することによって当該政策が推進されている[13]。指令では，一定規模以上の企業の年次報告書（個別及び連結）において，「企業の発展，業績又は状況を理解するのに必要な範囲で，環境と従業員の事象に関連する情報を含めて，特定の事業に関連する財務的，及び必要ならば非財務的なキーパフォーマンス指標を，その分析[14]に含めなければならない」と規定し，環境に関連する財務情報と非財務情報を財務報告書において含めることを義務づけている[15]。この指令では，その序文において，当該規定を設定した根拠の一つとしてEC [2001a]における結論と首尾一貫していることをあげているが，開示に関わるごく一部について取り入れられているに過ぎない。この点について，上妻 [2006]は，法的強制力の強さという点で「勧告書」から「指令」へと結実した環境情報の開示の影響は大きく，またこのことが「EUにおける財務報告政策の大きな方針転換」になったと捉えられている（上妻［2006］p. 72）。開示すべき内容も，「環境及び従業員の事象」となっている点で，上述したEUにおけるCSR政策の流れが財務報告政策に影響を及ぼしているとみなすことができよう。

なお，当該指令は，EU域内において会計基準の国際的統一（調和）化を義務づけることに起因して個別財務諸表に関わる第4号指令及び連結財務諸表に関わる第7号指令を改正する必要性をもたらした[16]。従って，会計基準の国際的統一が，上記の年次報告書における環境及び社会に関連する情報の開示を求める規定に盛り込む一つのきっかけになっていると捉えられる。

他方，周知のとおり，2002年9月にIASBとFASBとの間で，「国内の財務報告及び国境を超える財務報告の双方に用いられうる，高品質で互換性のある会計基準を開発すること」（FASB［2002a］）に合意している（ノーウォーク合意）。その後，IASB及びFASBにおいて，双方の会計基準の差異を除去する短期プロジェクトをはじめ，会計基準の国際的統一に向けた共同研究プロジェクトが実施されてきている[17]。この流れの中で，日本においても，2007年8月8日にASBJとIASBとの間で「会計基準のコンバージェンスの加速化に向けた取組みへの合意」（東京合意）が発表され，会計基準の国際的統一に向けた作業が加速している。すでに2005年3月から開始されているIASBとの共同研究プロジェクトにおいては，「短期プロジェクト[18]」の成

果として「資産除去債務に関する会計基準」が公表されている。よって，日本においても個別的に環境財務会計基準を設定していく方向性が示されていると解釈できる[19]。

このように，会計基準の国際的統一の流れは個別的・実践的な会計基準の設定の動向を一層強めることとなっているが，その中で，環境財務会計に関する包括的な基準又は指針の作成については，国際的統一の議論の俎上に上っていないことから，UNCTADやEUにおいて本章で取り上げた報告書等が公表されて以降，その動向は停滞しつつあると捉えられる。

第8節 おわりに

本章では，CICAの報告書，及び，ISAR，EU，FEEから公表された環境財務会計に関わる報告書について比較検討するとともに，こうした動向が近年停滞しつつあることを明らかにした。ISAR，EU，FEEから公表された報告書の目的は，いずれも，IASCにおいて財務会計の枠内における環境関連の事象を会計基準にすることを目的としていた。しかし，現在その目的が達成されたかどうかという点から判断すると，「ごく一部分のみ」達成されたが，大部分は達成されていないと解することができよう[20]。

今後，これらの報告書等の成果を踏まえ，情報利用者が企業の環境リスクを判断しうる定量的な会計情報を作成するための包括的な環境財務会計基準の設定の必要性やその具体的な内容の詳細について検討する必要があろう。

注

（1） これらの機関による報告書を検討した先行研究として，上田［2006］及び小関［2006］がある。本章の第3～6節においても，同先行研究の成果を参照している。
（2） 例えば，1989年には，オンタリオ州の年次情報フォームで，環境保護要求が企業の資本的支出，利益及び競争上の地位に与える財務上または営業上の影響を記述することが求められた（OSC Policy Statement No.5 10, Part II）。また，1990年には，CICAハンドブックのセクション3060「固定資産」において，将来の除去コスト及び用地修復コストに対して引当金の設定及び開示が求められた（CICA Handbook, Section 3060. 39-.41, .63 ）。
（3） United Nations Economic and Social Council［1977］p. 6, United Nations

Department of Economic and Social Affairs［1974］p. 55, pp. 95-97.
（4）　ISARにおける環境会計研究の動向については，大森［2004］を参照されたい。
（5）　IOSCOのコア・スタンダード承認に向けた動向については，向［2003］pp. 67-75を参照。なお，IOSCOの作業計画は，IOSCO［1995］参照。
（6）　3つのアプローチの説明は，UNCTAD［1999］pars. 37-41による。
（7）　IAS第37号では，期待される回収額を補填（reimbursements）という用語でくくり，「引当金を決済するのに必要な支出の一部又は全額を他人から補填されると予想される場合に，企業が債務を決済すれば補填金を受け取れることがほぼ確実な場合に限り，認識しなければならない。当該補填金は独立した資産として計上しなければならない。」（IASC［1998b］par. 53）と規定する。また関連する資産の処分により得られる利得も引当金の測定において考慮してはならないとしている（IASC［1998b］par. 51）。
（8）　CEPAでは，環境保護活動を「1. 大気・気候の保護, 2. 汚水管理, 3. 廃棄物管理, 4. 土壌，地下水及び地表水の保護と改良, 5. 騒音と振動の低減, 6. 生物多様性と景観の保護, 7. 放射能からの保護, 8. 研究開発, 9. その他の環境保護活動（一般的な環境管理，教育，訓練及び情報，不可避的支出をもたらす活動，特定できない活動）」に分類している。以上，Eurostatのウェブサイト参照（http://ec.europa.eu/eurostat/ramon/nomenclatures/index.cfm?TargetUrl=ACT_OTH_CLS_DLD&StrNom=CEPA_2000&StrFormat=HTML&StrLanguageCode=EN：アクセス日2007年6月10日）。
（9）　この点に関しては，小関［2006］pp. 91-92を参照されたい。
（10）　ただしUNCTADでは，環境，社会及び企業統治を含めて企業責任（Corporate Responsibility: CR）と呼んでいる。
（11）　大森［2004］では，ISARの環境会計研究を以下の4つの段階に分けているため，詳細はそちらを参照されたい。
　・第1段階：環境情報開示の研究（1987-1994）
　・第2段階：財務会計の枠内における環境会計の研究（1995-1998）
　・第3段階：エコ・エフィシェンシーの測定・開示の研究（1999-2002）
　・第4段階：企業統治のための透明性と開示の研究（社会的責任情報の開示）
　　　（2002-現在）
（12）　EUにおけるCSR政策と会社法現代化政策，及びそれらの環境財務会計への影響の詳細については，上妻［2005］pp. 57-60及び上妻［2006］pp. 67-73を参照されたい。なお，本項においても同文献を参照。
（13）　会社法現代化の指令は，2003年6月に欧州議会・理事会において「指令

(14) 「その分析」とは，事業の展開状況とパフォーマンス及び企業の状況に関する公正（balanced）かつ包括的な分析をいい，そのレビューが年次（連結）報告書に掲載される。以上，EU〔2003a〕Article 1.14.（a），and Article 2.10.（a）参照。
(15) EU〔2003a〕個別財務諸表に関してはArticle 1.14.（a），（b），連結財務諸表に関してはArticle 2.10.（a）に規定。
(16) EU域内企業の連結財務諸表の作成における国際的な会計基準（IAS及びIFRS）の強制適用は，EU規則（EU〔2002〕Article 4）に定められている。
(17) ノーウォーク合意に基づくIASBとFASBの収斂プロジェクトについては，杉本〔2005〕pp. 42-50を参照。
(18) IFRS（IAS）と日本の会計基準との差異を，2008年までに解決するか，少なくともその方向性を決めようとするプロジェクトである。ASBJ〔2006a〕p. 2参照。
(19) 日本の会計基準の国際会計基準との統一の方針については，ASBJ〔2006a〕に示されている。
(20) つまり，「ごく一部分」とは，年次報告書におけるCSR情報の一部としての環境情報の開示の制度化，CSR報告の一部分としての自主的な開示，及び「資産除去債務」などの個別の会計基準の設定という方向である。

（阪　智香・大森　明）

第2章

環境財務会計基準の国際的動向

第1節　はじめに

　環境法規制の強化や企業の環境活動の進展は，企業に新たなコスト負担やリスクを負わせることとなった。これらの影響について，従来の会計基準ではその処理や開示の方法が明確に扱われていなかったために，実態を反映した適切な会計処理や開示が行われないという事態が生じた。そのため，IASBや米国では，新たに生じてきた環境関連の事象に対応するべく，実務上重要性の高い問題について個別に関連する財務会計基準が設定されてきた。

　同様の環境問題を抱え，会計基準の国際化対応を迫られている日本においても，今後関連する会計基準の整備が必要となるが，環境資産及び環境負債をめぐる理論的検討は十分になされてきたとはいえない。そこで本章では，まず，IASB及びFASBから公表された会計基準の中から環境資産及び環境負債に関連するものを取り上げてその動向についてみた後，環境資産については，利益計算構造及び環境資産認識アプローチを分析軸に環境コストの資産計上をめぐる問題について理論的検討を行い，環境負債については，フロー認識法及びストック認識法に基づきその認識について検討した上で負債範囲を拡張する方向性について論じることとする。これらの検討結果を踏まえて，日本で検討すべき課題を明らかにし，第3章以降における議論の礎を提供する。なお，本章で取り上げている会計基準の中で，本書の第4章，第5章及び第6章に関連するものについては，該当章においてその詳細が解説されている。

（阪　智香）

第2節　IASB及び米国における動向

1　環境資産に関連する会計基準

　企業は環境対策活動及び汚染浄化に多額の支出を行っているが，これらは支出がなされた会計期間に全額費用処理されるよりも，企業の将来便益の獲得に貢献するならば資産として計上する方が経済実態をより適切に表すことになる。ここで問題となるのが，どのような場合に資産計上が可能で，どのような場合には費用処理しなければならないかという点である。また，排出枠のような，新しく環境資産となりうる取引事象も登場しており，その会計処理を明らかにすることが必要となっている。さらに，鉱山・石油・ガス産業では，以前から将来の環境修復に必要な金額を資産の取得原価に上乗せして計上し，同時にその支出義務を負債として認識することが求められているが，これと同様の会計処理がその他の業種でも資産除去債務に関して求められてきている。このような環境資産に関連する会計の対象は，図表2-1のように示すことができる。以下では，この3つの項目について順にみていくこととする。

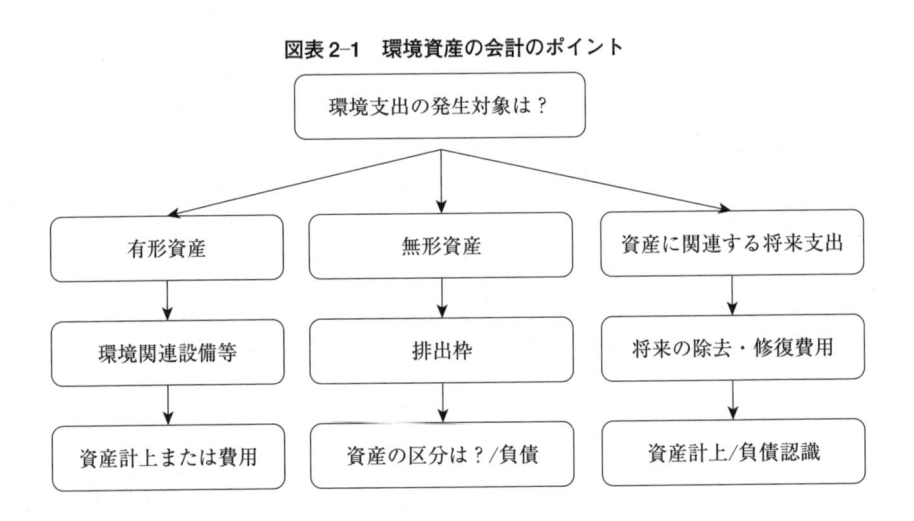

図表2-1　環境資産の会計のポイント

```
                環境支出の発生対象は？
            ┌────────┼────────┐
         有形資産      無形資産    資産に関連する将来支出
            ↓           ↓              ↓
       環境関連設備等    排出枠       将来の除去・修復費用
            ↓           ↓              ↓
       資産計上または費用  資産の区分は？/負債  資産計上/負債認識
```

(1) 環境関連設備等の会計

環境関連設備等への支出の会計処理の論点は，資本的支出として資産計上が可能か，あるいは，期間費用として処理すべきか，という点である。資産計上に言及している基準としては，国際会計基準 (International Accounting Standards, IAS) 第16号「有形固定資産」がある。IAS第16号では，環境保全目的で取得した有形固定資産について，それが資産の将来便益を直接増加させなくとも，他の資産から得られる将来の経済的便益をもたらすと考えられるならば資産計上すると規定している。その例として，「化学製品製造業者が危険な化学製品の製造及び保管に関する環境保全基準に準拠するため，特定の新しい化学物質処理装置を設置した場合，その処理装置は資産として認識する。なぜなら，企業はその処理装置なしでは化学製品の製造や販売が不可能となるからである。ただし，その帳簿価額は減損会計基準による減損判定を受ける (IASB [2003e] par.11)」としている。

一方，環境関連支出を扱った会計基準として，米国では，FASB緊急問題タスクフォース (Emerging Issues Task Force, EITF) から指針EITF89-13「アスベストの除去コストの会計処理」及びEITF 90-8「環境汚染処理コストの資産計上」が公表されている。EITF 90-8では，環境汚染処理コストは原則として費用処理を求めているが，耐用年数を延長したり，生産能力を増加したり，将来の環境汚染を軽減・予防する支出などは，回収可能であれば資産計上されるとしている。

IAS第16号とEITF 90-8では，環境支出の資産計上の要件が異なっている。EITF 90-8では資産の耐用年数延長や生産能力の増加に厳密に該当するものだけしか資産計上できないのに対して，IAS第16号では将来の経済的便益をもたらすものであれば資産計上が可能としている。この資産計上のアプローチの違いについては第3節で詳しく検討する (図表2-2参照)。

(2) 排出量取引の会計

温暖化対策の有力な柱とされているのが排出量取引である。排出量取引とは，市場で取引できる排出枠を利用して温室効果ガスの排出を制御するしくみであり，既に各国で排出量取引制度の導入・検討が進んでいる。2005年1月に始まった世界最大規模となる欧州連合の排出量取引制度 (EU-ETS) では，キャップ&トレード方式を採用しており，政府が総排出量を定め，参加

図表 2-2　環境関連設備等に関連する会計基準

IASB	2003年	IAS 第16号「有形固定資産」(改訂版)	環境保全目的で取得した有形固定資産は，既存する資産から将来の経済的便益を得るために必要であれば，回収可能価額を超えない範囲で認識する。
FASB	1989年	EITF 89-13「アスベストの除去コストの会計処理」	アスベスト除去費用の資産計上を認める。
	1990年	EITF 90-8「環境汚染処理コストの資産計上」	環境汚染処理コストは原則費用化するが，耐用年数を延長または生産能力を増加するコスト，将来の環境汚染を軽減・予防するコスト，売却予定資産に係るコストは，回収可能であれば資産計上される。

企業に対して一定の排出枠（キャップ）を無償または有償で配分するもので，企業は市場で排出枠を売買することができる。

このEU-ETSの創設にあわせて，排出枠をどのように会計処理するかが問題となり，2004年12月にIASBから国際財務報告基準解釈指針委員会（International Financial Reporting Interpretation Committee, IFRIC）の解釈指針（Interpretations）第3号「排出権」が公表された。この解釈指針は，EU-ETSが採用するキャップ&トレード方式の会計処理を扱っており，排出量取引枠を無形資産として公正価値で財務諸表に計上するとともに，企業には排出に応じて排出枠を供出する義務を負債として認識することを求めた。

しかし，キャップ&トレード市場が当初予想されたよりもゆっくりとしたペースで整備されつつあること，さらに，欧州財務報告助言グループ（European Financial Reporting Advisory Group, EFRAG）等から懸念が表明されたことから，排出量取引の実態をより適切に会計処理するために既存の基準（IAS第38号「無形資産」及びIAS第39号「金融商品：認識及び測定」）の改訂を前提とした検討をすべきであるとして，2005年6月にIFRIC解釈指針第3号が廃止されることとなった。その後，2007年12月に，IASBで再び排出量取引スキームをプロジェクトとして取り上げることが決定された。そして，現行IFRSの規定に拘束されずに検討を行うことが了承され，現在議論が行われている。

一方，米国では，大気浄化法に基づき1994年から二酸化硫黄（SO_2）の排出量取引市場が国レベルで始動し，また，2003年には民間セクター主導で，

企業が自主的に参加するシカゴ気候取引所 (Chicago Climate Exchange, CCX) も設立されたこともあり，EITFが2003年に排出量取引についての基準 (EITF 03-14) の公表を試みたが，削除されることとなった。その後，2007年2月から排出量取引の会計について包括的に扱うプロジェクトを再び始めている。このプロジェクトは，排出量取引の会計処理とそれから生じる負債についての指針を提示することを目的として進められている（図表2-3参照）。

(3) 資産に関連する将来の除去・修復費用の会計

企業は，事業活動の終了時に，使用した資産等の除去や，活動中に発生した汚染の除去・修復を求められることがある。特に石油・ガス・鉱山事業などの採掘産業では，事業活動から生じる環境破壊の規模が大きいために，採掘活動終了時に環境修復が求められてきた。この環境修復義務の会計処理について，従来は，既存のIAS（IAS第16号「有形固定資産」やIAS第38号「無形資産」）の適用外となっていたため，多様な会計処理が行われ，他業種の会計実務とも整合性がなかった。

そこでIASBは，採掘産業の会計実務の比較可能性を高めるために，当初，採掘産業の会計・開示を扱う包括的な基準を作成しようとしたが，多数の国がIAS／IFRSの採用を始める2005年までに完了することができなかった。そこで，第一段階の結果として，2004年に国際財務報告基準 (International Financial Reporting Standards, IFRS) 第6号「鉱物資源の探査及び評価」を公表した。IFRS第6号は主に探査や評価に係る支出を扱っており，その後IASBでは，採掘産業の会計についての包括的な基準の検討を進めている。

一方，米国では，石油・ガス・鉱山事業については，財務会計基準書 (Statement of Financial Accounting Standards, SFAS) 第19号「石油・ガス産出会社の会計」及びSFAS第71号「ある種の法的規制がもたらす影響の会計処理」

図表2-3　排出量取引の会計基準

| IASB | 2004年 | IFRIC解釈指針第3号「排出権」
→廃止（2005年）
→2007年に排出量取引スキームプロジェクトが開始 | 排出量取引枠は無形資産として公正価値で認識し取得価額と公正価値の差額は政府補助金（IAS第20号）に準じて処理する。排出に応じて，排出枠を提出する義務を，IAS第37号に従い負債として認識する。 |

が適用され，長期性資産に関連する負債の計上が要求されていた。その後，石油・ガス・鉱山事業以外の産業も対象に，従来は支出時に費用計上していたと思われる将来の環境修復費用について，2001年にSFAS第143号「資産除去債務の会計」が公表され，環境修復義務はその全額を公正価値で発生時に負債として認識し，同額を当該資産の帳簿価額に含めて資産計上することが求められるようになった。これによって，事業への投資全額（将来の修復支出を含む）の表示と環境負債の発生時認識が求められた（図表2-4参照）。

2　環境負債に関連する会計基準

環境負債とは，環境問題や汚染浄化のために生じる将来の支払義務のことである。環境負債の発生対象は，既に起こった汚染に対する修復義務（過去の汚染修復義務，環境再生ファンド等への拠出義務），製造・販売した製品の回収・処理義務，将来の閉鎖・除去義務などがある。環境負債の会計をこれらの発生対象ごとに示すと図表2-5のようになる。以下では，この4つの項目について順にみていくこととする。

(1)　過去の汚染修復負債の会計

米国では，スーパーファンド法の影響で，企業にとって汚染修復負債は深刻な問題である。スーパーファンド法とは，土壌・地下水汚染の浄化責任と浄化費用負担者を決める法律で，厳格責任・無過失責任・連帯責任・遡及責

図表2-4　将来の除去・修復支出に関連する会計基準

IASB	2004年	IFRS第6号「鉱物資源の探査及び評価」	探査・評価支出の会計方針の開示，鉱物資源の探査・評価から生じる資産・負債・収益・費用・キャッシュ・フローの金額等の開示，探査・評価に係る資産の減損テスト等について規定。
FASB	1977年	SFAS第19号「石油・ガス産出会社の会計」	将来の環境修復費用は設備等の利用期間にわたって発生。
	1982年	SFAS第71号「ある種の法的規制がもたらす影響の会計処理」	将来の環境修復費用は設備等の利用期間にわたって発生。
	2001年	SFAS第143号「資産除去債務の会計」	環境修復義務は発生時点で全額（現在価値）を負債として計上し，同額を当該資産の帳簿価額に含めて資産計上する。

図表2-5 環境負債の会計のポイント

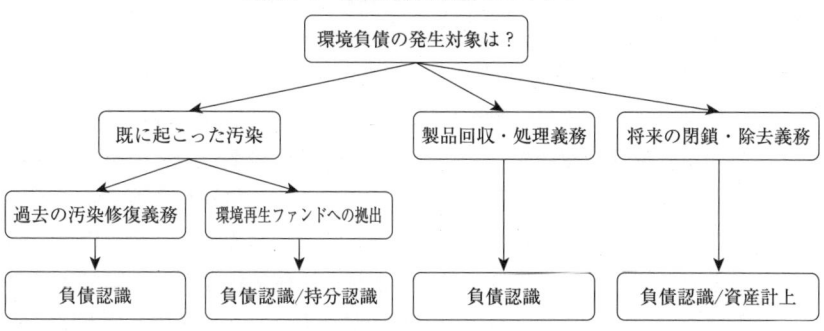

```
                    環境負債の発生対象は？
         ┌──────────────┼──────────────┐
    既に起こった汚染      製品回収・処理義務    将来の閉鎖・除去義務
      ┌────┴────┐              │                │
 過去の汚染修復義務  環境再生ファンドへの拠出      │                │
      │           │              │                │
   負債認識    負債認識/持分認識    負債認識        負債認識/資産計上
```

任という特徴をもち，浄化費用の負担者が広範囲に及ぶ。そのため，多くの企業で巨額の汚染修復費用や訴訟・損害賠償費用が発生しており，米国で27,000箇所に及ぶ廃棄物処理用地の浄化費用は1兆ドルに達すると見積もられている (Gray and Bebbington [2001] p.225)。

土壌汚染が発覚した場合，当該土地の価格が下落することから減損処理が論じられることがあるが，土壌汚染は原則として減損処理ではなく，その浄化義務を負債として計上すべきである。なぜなら，資産の投資回収額の減少を意味する減損と，将来の支出である負債とは会計上の意味が異なるからである。また，土壌汚染は原則的に浄化すべきであり，減損処理をして対応済みと考えるべきではない。

ただし，汚染修復は長期に及ぶものが多く，支出時期や金額が不確実なため，従来の米国の会計基準SFAS第5号「偶発事象の会計処理」の負債認識要件を満たすかどうかの判断が難しかった。そのため，多くの企業では，環境負債があるとわかっていながらも財務諸表に計上されないか，実態より低い金額でしか計上されていなかった。そこで，FASBはEITF93-5「環境負債の会計処理」を公表し，会計処理の詳細について定めた。その後，EITF93-5の内容を吸収する形で，米国公認会計士協会 (American Institute of Certified Public Accountants, AICPA) が見解書 (Statement of Position, SOP) 96-1「環境修復負債」を公表し，環境修復負債に既存の会計基準をどのように適用すべきかについての包括的な会計・監査の指針を示した。

一方，IASで環境負債に言及しているものは，IAS第37号「引当金，偶

発負債及び偶発資産」である。IAS第37号では，法律に基づく土壌汚染浄化債務や企業が公表する環境方針に基づいて浄化責任を負う場合には，将来支出の合理的見積が可能であるとし，負債を計上しなければならない。また，IAS第37号の改訂草案（2005年6月）では，条件付債務・待機債務を含めたすべての現在債務を認識することとし，さらに，蓋然性の認識規準（負債として認識するには，現在債務があるだけではなく，債務を決済するための資源の流出の可能性が高くなければならないこと）を廃止し，公正価値で認識することとしている。つまり，発生可能性や不確実性は測定段階で考慮されることになり，これまで，発生の可能性が高くない又は見積りに不確実性が伴うといった理由で計上されなかった環境負債が貸借対照表に計上されることにもつながる。このような会計基準の進展によって，これまで環境負債の計上を阻んできた要因が克服されつつあるといえる（図表2-6参照）。

(2) 環境再生ファンドへの拠出に関する会計

環境の原状回復や修復義務を負う企業の中には，その費用を賄うためのファンドに拠出している企業もある。このようなファンドへの拠出の会計処理について，2004年にIASBからIFRIC解釈指針第5号「廃棄，原状回復及び環境再生ファンドから生じる持分に対する権利」が公表されている。IFRIC

図表2-6　汚染浄化負債の会計基準

IASB	1998年	IAS第37号「引当金，偶発負債及び偶発資産」	法律による土壌汚染浄化債務や，企業が公表する環境方針に基づいて浄化責任を負う場合には，将来支出の合理的見積が可能であり，負債を計上しなければならない（Appendix C）
	2005年	IAS第37号改訂草案「非金融負債」	すべての現存する負債を認識し，蓋然性は負債の測定にあたって考慮する（蓋然性の認識基準の廃止）。公正価値を用いる。
FASB	1975年	SFAS第5号「偶発事象の会計処理」	負債の認識要件は，(a) 将来支出の発生の可能性が大きく，かつ，(b) 損失の金額を合理的に見積可能なこと。
	1993年	EITF 93-5「環境負債の会計処理」 →SOP 96-1に吸収	環境負債の開示における環境保険による費用回収予定額の扱いや割引現在価値表示を規定。
AICPA	1996年	SOP 96-1「環境修復負債」	環境修復負債の認識・測定・開示に関する包括的な指針。

第5号は，原子力設備や自動車等の資産の廃棄，流水汚染の浄水処理や採鉱跡地の原状回復・復旧等を賄うためのファンドに拠出する企業が，ファンドから受け取る補塡額をどのように会計処理するかについて扱っている。それによると，修復活動等の支払義務を負債として認識するとともに，ファンドに対する持分を別個に認識するとしている。また，ファンドから補塡を受ける権利は，①廃棄義務について認識された金額と，②ファンドの純資産の公正価値に対する拠出企業の持分，のいずれか低い方の金額で測定される。この権利の帳簿価額の変動は，損益計算書で認識される（図表2-7参照）。

(3) 製品回収・処理義務の会計

拡大生産者責任の考え方に基づき各種リサイクル法が整備されたことで，企業は生産活動だけでなく，製品が消費者に渡って使用された後にも，製品を回収し，リサイクルや環境に配慮した処理をすることが求められている。例えば，2003年の「電気・電子機器廃棄物に関する欧州連合（EU）指令 (Directive 2002/96/EC on Waste Electrical and Electronic Equipment)」では，生産者は，電気・電子機器廃棄物を回収・処理・再利用し，環境に配慮して処分しなければならない。

このような回収・処理費用の負担義務の会計処理を明らかにするために，IASBは2005年にIFRIC解釈指針第6号「特定の市場への参加から生じる負債─電気・電子機器廃棄物─」を公表した。これによれば，測定期間（廃棄物処理費用を配分する目的で市場占有率が決定される期間）に市場に参入していた家庭用機器の生産者は，廃棄物処理費用についての負債を認識しなければならない。ただし，製造活動そのものからは負債は生じない。

米国でも，このEU指令に対応するために，2005年にFASBスタッフ声明

図表2-7 環境再生ファンドの会計基準

| IASB | 2004年 | IFRIC解釈指針第5号「廃棄，原状回復及び環境再生ファンドから生じる持分に対する権利」 | ファンドへの拠出企業は修復・廃棄コストの支払義務を負債として認識し，ファンドに対する持分も別に認識する。補塡を受ける権利は①廃棄義務の認識金額，②ファンドの純資産（公正価値）に対する拠出企業の持分，の低い方で測定。権利の帳簿価額の変動は，損益計算書で認識する。 |

(FASB Staff Position, FSP) FAS143-1「電子機器廃棄物債務の会計」が公表されている（図表2-8参照）。

(4) 将来の閉鎖・除去債務の会計

企業は，既に起こった汚染への対応だけではなく，現在使用中の設備について将来の閉鎖・除去・浄化等が求められることもある。このような債務は，2001年に公表されたSFAS第143号「資産除去債務の会計」によって，資産取得日に負債として公正価値で全額認識すると同時に，同額を資産の帳簿価額に上乗せして耐用年数にわたって減価償却することとなった。なお，将来の支出額と現在価値との差額は，利息費用として毎期計上される。

ここで，SFAS第143号が認識を求める法的債務とは，既存の法律，規則，条令，書面又は口頭の契約，約束的禁反言的原則の結果，企業が決済を要求される義務のことで，法律上の債務よりも広い概念である。土地を除く有形長期性資産は耐用年数が有限であるため，決済時期・方法が条件付きであっても，除去活動の履行債務自体は無条件債務である。そこで，公正価値が合理的に見積可能である限り，貸借対照表に負債を計上することが求められている。

また，2002年に公表されたSFAS第146号「退出・処分活動に関連する費用の会計処理」でも，退出・処分活動に関連する費用を，退出・処分活動計画を確約した時ではなく，発生時に公正価値で負債として計上することを求めた。

しかし，債務決済の時期や方法が将来の事象を条件としている条件付資産除去債務について多様な会計実務が行われていたことを受けて，2005年3月にFASB解釈指針（FASB Interpretation, FIN）第47号「条件付資産除去債務の会計処理」が公表された。FIN第47号では，法的措置等が要求されている

図表2-8 製品回収・処理義務の会計基準

IASB	2005年	IFRIC解釈指針第6号「特定の市場への参加から生じる負債—電気・電子機器廃棄物—」	一般家庭に販売された電気・電子機器の廃棄物処理費用について，費用負担が決定される期間（測定期間）に市場参入していた生産者には負債が生じる。
FASB	2005年	FASBスタッフ声明143-1「電子機器廃棄物債務の会計」	電気・電子機器廃棄物に関するEU指令による電気・電子機器廃棄物の負債についての指針。

限り，将来発生する可能性の程度にかかわらず，条件付債務を認識することを求めている。例えば，アスベストが用いられている建物，地下タンク，廃棄物の貯蔵施設，採鉱施設などを現在使用している場合で，それらを将来閉鎖・撤去するときに汚染の除去や土壌・地下水の浄化等が求められる場合は，条件付債務として，発生時に公正価値で貸借対照表に負債を計上しなければならない。

FIN第47号公表後の2005年8月には米国の鉱業会社Asarcoが倒産し，推定10億ドルの汚染浄化コストを手当てしていなかったことが発覚した。この倒産の1週間後には米国の議会関係者がレポートを発表し，他社でも同様の事例が発生し汚染浄化債務を納税者が負担することになる恐れがあると警告した。これを受けて，汚染浄化の債務に対する財務的な保証を確保することが米国環境保護庁（U.S.EPA）にとっても優先課題となっている（トーマツ環境品質研究所［2006］p.7）。

一方，IASBでは，FASBとの会計基準統合作業の中でSFAS第143号を検討し，その結果，2004年にIFRIC解釈指針第1号「廃棄，原状回復及びそれらに類似した既存の負債の変動」を公表した。この解釈指針では，有形固定資産の廃棄見積費用の変動は，取得原価の一部として処理するとともに，負債にも計上しなければならない。この負債は直近の市場割引率を用いて測定されるが，SFAS第143号と異なり，資産と負債の両方の変動を同じ方法で処理するために，見積キャッシュ・フローや割引率の変動も織り込むこととしている。

これらの会計処理には2つの特徴がある。1つは，将来支出の時期や金額が不確実であっても，当初時点で負債を計上し，不確実性は負債の公正価値の金額に反映させるという点である。2つめは，負債と同額分，その資産の帳簿価格を増額し（両建計上），耐用年数にわたって減価償却するという点である。これによって，環境負債に特有の不確実性を克服し，貸借対照表上に負債と資産を両建計上することで，企業が負うリスクと投資の実態を示すことができるようになった。

これらの基準の影響を受け，日本でも，コンバージェンス作業の一環として，2008年3月に企業会計基準第18号「資産除去債務に関する会計基準」とその適用指針が公表されており，同様の処理が求められるようになった

（図表2-9参照）。

図表2-9　将来の閉鎖・除去債務の会計基準

IASB	2004年	IFRIC解釈指針第1号「廃棄、原状回復及びそれらに類似した既存の負債の変動」	有形固定資産の廃棄等にかかわる見積費用が変動した場合、その変動はIAS 16により取得原価の一部として処理するとともにIAS 37に従って負債を計上する。
FASB	2001年	SFAS第143号「資産除去債務の会計処理」	長期性資産の除去（売却、再生利用等）に関連する法的債務は、資産の取得日現在で（または発生に応じて）負債として公正価値で認識すると同時に、その金額を資産の帳簿価額に含めて資産計上し、耐用年数にわたって減価償却する。
	2002年	SFAS 146「退出・処分活動に関連する費用の会計処理」	退出または処分活動に関連する費用は発生時に公正価値で認識する。
	2005年	FASB解釈指針第47号「条件付資産除去債務の会計処理」	SFAS 143のうち、債務決済の時期・方法が将来事象を条件とする債務は、公正価値の合理的見積が可能な限り負債を認識する。

　これまでみてきたように、IASBと米国では環境資産及び環境負債を扱った会計基準が整備されてきつつあるものの、会計基準のコンバージェンスを踏まえた収益・費用アプローチから資産・負債アプローチへの移行という利益計算構造からの議論は、十分になされてはいないように思われる。そこで第3節では、環境資産について、CICAの研究報告書（CICA [1993]）において提唱された環境資産認識アプローチ及び利益計算構造の観点から、環境資産に関する会計基準の方向性を検討する。続いて第4節では、環境負債について、その認識法について検討し、環境負債をめぐる負債概念の拡張の方向性について論じる。これらの検討を通じて会計基準のコンバージェンスを見据えた日本がとるべき対応の方向性を模索することにしたい。

（阪　智香）

第3節　環境資産をめぐる会計の理論的検討

1　本節の問題意識

　第1章及び本章第2節で述べたように，海外では環境財務会計の領域に関する報告書等が数多く公表されているという事実，並びに米国（FASBやAICPA）及びIASBにおいて環境コストを財務諸表上に反映させる会計基準等が既に整備されている事実から明らかなように，財務会計の枠内で環境会計情報をどのように扱うのかという点に国際的関心が向けられている。このような国際的動向に伴い，日本においても環境コストを財務諸表（注記を含む）において計上することは，各国の環境問題への関心の高まりや，環境法規制の増加，そしてそれに伴い企業が負担する環境コストの増加，さらには，会計基準のコンバージェンス問題からも考慮する必要のある課題である。

　財務諸表に関わる環境会計問題として，企業の過去及び将来の環境支出をどのように認識・測定し，開示するのかが重要な課題となる。過去の環境支出は，環境コストとして当期の費用として計上されるのか，それとも資産として計上されて環境資産を形成するのかという問題や，将来の環境支出は，環境負債それとも偶発債務として認識されるのかという問題がある。本節では，前者の環境コストが費用と資産のいずれとして認識され，計上されるのか（環境資産の問題）について，なかでも第2節で指摘した有形固定資産に関連する問題に焦点を当てることにする[1]。後者の環境負債の問題については次節（第4節）において取り上げる。

　環境コストに関する会計問題について詳細な見解を示している文献の1つに，第1章第1節でも取り上げたCICA［1993］がある。ここでは，環境コストを資産として計上するためのアプローチ（以下，環境資産認識アプローチ）として「将来便益の増加アプローチ（IFBアプローチ）」と「将来便益の追加コストアプローチ（ACOFBアプローチ）」の2つのアプローチが提示されている。この2つのアプローチは，多くの先行研究において環境資産に関わる議論の分析軸として用いられてきた。しかしながら，環境会計問題を財務会計の枠組において捉える上で，この分析軸だけでは不十分であると思われる。財務

会計においてコストを費用と捉えるのか資産として捉えるのかは，その背後にある利益計算構造—ここでは収益・費用アプローチ（以下，R/Eアプローチ）と資産・負債アプローチ（以下，A/Lアプローチ）の2つの会計観を想定する—に依存することになる。

そこで，本節では環境資産認識アプローチであるIFBアプローチとACOFBアプローチだけでなく，2つの会計観（R/EアプローチとA/Lアプローチ）を新たに加えて議論を展開する。具体的にはFASBやIASB（IASC）により公表されてきた環境資産に関連した会計基準等を，環境資産認識アプローチだけでなく利益計算構造の観点を含めて分析し，どのように環境コストが資産として財務諸表に計上されてきたのかについてその経緯を明らかにする。そして，その結果を踏まえて，会計基準のコンバージェンス問題に直面する日本において，環境資産を財務諸表に計上する際に模索するべき方向性について意見を述べることにしたい。

2　環境資産認識アプローチと会計観の関連性

(1)　2つの環境資産認識アプローチの特徴 — IFBアプローチとACOFBアプローチ —

1993年にCICAは，環境に対する人々の関心が事業体に影響を及ぼしていることから，この関心による影響を既存の財務報告の枠組においてどのように取り扱うべきかを考察する目的のもと，研究報告書『環境コストと環境負債—会計及び財務報告の諸問題』（CICA [1993]）を公表した。

その問題の1つとして，環境コストを適切な期間に賦課する問題が取り上げられている。しかしながら，どの環境コストが将来の期間に賦課されるのかという問題は複雑であり議論のわかれるところである。そこで，CICA [1993] では，特に会計処理が困難である固定資産の取得，建設又は開発以後に固定資産に関連して発生する環境コストを将来の便益に関連付けて資産計上することが可能であるのか否かについて，IFBアプローチとACOFBアプローチの2つが検討されている（CICA [1993] p.ⅱ，訳書 [1995] pp.3-5）。

IFBアプローチによれば，環境コストが資産として認識されるためには，かかるコストが当該資産から得られる将来の期待経済的便益の増加をもたらさなければならない。しかもここでは，将来の期待便益が増加したか否かを

判断するために評価時点が必要となる。この評価時点としては取得時点（開発・建設時点を含む）を主張する論者もいれば，新たな環境法による場合はその法律の制定時点を新たな評価時点として考える論者もいる（CICA [1993] p.ⅱ，訳書 [1995] pp.4-5）。

　IFBアプローチは，支出の結果として経済的便益の増加をもたらさない環境コストは資産計上されてはならないという考え方，換言すると，環境コストのうち過度なコスト部分（通常，非効率や不運により生じた異常コスト）は資産として認識されてはならないという考え方に基礎をおいている。この過度なコストという概念は，慎重なコストと対をなす概念である。つまり，合理的で慎重な経営者の判断による支出は慎重なコストであり，それを超過するコストが過度なコストとされる。IFBアプローチにおいて，慎重なコストは経営者の合理的な判断により行われた支出であり，その支出が結果として経済的便益を増加させるため資産として認識されるが，過度なコストは非合理的な判断のもと行われた支出であるため結果的に経済的便益の増加をもたらさないので費用として認識されることになる（CICA [1993] pp.28-29，訳書 [1995] pp.59-61）。このように，ここにおいて経営者の合理的な判断による支出（慎重なコスト）が資産として認識されるのは，経済的便益の増加という市場テスト（評価）を通じた客観性が認められるからである。

　一方ACOFBアプローチによれば，固定資産に関連する新たな環境コストは，それが資産からの将来の経済的便益の増加コストであると考えられる場合に資産として認識される。結果として，それが将来の経済的便益を増加させるか否かに関わらず資産計上することができるのである。ACOFBアプローチでは，固定資産に関連する環境コストが当該資産から得られる過去・現在と将来の便益のいずれに，又は両方に関連しているのかについて，最初に決定することが要求される（CICA [1993] p.ⅱ，訳書 [1995] pp.4-5）。

　ACOFBアプローチは，固定資産の取得等以後に発生する環境コストを単に追加的コストとみなす考え方に基礎をおいている。ここにおいて，当該固定資産から生じる経済的便益に関連する新たなコストは，いずれも何らかの合理的な基準に従って配分される。そして，将来に配分されたコストが資産として認識されることになる。CICA [1993] では，かかる合理的な配分基準として修繕（repair）と改善（betterment）という基準が提案されている（CICA

［1993］pp. 29-30，訳書［1995］pp. 62-63）。具体的には，当該環境コストが修繕のための支出とみなされれば費用として計上され，それが改善のための支出とみなされた場合には資産として計上される。つまり，ACOFBアプローチでは，経営者の裁量により合理的配分基準が選択され，条件を満たす環境コストが資産として認識されることになるのである。

以上のことから，IFBアプローチとACOFBアプローチは，資産の本質についての考え方が異なる（「将来の経済的便益の増加」に求めるのか否か）と共に，その認識の方法についても異なる（IFBアプローチでは資産の認識は評価という市場テストを通じて行われるが，ACOFBアプローチにおける資産の認識は配分を通じて行われる）ことが明らかとなった。

(2) 2つの会計観の特徴 ─ R/EアプローチとA/Lアプローチ ─

FASBは，1976年に討議資料『財務会計及び財務報告のための概念フレームワークに関する論点の分析：財務諸表の構成要素とその測定』（FASB［1976b］）を公表し，そのなかで，従来の会計実務と権威ある公刊物における会計観をR/Eアプローチという用語で集約して表す（FASB［1976a］p.19）と共に，その会計観と対比する形でA/Lアプローチを提示した（藤井［1997］p.35）。以下，FASBの1976年討議資料に基づき，R/EアプローチとA/Lアプローチの特徴を整理する。

R/Eアプローチでは，利益は企業業績の測定値（儲けてアウトプットを獲得し販売するためにインプットを用いる企業の効率性の測定値）として捉えられ，会計期間の収益と費用の差額として定義される（FASB［1976b］par.38）。このように，利益は収益と費用を鍵概念として測定されることから，R/Eアプローチにおける基本的測定プロセスは，会計期間における努力（費用）と達成（収益）を関連付けるために，収益と費用を測定しそれらの認識時点を選定する過程となる。このプロセスでは，まず実現により収益の認識がなされ，続いて対応により費用が認識される（FASB［1976b］par.40）。

よって，R/Eアプローチでは，会計期間の収益と費用とが適切に対応されることが重要となる。そして，かかる対応が適切に行われるために経済的資源を意味しない「繰延費用」を資産として計上し，経済的資源を引き渡す義務を意味しない「繰延収益と引当金」を負債として計上することが必要となる（FASB［1976b］pars.50-51）。

これに対してA/Lアプローチでは，利益は会計期間における営利企業の正味資源の増加として捉えられ，資産と負債の増減に基づいて定義される（FASB [1976b] par.34）。利益は資産と負債を鍵概念として測定されることから，A/Lアプローチにおける基本的測定プロセスは，資産と負債の属性とそれらの変動を測定する過程（評価過程[2]）となる（FASB [1976b] par.34）。

　よって，A/Lアプローチにおいて，資産及び負債の定義が利益を定義するために絶対不可欠となる（FASB [1976b] par.212）。しかもここでは，資産は企業の経済的資源の視点から定義され，負債は将来他の実体に経済的資源を引き渡す義務の観点から定義されることから，経済的資源を意味しない「繰延費用」は資産として計上されず，経済的資源を引き渡す義務を意味しない「繰延収益と引当金」は負債として計上されないことになる（FASB [1976b] pars. 51, 67）。

　資産・負債の定義に着目すると，A/Lアプローチでは明らかに経済的資源の変動（ストックの変動）の裏付けのある資産・負債のみを貸借対照表上に計上することから，R/Eアプローチにおける利益計算構造上認識される計算擬制的項目（繰延費用など経済的資源・義務を表さない資産・負債）は排除されることになる。そのため，A/LアプローチとR/Eアプローチにおける資産と負債の範囲は異なることになる。繰り返しになるが，R/EアプローチはFASBが捉えた当時の「すでにある会計」を，A/LアプローチはFASBが構想した将来の「あるべき会計」を，それぞれ理念的にモデル化したものと解釈することができる（藤井 [1997] p.52）。そのことから，会計観がA/Lアプローチに移行すれば，認識される資産・負債の範囲は縮小されることになる。その一方で，R/Eアプローチにおいてオフバランス取引とされてきた

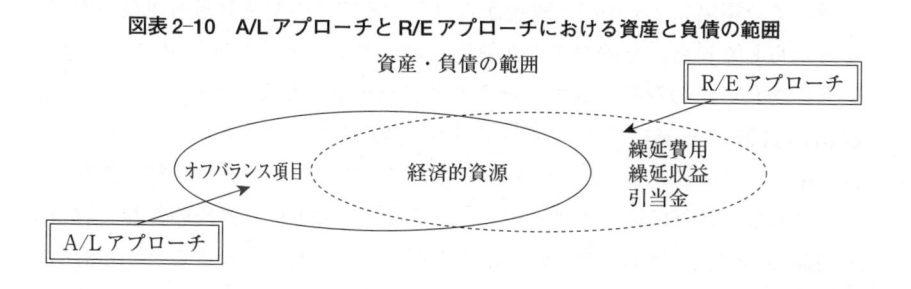

図表2-10　A/LアプローチとR/Eアプローチにおける資産と負債の範囲

資産・負債の範囲

項目が，資産・負債として貸借対照表上に認識されることになる。その意味において認識される資産・負債は拡張されることになる（藤井 [1997] p.52）。図表2-10は，A/LアプローチとR/Eアプローチにおける資産・負債の範囲を図式化したものである。

(3) 環境資産認識アプローチと会計観の関連性

環境資産認識アプローチ（IFBアプローチとACOFBアプローチ）と会計観（R/EアプローチとA/Lアプローチ）の関連性について資産の本質（資産の定義）と操作可能性という点に着目して検討することとする。というのも，上述したように，IFBアプローチとACOFBアプローチの相違は，資産の本質に対する考え方とその認識の方法にあるからである。しかも，後述するが，資産の認識方法の相違は，経営者による操作可能性の相違——経営者の裁量が資産の認識時点に介在するのか，それともその測定時点に介在するのかという相違——をもたらすことになるからである。

① 資産の本質

R/Eアプローチにおける資産には，経済的資源だけでなくそれ以外の繰延費用を含むことになる。R/Eアプローチにおいては，期間利益の測定が最初にあり，適切な利益測定が資産，負債及びそれに関連する概念の定義によって妨げられるべきではない（FASB [1976b] par.91）とされる。そのため，費用と収益とが適正に対応しているかどうかが重要であり，資産が経済的資源の属性を表しているかどうかは問題ではないのである。このように資産の本質は，利益測定の必要性によって主として決定され，一般に資産は（a）現金，売上債権及びその他の貨幣的項目並びに（b）将来の期間における収益と対応されるべく待機している原価という2種類に区分されることになる（FASB [1976b] par.93）。

従って，環境コストが当該資産から得られる将来の期待経済的便益の増加をもたらした場合，そのコストが資産認識されるとするIFBアプローチは，R/Eアプローチの資産に対する考え方と整合性をもたないといえる。一方，経済的資源の有無に関わらず資産として認識することができるというACOFBアプローチは，資産の本質に関して，R/Eアプローチと整合性をもつ。これは，ACOFBアプローチにおいて環境コストは，過去の便益と将来の便益のいずれに対応するのかという点が重視され配分されることからも明

らかである。つまり，過去の便益に対応する環境コストは消却（費用計上）され，将来の便益に対応するコストは資産として計上されることになる。この費用と便益（収益）との対応を重視した環境コストの配分を行うというACOFBアプローチは，R/Eアプローチの計算構造と整合性をもつのである。つまり，R/Eアプローチでは，第1段階において収益の認識ないし時点が「実現」により決定され，第2の段階で費用の認識が「対応」により行われる。この第2の段階において，収益と費用は，主に（a）原因と結果の関連付け，（b）系統的かつ合理的な配分，（c）即時認識の3つの方法により関連付けられる（FASB [1976b] par.40）。そのため，実現により認識された将来の収益に対応する費用が，資産として認識されることになる。

　これに対して，A/Lアプローチでは，資産は経済的資源の財務的表現であり，企業に影響を与える過去の取引又は事象の結果として，特定の企業に対して直接的又は間接的に純キャッシュ・インフローをもたらす現金及び将来の経済的便益を表すとされる。つまり，A/Lアプローチに適合する資産の定義の本質は，企業の経済的便益を表さない項目は資産でない点に求められる（FASB [1976b] par.91）。そのため，資産の認識要件として，環境コストが当該資産から得られる将来の期待経済的便益の増加をもたらすことを掲げるIFBアプローチは，資産の本質に関して，A/Lアプローチと整合性をもつといえる。一方，ACOFBアプローチでは，環境コストが関連する固定資産の経済的便益を増加させるか否かに関係なく，環境コストが資産から得られる将来の期待便益に対するコストであると考えられる場合に，資産として認識される。これは，資産の定義の本質を企業の経済的便益であるとするA/Lアプローチの考え方と整合するとはいえない[3]。

　以上のことから，資産の本質に対する考え方に着目すると，R/EアプローチとACOFBアプローチが整合性をもち，A/LアプローチとIFBアプローチが整合性をもつということができる。

② 操作可能性

　A/Lアプローチによると，資産・負債の評価は過去の事実としての原価ではなく，将来のキャッシュ・フロー及びその割引率の予測に基づく場合が多い。もちろん予測の適合は，それが実現するまで検証できない。このような測定構造を前提とする限り，その実務からの恣意性を排除することは極めて

困難である（松本［2003］p.32）。このように，A/Lアプローチでは資産と負債を評価する前提である予測計算に操作が入る可能性が生じる。同様の操作可能性はIFBアプローチにおいてもみられる。上述したように，IFBアプローチの基礎には，過度なコストを資産として認識することを排除するという考え方がある。そのために，経済的便益の増加という市場テスト（評価）を通じた客観性が認められる環境コストのみを資産として認識する。換言すると，IFBアプローチは，経済的便益の増加という客観的な判断基準を資産の認識要件とすることから，（経営者の非合理的な判断という意味における）経営者の恣意性を資産の認識要件から排除することが意図されているといえる。そのため，資産の認識において経営者の恣意性は排除されるが，認識された資産を測定する過程において経営者の恣意性が介在することになる。

　これに対して，R/Eアプローチにおける収益・費用の本質規定に関していえば，収益（価値）は財貨・役務の運動過程において形成され，その費消された価値を費用と考えるのが一般的である。しかし，それは観念的であり，その具体的成果は収益性収入と費用性支出によって確認せざるを得ない。そのため，R/Eアプローチでは，その直接の認識対象となるべき収益と費用の発生過程と，その確認の手段が二元化している。そして，R/Eアプローチにおける利益測定は連続する財貨・役務の運動のなかから一定の条件を満たした経済的事実を収益事象あるいは費用事象として抽出していく作業となる。その抽出条件を構成するのが収益，費用の認識規準となる（松本［2003］p.29）。しかしながら，かかる認識規準には多様性がみられる。これは，R/Eアプローチの収益・費用の認識手続きが何らかの具体的な実態を対象とするものではないからである。つまり，認識規準をいかに定義するのかという問題であり，R/Eアプローチのなかにそれを裁断する論理は存在しないのである（松本［2003］p.30）。そのため，R/Eアプローチでは収益・費用の認識時点と，これに関する収入の配分計算に操作可能性が生じることになる（松本［2003］p.32）[4]。同様の操作可能性はACOFBアプローチにおいてもみられる。つまり，ACOFBアプローチでは，配分を通じて資産が認識されるが，CICA［1993］においても指摘されているように，この配分基準は本来恣意的であるからである。これは，資産の認識時点においてすでに経営者の恣意性が介在することを意味している[5]。

以上のことから，操作可能性という観点からみれば，R/Eアプローチと ACOFBアプローチとは，資産の認識時点における経営者の恣意性の介在という類似性をもち，A/LアプローチとIFBアプローチとは資産の測定時点における経営者の恣意性の介在という類似性をもつといえる。

　以下，利益計算構造と環境資産認識アプローチの2つの分析軸を用いて，環境コストの資産認識に関する米国基準（EITF89-13・EITF90-8）と国際会計基準（公開草案第43号・IAS第16号）の2つの基準を分析し，どのように環境コストを資産として認識するのかについて考察を行う。このような米国やIASB（IASC）に代表される国際的動向を参考として，会計基準のコンバージェンス問題に直面する日本において，環境資産を財務諸表に計上する際に模索するべき方向性について見解を述べることにしたい。

3　米国における環境資産の認識

　第2節にて述べたように，有形固定資産（環境関連設備等）に関連して発生する環境コストの資産計上に言及している米国の基準として，FASB緊急問題タスクフォースから1989年に公表された指針EITF89-13「アスベストの除去コストの会計処理」（FASB [1989]）とその翌年公表された指針EITF90-8「環境汚染処理コストの資産計上」（FASB [1990]）の2つがあげられる。しかしながら，EITF89-13は，EITF90-8における合意に取り込まることから，本項では後者を中心に分析する。

(1)　EITF90-8「環境汚染処理コストの資産計上」

　1989年にFASB緊急問題タスクフォースが公表したEITF89-13では，財産の所有者がアスベストを除去・封入するために既に支出したコストに関する会計処理が取り扱われている。具体的には，問題①発生したアスベスト処理コストは資産あるいは費用のいずれで処理されるべきか，問題②仮に費用計上された場合，そのコストは臨時項目として報告されるべきか否か，というものである。本節の関心点より問題①に焦点をあてると，問題①はさらに「事象A：企業が既知のアスベスト問題を抱える財産を取得する（取得時認識の）場合」と，「事象B：企業が現存の財産においてアスベスト問題を認識する（取得後認識の）場合」とに区分され，その処理が検討されている。結論からいえば，事象Aについては，アスベストの除去コストを資産計上

すべきであるとする見解として次の2つが引用され，検討が行われている。1つは，1985年に公表されたFASBの概念フレームワーク（Statement of Financial Accounting Concepts, SFAC）第6号「財務諸表の構成要素」（FASB [1985]）における資産の定義を満たすという点に論拠をおくものと，もう1つは付随費用に関連した会計慣行に論拠をおくものがある。そして事象Bについては，改善（資本的支出）の観点からなされる見解と，販売という事実をもって実現可能な利得に対応する形でかかるコストの資産計上を認めるという，費用収益の対応に論拠をおく見解が示されている。

ところが，このようなEITF89-13における合意（財産中の危険なアスベストを除去あるいは封入するために発生したコストが，財産の減損テストの結果によっては1つの改善として資産計上できるという合意）に関連して，いくつかの企業は，この合意を類推することにより，現在又は将来の環境汚染の除去・封入・予防等に関するコストを資産計上することができるのか否かについて疑問を呈してきた。そこで，FASB緊急問題タスクフォースは1990年5月にEITF90-8を公表し，企業は環境汚染処理コストを資産計上するべきか，あるいは費用計上するべきかについて，新たな合意を表明した。

EITF90-8では，まず，現在又は将来の環境汚染の除去・封入・予防等に関するコストは，自主的に又は法律上の必要性から発生しており，以下の4つに分類できるとする。

分類①：当該資産に現存する環境汚染を除去，封入，浄化するために企業が発生させるコスト。例えば，ガソリン・スタンドの地下タンクの漏出の結果である汚染の浄化。

分類②：他人所有となる資産の環境汚染を浄化するのに企業が発生させるコスト。例えば，オイル・タンカーによる漏出の結果である海岸線の浄化。

分類③：まだ起こっていないが，将来のオペレーションや活動の結果として起こる可能性のある環境汚染を緩和，予防するために発生するコスト。例えば，将来発生するかもしれない大気汚染を緩和する汚染制御機器。

分類④：資産を売却するための準備として行われた環境汚染浄化のコスト。

なかでも，分類①はEITF89-13における合意を類推するべきか否かの議論が多いところである。しかしながら，分類②のコストは関連する財産が浄化コストを発生させた企業のものではないことから費用計上される点，分類③のコストは将来の期間における経営活動に利する資産となるため資産計上される点，分類④のコストは実現する想定で販売用の財産を準備するためのものであることから資産計上される点，については議論が多くみられない。そのため，FASB緊急問題タスクフォースは，分類①のコストが資産あるいは費用のいずれとして認識されるべきかに焦点をあて，かかる問題を解決するために3つの選択肢をあげて議論を行っている[6]。その結果，次のような合意が表明されている。

　　一般に環境汚染処理コストは，費用として認識されなければならない。それらのコストが回収可能であり，以下の規準のうち1つを満たす場合にのみ資産として認識される。
　規準①：コストが，事業体の所有する資産の耐用年数を延長し生産能力を増加し又は安全性もしくは効率性の改善をもたらす。この規準の目的にとって，コストの発生以後その資産の状況が，当初に建設又は後日に取得された時点における資産の状況と比較して改善されなければならない。
　規準②：コストが，未だ汚染されていないが将来の営業活動又はその他の活動によって生じるかもしれない環境汚染を削減又は予防する。さらにそのコストによって建設又は後日に取得された時点における資産の状況と比較して，資産が改善されなければならない。
　規準③：コストが売却を目的として現在所有されている有形固定資産の売却準備で発生する。
　　FASB緊急問題タスクフォースでは，EITF89-13に関して，以前表明した合意の意味について議論を行った。その結果，アスベストの処理は規準①の改善として正当化され得るとした。

　これは，FASB緊急問題タスクフォースがあげた3つの選択肢のなかで，「環境汚染浄化のケースとアスベスト除去のケースの事実を区別する規準を

第3節　環境資産をめぐる会計の理論的検討　59

明らかにする。環境汚染を浄化するコストは費用計上され，アスベスト除去コストは資産計上される」という選択肢1が採択されたことを意味する。そこで，選択肢1における見解をタスクフォースの見解とみなして議論を進めることにする。

選択肢1の提案者は，環境汚染浄化が建設や取得時点と比較して当該資産の生産能力を増加させるものでも安全性や効率性を高めるものでもなく，浄化は当該資産を以前の汚染されていない状態に戻すだけ，つまり修繕と同じであって改善ではないと主張する。そして，アスベスト除去コストについても，選択肢1の提案者はまず，資産として認識すべきか，それとも費用として認識すべきかを判断する際に「改善と修繕」の規準を適用することが理論的であると確信している[7]。

このように，ここにおいて環境汚染浄化コストは，それが修繕であることを理由に費用として認識されること，そしてアスベスト除去コストは改善であることから資産として認識されることが支持されている。つまり，FASB緊急問題タスクフォースは「改善と修繕」という費用収益の対応に理論的根拠をおく概念に基づき，EITF89-13における合意を矛盾することなく，EITF90-8における合意（上記のEITF90-8において示された規準①）のなかに取り込んだのである。なお，規準②は分類③と，規準③は分類①と対応しており，前述したようにそれらは共に議論が多く存在せず実務上適用されており，環境汚染に関わる広範囲のケースに対処するための指針として加えられている。規準②（分類③）は当該コストが将来における経営活動に利するため繰り延べられることを理由に，規準③（分類③）は当該コストが販売により実現される収益を通じて回収されることを理由に，その資産計上が正当化されている。つまり，規準②③は共に規準①と同じく，費用収益の対応に理論的根拠をおいたものである。

以上のことから，EITF90-8では，環境除去コストが資産認識される論拠として，費用収益の対応に基づく「改善」の規準が存在することが明らかとなった。

(2) 分　析

環境コストの資産認識に関する米国基準のうちEITF89-13では，①SFAC第6号における資産の定義に基づく見解と，②付随費用に関わる会計

慣行に基づく見解，③費用収益の対応に理論的根拠をおく見解，というように多様な見解がみられるのに対して，翌年公表されたEITF90-8では，一貫して費用収益の対応に理論的根拠をおく見解がみられた。特に，「改善と修繕」という費用収益の対応に基づく規準に従うことにより，EITF89-13における合意が矛盾することなく，EITF90-8における合意（規準①）のなかに取り込まれた点は特徴的である。つまり，FASB緊急タスクフォースはEITF89-13における多様な見解をEITF90-8において1つ（費用収益の対応に理論的根拠をおく見解）に絞り込み，アスベスト除去に関連するコストだけでなく環境汚染除去に関連するコストの処理の合意としてEITF90-8を公表したのである。

次に，このような環境コストに関する米国基準を利益計算構造の観点より分析する。すると，資産を認識する上で回収可能性[8]及び費用収益の対応に理論的根拠をおいている点に単純に着目する限りにおいては，R/Eアプローチによる利益計算構造を想定していると解釈することができる。しかしながら，回収可能性という性質は，A/Lアプローチにおいて選択可能な資産の測定属性がもつ性質（払出価値あるいは出口価値）として理解可能であること，並びに，複式簿記による記帳を前提とする限り，R/Eアプローチだけでなく A/Lアプローチに依拠しても収益と費用の対応は可能であることから，A/Lアプローチによる利益計算構造を想定しているとも解釈できる[9]。さらに，既に，概念フレームワーク第1号から第6号まで公表されているという事実や，EITF89-13においてSFAC第6号における資産の定義による認識が意識されていることからも，A/Lアプローチによる利益計算構造がその背後に想定されていると理解できる。

以上要するに，米国基準には2つの会計観が混在しているのである。そのためか，EITF89-13とEITF90-8について，IFBアプローチであるという主張とACOFBアプローチであるという主張の2つが存在する。IFBアプローチであるという主張には，次のようなものがある。SFAC第6号に従えば，資産は「発生の可能性の高い経済的便益（FASB［1985］par.25）」であることから，環境コストを資産計上するには，「将来の経済的便益の増加」が認められる場合に限られるとする。よって，EITF90-8は環境コストに関して経済的便益を増加させるケースを規定（IFBアプローチを採用）している

との見解である。つまり，EITF90-8では環境コストの資産計上にあたり当該資産の改善が重視され，それには「資産の安全性や効率性の改善」が含まれ，「資産の生産能力の増加」という明らかな経済的便益の増加要因よりも，経済的便益の概念が広義に解釈されているという見解である（國部［2000］pp.88-89）。この解釈は，EITF90-8がA/Lアプローチを想定した利益計算構造を有していることを前提においた見解である。A/Lアプローチでは，資産は経済的資源の財務的表現であり，企業に影響を与える過去の取引又は事象の結果として，特定の企業に対して直接的又は間接的に純キャッシュ・インフローをもたらす現金及び将来の経済的便益を表すとされる。つまり，A/Lアプローチに適合する資産の定義の本質は，企業の経済的便益を表さない項目を資産と認識しない点にある（FASB［1976b］par.91）。そのため，ここでは資産の定義において鍵概念となる「将来の経済的便益の増加」の解釈の広狭に焦点をあてた議論が展開されているのである。

これに対して，ACOFBアプローチであるとする見解は次のようなものである。EITF90-8における「資産の安全性や効率性の改善」は，必ずしも将来の経済的便益が増加することを意味するものではないとする見解である。つまり，環境コストが回収可能であるならば，かかるコストが将来の経済的便益を増加させるか否かに関わらず，資産計上され得るという見解である（CICA［1993］p.27, Schaltegger and Burritt［2000］pp.172-173, 訳書［2003］pp.197, 199-200）。これは，EITF90-8がR/Eアプローチを想定した利益計算構造を有していることに前提をおいた見解である。前述したように，R/Eアプローチにおける資産には，経済的資源だけでなくそれ以外の繰延費用が含まれ，ここでは費用と収益とが適正に対応しているかどうかが重要であり，資産が経済的資源の属性を表しているかどうかは問題ではない。従って，ここでは資産の認識要件から「将来の経済的便益の増加」という要件が外されることは，重要な問題とはならないのである。

4　IASBにおける環境資産の認識

国際会計基準審議会（IASB）の前身である国際会計基準委員会（IASC）は，1982年に国際会計基準（IAS）第16号「有形固定資産の会計処理」を公表した。その後，IAS第16号は，1989年に行われた公開草案第32号「財務

諸表の比較可能性」プロジェクトの検討対象に組み込まれ，1992年に公開草案第43号「有形固定資産」が公表され，1993年にIAS第16号（1993年改訂）「有形固定資産」がIAS第4号「減価償却の会計」を取り込む形で公表された。その後，IAS第22号（1998年改訂）「企業結合」，IAS第36号「資産の減損」及びIAS第37号「引当金，偶発債務と偶発資産」と整合させるために1998年に再改訂されている。さらに，IASBが2005年1月からIAS/IFRSを利用するというEUの要求（2005年問題）に対応する形で行われた「改善プロジェクト」の一環として，2003年にIAS第16号は再々改訂された（菊谷 [2007] p.37）。

本項では，現行の基準であるIAS第16号（2003年改訂）を中心として，環境コストに関する記述を検討する（図表2-11参照）。また，EITF89-13及びEITF90-8においては，「改善と修繕」という取得後の追加支出に関する概念が，環境資産を認識する1つの規準として用いられていることから，有形固定資産の取得後における追加支出に関する記述についても併せて検討することにする。

(1) 環境コスト関連項目

図表2-11から明らかなように，国際会計基準（公開草案第43号・IAS第16号）は，「将来の経済的便益の増加」に関する解釈に広狭の差はあるが，一貫して概念フレームワークにおける資産の定義に理論的根拠をおき，環境コストが資産として認識されるか否かを判断している。公開草案第43号から時系列に基準を追ってみると，IAS第16号（1993年改訂）では，環境コストが直接的経済便益だけでなく間接的経済便益をもたらす場合でも資産として認識することが可能であることが明らかにされ，IAS第16号（1998年改訂）では，当該環境コストが，資産の認識規準を満たしていることが明記され，現行基準に至っている。

また，IAS第16号（1993年改訂）以降，未来原価節約説に基づき環境コストの資産性が説明されている。1998年の改訂では，「そのような有形固定資産は，その取得が行われなかった場合に得られたであろう将来の経済的便益を越えて，企業が関連資産から将来の経済的便益を得ることを可能とするからである。(IASC [1998a] par.13)」として，未来原価節約説による環境コストの資産性に関するより明確な記述がみられる。これは現行基準においても

図表 2-11　ISA 第 16 号における環境コスト関連記述

基準	環境コスト関連項目
公開草案第 43 号 「有形固定資産」 （IASC [1992] par. 24）	有形固定資産の修繕や維持のための支出は，資産のパフォーマンスの当初評価時点において企業が期待した将来の経済的便益を回復又は維持するための支出である。そのような支出は，通常，発生時に費用として認識される。例えば，工場や設備を修繕又は検査するためのコストは，当初評価時点のパフォーマンスを増加させず，維持するためのコストであるから，通常は費用計上される。なぜなら，それらのコストは，関連する資産から生じる将来の経済的便益を増加させないからである。汚染除去についても，その除去プロセスによって，資産の安全性や環境効果が当初評価時点と比較して改善する場合を除き費用計上される。 （後に IASC [1993] にて削除される。）
IAS 第 16 号 （1993 年改訂） 「有形固定資産」 （IASC [1993] par. 14）	有形固定資産は，安全あるいは環境保全の目的で取得されることがある。このように有形固定資産は，それ自体直接的に経済的便益をもたらさなくても，他の資産から経済的便益を得るために不可欠である可能性がある。そうであれば，その資産を購入することにより，失うことを防止できる経済的便益の金額をもって，資産として認識する。ただし，当該購入資産及びその関連資産の帳簿価額合計額が，回収可能価額合計額を超過することはできない。例えば，化学製品製造者は，危険な化学製品の製造及び保管に関する環境保全基準に準拠するため，特定の新しい化学処理装置を設置しなければならないかもしれない。このような処理装置は，回収可能価額の範囲内で資産として認識される。なぜなら，企業は当該処理装置なしでは，化学製品の製造や販売が不可能となるからである。
IAS 第 16 号 （1998 年改訂） 「有形固定資産」 （IASC [1998a] par. 13）	有形固定資産は，安全あるいは環境保全の目的で取得されることがある。このような有形固定資産の取得は，現存する特定の有形固定資産項目の将来の経済的便益を直接増加させるものではないが，企業がその他の資産から将来の経済的便益を得るために必要な場合がある。このような場合，有形固定資産の取得は資産の認識基準を満たしている。そのような有形固定資産は，その取得が行われなかった場合に得られたであろう将来の経済的便益を越えて，企業が関連資産から将来の経済的便益を得ることを可能とするからである。しかし，このような資産は，当該資産及び関連資産の帳簿価額が，当該資産及び関連資産の回収可能額の合計額を超えない範囲でのみ認識される。 例えば…（以下 IASC [1993] と同じ）
IAS 第 16 号 （2003 年改訂） 「有形固定資産」 （IASB [2003e] par. 11）	IASC [1998a] と同じ。ただし，以下の点において相違がみられる。 削除項目：しかし，このような資産は，当該資産及び関連資産の帳簿価額が，当該資産及び関連資産の回収可能価額の合計額を超えない範囲でのみ認識される。 追加項目（文末に追加）：しかしながら，それにより生じる当該資産及び関連資産の帳簿価額は IAS36「資産の減損」に従って減損の判定を受ける。

同様である。

　公開草案第 43 号から現行基準 IAS 第 16 号（2003 年改訂）への環境コストに

関連する記述をみると，共通して環境コストは，経済的便益を増加させるか否かという点をメルクマールとして資産の認識が行われている。これは周知の通り，IASCにより1989年に公表された「財務諸表の作成及び表示に関するフレームワーク」（以下，IASBフレームワーク：IASC［1989］）における資産の定義に理論的基盤をおいているからである。IASBフレームワークによれば，「資産とは，過去の事象の結果として当該企業が支配し，かつ，将来の経済的便益が当該企業に流入することが期待される資源をいう（IASC［1989］par.49）」と定義されている。また，「資産は，将来の経済的便益が企業に流入する可能性が高く，かつ，資産が信頼性をもって測定できる原価又は価値を有する場合に，貸借対照表に認識される（IASC［1989］par.89）。」

以上のことから，公開草案第43号では環境コストがこの資産の定義にある「将来の経済的便益の増加」を直接的にもたらすことが資産の認識要件として掲げられていたが，IAS第16号（1993年改訂）以降において，資産の定義との関連性が強調されるに伴い「将来の経済的便益の増加」を間接的にもたらす場合でも資産として認識することが可能であるとし，「将来の経済的便益の増加」に関する捉え方が拡張していることがわかる。また，IAS第16号（1993年改訂）以降，環境コストの資産性が未来原価節約説に基づいてなされていることがわかる。

(2) 取得後の追加支出に関する記述

続いて，有形固定資産の取得後における追加支出に関する記述を時系列で考察する。公開草案第43号では，資産の定義に基づきその支出によって将来の経済的便益が増加する範囲まで資産として認識し，その他の取得後の支出はすべて発生した期間の費用として認識しなければならないとする（IASC［1992］pra.22）。

IAS第16号（1993年改訂）では，将来の経済的便益が企業に流入する可能性が高い場合に，かかる支出は資産の帳簿価額に追加計上しなければならず，その他の取得後の支出はすべて発生した期間の費用として認識しなければならないとする（IASC［1993］par.24）。そして，その可能性が高い場合とは「改善」された場合を意味し，その判断指標として3つの規準をあげる（IASC［1993］par.25）。その規準とは，(a) 耐用年数を延長させる工場設備の改善（生産能力の拡大を含む），(b) 生産物の品質を大幅に改善するための

機械部品の改善，及び（c）以前に評価された操業費用の大幅な削減を可能にする新たな生産過程の採用の3つである。

　ところが，IAS第16号（2003年改訂）では，この「改善」に関する記述が削除されている。IASBがこの事後に発生する支出の認識原則を検討したのは，①既存（1998年改訂のIAS第16号）の事後支出の認識原則がIASBフレームワークの資産認識原則と一致していないこと，②審議会が有形固定資産項目を維持するための支出と機能を高めるための支出との区分を要求することは実務上困難であり，しかも両方に該当する支出もあること，にその理由があるとした（IASB [2003e] par. BC5）。さらに，IASBは将来の経済的便益のために発生したものであると議論されるかもしれないが，有形固定資産項目に関する事後の支出のなかには，一般認識原則（IASB [2003e] par.7）により資産の帳簿価額に確実に計上されないものがあることに注目し，かかるコストは費用として認識されるべきであるとする（IASB [2003e] par. BC12）。つまり，企業は一般認識原則に従いすべての有形固定資産の取得原価について支出が発生したときに評価するべきであるとしたのである（IASB [2003e] par. IN6）。ここでいう有形固定資産の取得原価の一般認識原則とは，「(a) 当該項目に関連する将来の経済的便益が企業に流入する可能性が高く，かつ(b) 企業が当該項目の取得原価を信頼性をもって測定できる。(par.7)」というIASBフレームワークの資産の定義に基礎をおくものである。

　このように，公開草案第43号において取得後の追加支出は，それにより将来の経済的便益の増加がもたらされる場合にその範囲において資産計上されることが要請されていたが，それ以降のIAS第16号（1993年改訂・1998年改訂）では，将来の経済的便益が企業に流入する可能性が高い場合においてもかかる支出は資産計上され得るとして，資産の認識範囲を拡張したことがわかる。さらに「改善」という別の認識規準を一度は導入したにも関わらず，IAS第16号（2003年改訂）において資産の認識規準として「改善」という規準を削除し，明確にIASBフレームワークにおける資産の定義に準拠した一般認識原則のみを適用するように改訂されたことがわかる。なお，このIAS第16号（2003年改訂）の公表により，以前の基準より資産の認識範囲が縮小する点に留意する必要があるであろう。

(3) 分　析

　公開草案第43号及び1993年改訂から2003年改訂に至る各IAS第16号を対象として，それぞれ環境コストに関する記述を時系列に考察した結果，IASB (IASC) は「将来の経済的便益の増加」に関する解釈に広狭の差はあるが，一貫してIASBフレームワークにおける資産の定義に理論的基盤をおき環境コストが資産として認識されるか否かを判断していることが明らかとなった。また，IAS第16号（1993年改訂）以降，未来原価節約説によって環境コストの資産性が説明されている点も特徴的であった。

　一方，取得後の追加支出に関する取り扱いについては，多少のブレがみられた。IASB (IASC) における取得後の追加支出に関わる資産認識の範囲は，1998年の改訂に至るまで「将来の経済的便益の増加」を広く解釈する形で拡張が行われると共に，「改善」という費用収益の対応に理論的根拠をおく規準の導入によって拡張がなされていた。しかしながら，2003年の改訂をもって資産の認識に2つの規準を用いることから資産の範囲に齟齬が生じるとして，「改善」による認識規準が取り消されることになった。

　まず，このような特徴をもつ国際会計基準（公開草案第43号・IAS第16号）について，利益計算構造の観点（会計観）より分析する。前述したように，国際会計基準では「将来の経済的便益の増加」に関する解釈に広狭の差はあるが，一貫してIASBフレームワークにおける資産の定義に理論的基盤をおき環境コストが資産として認識されるか否かが判断されている。このことから，IASBがA/Lアプローチを遵守して，資産認識を行っていることは明らかである。

　また，取得後の追加支出に関する取り扱いについては，一時期「改善」という費用収益の対応（R/Eアプローチ）に論拠をおく認識規準が併用されたが，2003年の改訂の際にIASBフレームワークの資産の定義と整合しないことを理由に排除されている。この改訂によって，「改善」を資産の認識規準として採用することから貸借対照表に計上されていた資産の定義（将来の経済的便益の増加）を満たさない（ストックの変動の裏付けのない）資産（図表2-10における繰延項目）は，貸借対照表に計上される恐れがなくなることになる。以上のことから，2003年の改訂において国際会計基準（IAS第16号）は，より厳密にA/Lアプローチを遵守して，資産認識を行っていることが

わかる。

続いて，環境資産認識アプローチから分析を行うと，国際会計基準についてもIFBアプローチであるとする見解とACOFBアプローチであるとする見解が存在する[10]。IFBアプローチであるという見解は，主として国際会計基準（公開草案第43号・IAS第16号（1993年改訂・1998年改訂））の会計観としてA/Lアプローチが想定されているとの解釈からなされている（Schaltegger and Burritt [2000] pp.172-173, 訳書 [2003] pp.197-199）。つまり，彼らは国際会計基準が「将来の経済的便益の増加」をメルクマールとして資産計上を容認しているという点に着目し，それがIFBアプローチであると判断するのである。繰り返しになるが，IFBアプローチでは，環境コストが当該資産から得られる将来の期待経済的便益の増加をもたらした場合，そのコストは資産として認識されるため，経済的資源の増加により資産の認識を行うA/Lアプローチと整合性をもつ。

これに対して，IAS第16号が環境資産の資産性を未来原価節約説に求めることから，ACOFBアプローチを採用しているとの見解も存在する（阪 [2003] p.138）。しかしながら，岡本 [2000] によれば，未来原価節約説はMarpleにより主張された説であり，直接原価計算論争の問題点として資産の本質を用益潜在性（未来の収益稼得能力）であるとする見解に対して，それは未来の原価回避能力にあるという見解である。しかしながら，これは資産の本質を表側からみたのに対して裏側からみたに過ぎない。というのも，資産の概念では物理的属性よりも経済的属性が重要であり，将来利益を獲得する能力と将来発生する原価を節約する能力とは，その経済的効果において等しいからである（岡本 [2000] pp.560-561）。そのため，未来原価節約説を論拠にACOFBアプローチであると判断することは困難であると思われる。

5　環境資産の認識の方向性

Schaltegger and Burritt [2000] によれば，「厳密な経済的観点からは，環境コストの資産認識は，そのコストによって当初評価した時点よりも将来の経済的便益が増加する場合にのみ認められる（IFBアプローチ）。……しかしながら，将来の期待キャッシュ・フローに影響を及ぼさなくとも，企業が活動を継続する上で，浄化や汚染予防のコストが絶対的に必要となるために，

資産と認められるとする特別なケースもある。……環境の観点からは，汚染予防が将来の環境便益をもたらす場合には，貸借対照表上に資産として計上されることが望ましい（ACOFBアプローチ）。資産として認識すれば，数年間にわたって減価償却されるため，長期的思考に立つことができる。それに対して，ほとんどの環境保全活動は社会や自然への義務に対する返済であるから費用となるという見解もある。……急に現れた新しい環境問題は予見できないものであって，予期されない将来の債務を引き起こすような場合は，ACOFBアプローチが望ましい。このような場合，慎重で経済的なマネジメントであれば起こり得る将来の財務上の影響を回避するための環境保全コストを資産として計上することが求められることになる（Schaltegger and Burritt [2000] pp. 171-172, 訳書 [2003] pp. 196-197)」。

彼らの見解に従えば，環境の観点からはACOFBアプローチにより環境コストを資産計上することが望ましいと解釈できる。それは，環境コストが資産として認識されるか否かという判断が，ケースによって異なること，経営者の環境問題に取り組む姿勢・考え方等（経営者の裁量）により様々であり，そして，このような多様性をACOFBアプローチでは資産の認識時点に組み入れることが可能（操作可能）となるからである（本節第2項参照）。このような環境の観点にのみ着目すれば，日本もACOFBアプローチを採用し，経営者の裁量を資産の認識においていかに反映させていくのかについて模索することが必要になると思われる。その参考となるのが，会計観においても環境資産の認識においても，柔軟な解釈をすることができる米国基準である。

ところで，米国基準はなぜこのように柔軟な解釈がなされるのであろうか。その原因の1つに，米国基準では「改善」により資産が認識されている点があげられる。これに対してIAS第16号では2003年の改訂によりこの認識規準を取り除くことによりこの柔軟性を取り除いている。もう1つの原因として多様な解釈が可能である「回収可能性」という概念により資産が認識されている点があげられる。この点についても，IAS第16号では2003年改訂の際に「回収可能」という文言は環境コスト関連項目（IASB [2003e] par. 11）から削除されている。

さらに，現在IASBとFASBが合同で行っている収益認識プロジェクトか

らも，かかる原因を推察することができる。かかるプロジェクトは，SFAC第5号における収益と費用の認識と，SFAC第6号における収益と費用の認識の方法に齟齬があり，そのため，結果として，負債に繰延収益が計上されるという問題を解決するべく立ち上げられた。SFAC第6号においては収益が資産と負債の変動により定義されているのに対して，SFAC第5号では，資産と負債の変動に焦点が当たっていない。SFAC第5号は，ある利益項目がいつ認識されるのかという点で異なる2つの会計観を同時に想定している（津守[2003] pp.19-22）。そこで，IASBとFASBは合同でA/Lアプローチへと会計観を完全に移行するべく，SFAC第5号における収益・費用における認識規準（実現）を放棄して，A/Lアプローチに基づく具体的な認識規準を模索する方法でプロジェクトを推進している（德賀[2003b] p.37）。

このような動向を鑑みると，日本は，IAS第16号（2003年改訂）と同様にA/Lアプローチのもと厳密に資産の定義を遵守することを前提にし，その上で「将来の経済的便益の増加」の解釈を可能な限り拡張することによって環境コストを資産計上していく方向性（IFBアプローチの採用）を模索することが必要となると思われる。

（井上　定子）

第4節　環境負債をめぐる会計の理論的検討

1　本節の問題意識

本節では環境コストのなかでも将来の支出についての問題，つまり環境負債に焦点をあてる。まず，米国やIASBにおいて，いかに当該環境コスト（将来の支出）が負債（環境負債）として認識され財務諸表に計上されているのかについて明らかにする。続いて，このような米国やIASBに代表される国際的動向を参考として，独自の方法で負債の認識を行う日本において，環境負債を財務諸表に計上する際の方向性を提示することにしたい。

なお，負債の認識についてみた場合，費用の認識に誘導されて負債を計上する方法（以下，フロー認識法）と，一定の要件を満たした負債の発生を認識することにより負債を計上する方法（以下，ストック認識法）の2つを対峙的に

用いることにする（松本［2007］p.51）。フロー認識法とは，過去，現在，未来の収支のなかから収益性収入と費用性支出を抽出し，これを一定の基準によって各期の収益，費用として配分した後，収益から費用を差し引くという計算式によって当期の利益を決定するという計算構造（R/Eアプローチ）のもと成立する方法である。ここにおいては，収益と費用の期間帰属を決定（認識）し，これらを対応させることが重要なプロセスとなる。つまり，フロー（費用）の直接的な認識を行うことから，ストックの変動が発生しない費用（将来発生費用）も認識されることになるが，「費用の発生―資産の減少」「費用の発生―負債の増加」の取引シェーマのもと貸借対照表に機械的に収容（資産の減少項目あるいは負債として計上）される。

ストック認識法とは，利益を一定期間における企業の正味資源の増加として捉え，資産と負債の増減に基づいて決定するという計算構造（A/Lアプローチ）のもと成立する方法である。ここにおいては資産及び負債の定義が利益を定義するために絶対不可欠となり，資産と負債の属性及びそれらの変動を測定することが重要なプロセスとなる。つまり，ストックの変動（負債の発生）に基づいて負債が認識され負債が計上されると共に，その増減をもって費用が計上されることになる。

2　米国における負債の範囲と環境負債の会計処理

米国及びIASBにおける環境負債に関わる会計基準等として，偶発債務と資産除去債務の会計基準を取り上げ，それらの基準においてどのように負債の認識とその範囲が決定されているのか，そしてどのように環境負債が取り扱われているのかについて明らかにする。ここではまず，米国における財務会計基準書（SFAS）とAICPA見解書（SOP）を取り扱う。

(1)　偶発債務に関する会計基準―SFAS第5号とAPBS第4号―

まず，汚染修復負債（現在発生中の環境破壊）に関わる会計基準であるSFAS第5号「偶発事象の会計処理」（FASB［1975］）において，負債の認識及びその範囲がどのように規定されているのかについて概観する。

SFAS第5号は偶発事象に関する会計基準である。偶発事象とは「ある企業において利益又は損失（費用を含む）が発生しているかもしれないが，それを明確に確認できない不確実な条件，状態又は一連の状況が現存し，それ

が究極的に将来起こるような事象，又は，それが起きないことにより判明する事象をいう（FASB［1975］par.1）。」この定義から明らかなように，偶発事象には偶発損失と偶発利益の2つが含まれるが，偶発利益はSFAS第5号において検討されていないこと（FASB［1975］pars.1, 6, 17），そして本節の関心から，偶発損失に焦点を当てることにする。

　SFAS第5号では，偶発損失が存在する際に将来に発生する事実が資産の減損や損失，又は負債の発生をもたらし，その発生の見込みの程度の大きさにより当該損失が3つに区分[(11)]されるとする（FASB［1975］par.3）。又，次の2つの要件を満たした場合に，偶発損失は利益に賦課（charge）されることにより計上されるとする。この要件とは（a）資産の減損あるいは負債の発生が期末時点でその可能性が大きいこと（蓋然性）と（b）損失の金額を合理的に見積可能なこと（測定可能性）の2つである（FASB［1975］par.8）。

　しかも多くの場合，偶発損失の認識は負債の計上となって現れることから，SFAS第5号では1970年にAICPAより公表された会計原則審議会ステートメント（Statement of The Accounting Principles Board, APBS）第4号「企業の財務諸表の基礎をなしている基本概念と会計原則」（AICPA［1970］）における負債の定義を取り上げ，そこにおける偶発損失の認識要件との整合性を検討している（FASB［1975］pars.69-73）。APBS第4号では，負債は「一般に認められた会計原則（GAAP）に準拠して認識，測定される企業の経済的債務である。負債には債務ではないが，GAAPに従って認識，測定されるある種の繰延利益も含まれる（AICPA［1970］par.132）」と定義される。また，経済的債務とは「将来，他企業に対して経済的資源を移転したり，用役を提供するという現在の債務である。……これは通常，特定の条件に従って貨幣以外の資源の移転を要求する契約上の債務である。債務は，当方が提供するべき財貨又は用役に対する代金がすでに支払われているために発生することもあるし，あるいは相互間の約束の結果として発生することもある（AICPA［1970］par.58）」。これを受けてSFAS第5号では，偶発損失の認識要件（a）の蓋然性がAPBS第4号における負債の定義（負債が現在の債務である点と他者に対する支払義務である点）とに関連していること，及び認識要件（b）の測定可能性が負債概念の特徴（経済的債務の金額は通常，明確あるいは合理的に見積り可能である点）と一致していること，が指摘されている

(FASB [1975] pars. 69-73)。

　このようにSFAS第5号では，偶発損失（フロー）が蓋然性と測定可能性の要件に基づいて認識され，その認識が負債の計上という形で現れることから，ここではフロー認識法をとっていると判断できる。なお，SFAS第5号においてフローの認識により計上される負債はAPBS第4号の負債の定義と整合性をもつことが指摘されているが，この点をもってSFAS第5号がストック認識法をとっているとはいえない。

(2) 資産除去債務に関する会計基準 ― SFAS第143号とSFAC第6号 ―

　続いて，米国における資産除去債務に関する基準であるSFAS第143号を取り上げる。ここでは，有形固定資産の除却に関する債務（資産除却義務）は負債として認識され，SFAC第6号における「負債の定義」との整合性が要求されている（FASB [2001a] pars. 1, 3)。

　SFAC第6号において，負債は「過去の取引又は事象の結果として，将来他の実体に資産を譲渡するか又は用役を提供するために特定実体の現在の債務から生じる，発生の可能性の高い将来の経済的便益の犠牲である（FASB [1985] par. 35)」と定義される。そして，この債務とは「法的債務よりも広い意味で使われていること，つまり衡平法上の債務（equitable obligation）と推定上の債務（constructive obligation）を含む（FASB [1985] par. 35, footnote22)」とされている。

　衡平法上の債務は，不文法又は制定法から生じるのではなく倫理的又は道徳的制約から生じる。すなわち，衡平法上の債務は，他の実体に対して普通の良心や公正の感覚で公平，公正，正当とみなされることを行う義務から生じる。推定上の債務は，他の実体との契約によって結ばれたり政府によって課せられたりするのではなく，ある特定の状態における事実から生み出され推定され解釈される。これら2つの債務は，法廷において強制力を有している債務（法的債務）との間の境界線が常に明確であるわけではない。さらに，衡平法上の債務や推定上の債務がある状態と，何ら債務がない状態との間の境界線も曖昧である。なぜなら，法的強制力のないときにある実体が第三者に対する債務を現実に負わされているかどうか決定することが非常に困難であるためである（FASB [1985] par. 40)。衡平法上の債務と推定上の債務を狭く解釈しすぎると，現実に存在する実体の重要な債務を除外することに

なる。またこれらの債務を広く解釈しすぎると，負債の本質的特徴を欠く項目を含むことになり負債の定義の価値を欠いてしまうことになる。よって，これら2つの債務概念はかなり注意をして適用される必要性がある（FASB [1985] par.40)。

このように，SAFC第6号において，負債は①将来の経済的便益の犠牲あるいは流出を伴う現在の債務であること，②特定の実体の債務であること，③過去の取引及び事象から発生すること，の3つの特徴をもつとされている（FASB [1985] pars. 36-43, 192)。しかも，ここでの「現在の債務」は，法的債務だけでなく推定上の債務及び衡平法上の債務を含む広義の概念として捉えられている。

それにも関わらず，SFAS第143号では法的債務のみを負債の認識要件として取り扱うのである。つまり，SFAS第143号では「法的債務とは，ある当事者が存在又は施行されている法律，成文法，規則，又は文書もしくは口頭による契約の結果として，又は約束的禁反言の理論のもとにおける契約の法的解釈により決済するよう要求される債務をいう（FASB [2001a] par.2)」と定義されている。しかも，ここでは約束的禁反言について *Black's Law Dictionary* 第7版を引用して「受約者が約束に依存すると約諾者が正当に予測するべき場合，及び受約者が彼又は彼女の損害に関する約束に事実依存する場合には，対価を伴わない約束であったとしても権利の侵害を回避するために強制され得る原則」と定義されている（FASB [2001a] par.2, footnote3)。

このように，SFAS第143号では負債の範囲は法的債務に限られるのであるが，その法的債務には約束的禁反言のもとでの契約の法的解釈による債務が含まれている。つまり，SFAS第143号の法的債務にはSFAC第6号における法的債務と推定上の債務の双方が包含されているのである（FASB [2001a] par.B16)。換言すれば，SFAS第143号は衡平法上の債務を含めるほど広く「現在の債務」を捉えてはいないが，法的債務を所与のものとして約束的禁反言の法理に基づく債務だけを推定上の債務に含めその範囲を拡張して捉えることにより（長束 [2004] pp. 166-169)，負債の範囲を拡張している。

又，SFAS第5号では偶発損失の認識要件として蓋然性をあげていたが，SFAS第143号では当該要件は負債の認識要件ではなく測定に関わる要件であるとする点が特徴的である。SFAS第143号において負債と認識されるの

は，原則としてSFAC第6号における負債の定義を満たしている場合であり，それが負債として認識された後にSFAC第7号「会計上の測定のキャッシュ・フロー情報及び現在価値の使用」(FASB [2000a]) における測定技法で測定がなされる。このような認識過程と測定過程が独立的に行われうる計算構造において蓋然性は，測定過程に組み込まれているのである。

以上のことから，SFAS第143号では，負債の定義に基づいて負債の発生が認識され計上されるストック認識法がとられていることは明らかである。そして，その負債の定義についてSFAC第6号よりも狭い法的債務に限定する一方で，法的債務自体の範囲を拡張することにより負債の範囲を拡張すると共に，負債の認識要件から蓋然性を外すことにより負債の範囲の拡張を行っていることがわかる。

(3) 環境負債の取り扱い

環境負債が財務諸表に計上される際，SFAS第5号及びSFAS第143号の基準等が適用されるだけでなく，1993年にFASBにより公表されたFASB緊急問題タスクフォース (EITF) 93-5「環境負債の会計処理」(FASB [1993]) と，1996年にAICPAより公表されたSOP96-1「環境修復負債」(AICPA [1996]) との関連性を重視する必要性がある。なお，EITF93-5はSOP96-1に取り込まれる形で継続していることから (AICPA [1996] par. A-12)，本項ではSOP96-1を中心に取り上げることにする。

まず，これらの公表時期から整理すると，1975年にSFAS第5号が公表され，その後にEITF 93-5が，そしてEITF 93-5を内包したSOP96-1が公表された。そのため，SOP96-1は当時すでに公表されていたSFAS第5号を始め多くの基準等との整合性をAppendix Aにおいて議論している。その後，2001年にSFAS第143号が公表され，その取り扱い範囲にSOP96-1が含められている (FASB [2001a] pars. 2, A13)。このような当該諸基準等の時系列的関連性に着目すると，SOP96-1がいかにSFAS第5号と整合性をもつことに終始したのかが容易に理解できる。そこで，以下においてかかる点について考察することにする。

SOP96-1は環境修復負債の認識について，SFAS第5号の2つの認識要件（蓋然性と測定可能性）との整合性を中心に検討している。環境修復負債は，通常別個の事象として確定され得ないと共に，その金額も特定時点において

通常確定され得ない。むしろ，環境修復損失（cost）として確定され，その金額は負債の定義を支える事象及び活動と連動して確定されるとする（AICPA [1996] par.106）。また，環境修復負債の根本的な原因は，補修活動が必要である用地を過去あるいは現在において，所有あるいは操業していることにあり，よって財務諸表に負債として認識するには決算日あるいはそれ以前にかかる原因が生じていたことが要件となるとする（AICPA [1996] par.107）。

さらに，SFAS第5号における蓋然性の認識要件には次の2つの要素が含まれており，環境修復負債の認識にはこの2つの要素が共に満たされる必要があるとする。その要素の1つとは，訴訟が行われていたこと，損害賠償請求及び賦課が行使されていたこと，あるいは入手可能な情報に基づきその可能性が高いことであり，もう1つは，入手可能な情報に基づきこのような訴訟，損害賠償請求及び賦課に関する結果が不利となる可能性が高いことである（AICPA [1996] par.108）。

続いて，測定可能性について，訴訟等と同様に環境修復負債の見積りにはタイミングの問題が内在するとする（AICPA [1996] par.109）。SAFS第5号に関するFASB解釈指針第14号「損失額の合理的見積り」（FASB [1976c]）では，当該要件（測定可能性）について，損失の見積額に幅がある場合にはより信頼性のある見積額を，そのような見積額がない場合には最低額を計上しなければならないとする（FASB [1976c] par.3）。このようにSOP96-1において環境修復負債は，「訴訟，損害賠償請求及び賦課」に関連するものとして捉えられ負債として計上されることが適当であるとされている（AICPA [1996] par.A-2）。

以上のことから，SOP96-1では，環境修復負債を財務諸表に計上するためにSFAS第5号における偶発損失の認識要件を広く解釈することを要求していることがわかる。つまり，当該認識要件である蓋然性と測定可能性をより広く解釈することから，環境修復負債の計上が促されているのである。

最後に，繰り返しになるが，固定資産の通常の操業から生じた環境修復負債で当該資産の除却に関連するものは，SFAS第143号の規定のもと会計処理されることになる（FASB [2001a] par.A13）。これは，SOP96-1が環境修復負債を財務諸表に計上する際に妨げとなった蓋然性を，SFAS第143号で

は，負債の認識要件から外すことによってSFAS第5号よりも整合性をもちやすくなったことに起因すると考えられる。というのも，SFAS第143号では負債をストック認識法により認識するため，負債の定義の如何により蓋然性を負債の認識要件から外すことができると共に，かかる認識法が財務諸表項目の認識と測定を独立して行うという特徴をもつ利益計算構造（A/Lアプローチ）に基礎をおいているため，負債の測定属性としてSFAC第7号における公正価値を適用することができるからである。

3　IASBにおける負債の範囲と環境負債の会計処理

本項では，IASBにおける環境負債に関わる会計基準等（偶発債務と資産除去債務）において，どのように負債の認識とその範囲が決定されているのか，そして環境負債がどのように取り扱われているのかについて明らかにする。なお，ここでは，IAS第37号「引当金，偶発負債及び偶発資産」（IASC [1998b]）並びに，2005年公表のIAS第37号改訂草案「非金融負債」（以下，改訂草案；IASB [2005a]）と，2004年に公表されたIFRIC解釈指針第1号「廃棄，原状回復及びそれらに類似した既存の負債の変動」（IASB [2004f]）を取り扱う。

(1)　偶発債務・資産除去債務に関する会計基準 ― IFRIC解釈指針第1号とIAS第37号 ―

IASBでは，資産除去債務に関連する基準としてIFRIC解釈指針第1号がある。IFRIC解釈指針第1号では，(a) 経済的便益（キャッシュ・フロー）を包含する資源の流出見積額の変動，(b) 最近の市場評価による割引率の変動，(c) 時の経過を反映した増加により，廃棄，原状回復及びそれらに類似した既存の負債の測定値に影響を及ぼした場合，その変動額はIAS第16号に従って有形固定資産の取得原価の一部として認識されると共に，IAS第37号に従って負債として認識されるとする（IASB [2004f] pars.2-3）[12]。

このIAS第37号が偶発債務に関する基準となる。IAS第37号では，負債の認識要件として (a) 企業が過去の事象の結果として負う現在の債務（法的債務又は推定上の債務）を有しており，(b) 当該債務を決済するために経済的便益をもつ資源の流出が必要となる可能性が高く，かつ (c) 当該債務の金額について信頼できる見積ができる場合，という3点をあげる（IASC

[1998b] par.14)。なお,ここでは法的債務とは (a) 契約, (b) 法令又は (c) その他の法の運用により導き出される負債であると定義される。推定上の債務とは (a) 確立されている過去の慣行,公表済みの方針又は充分かつ具体的な声明によって企業が他の利害関係者に当該企業が一定の責任を認めることを明らかにし, (b) その結果当該企業がその責任を果たすであろうとの正当な期待を利害関係者に抱かせる場合に企業から導き出される債務であると定義されている (IASC [1998b] par.10)。

このように,IAS第37号では負債の定義に基づいて負債の発生が認識される方法(ストック認識法)がとられており,負債の認識要件として (a) 現在の債務(法的債務と推定上の債務[13]), (b) 蓋然性と (c) 測定可能性の3つがあげられている。

(2) 負債範囲の拡張 ―IAS第37号改訂草案とIASBフレームワーク

上述したように,IASBから2005年にIAS第37号の改訂草案(IASB [2005a])が公表された。この基準の目的は,非金融負債の認識,測定及び開示についての原則を設定することであり,これによれば,信頼性のある測定が可能である場合,非金融負債が認識されることになる。なお,IAS第37号と異なり,ここでは,「引当金」という用語を定義上用いず,他の負債と同様「非金融負債」とし,当該基準が全ての非金融負債に対して適用されるとする (IASB [2005a] pars.1,9)。

負債の認識要件については,1989年にIASB(当時IASC)から公表されたIASBフレームワークにおける負債の定義との整合性が強調されている (IASB [2005a] par.12)。しかも,改訂草案では非金融負債の認識要件として (a) 負債の定義を満たすだけでなく, (b) 当該非金融負債について信頼できる見積りが可能な場合という2点があげられている (IASB [2005a] par.11)。

なお,IASBフレームワークにおいて,負債とは過去の事象から発生した当該企業の現在の債務であり,これを決済することにより経済的便益を包含する資源が当該企業から流出する結果になると予想されるものをいうと定義されている (IASC [1989] par.49)。そして,負債の基本的特徴として,企業が現在の債務を負っていることが述べられている。ここでの債務とは,「ある一定の方法で実行又は遂行する責務又は責任である。債務は,拘束的契約又は法的要請の結果として,法的に強制される場合がある。……しかし,債

務は，通常の取引慣行，慣習及び良好な取引関係を維持し，又は，公正とみなされるように行動したいという要望からも生じる（IASC [1989] par.60）」とされる。

　これと同様に，改訂草案では，負債の多くは法的債務より発生するが推定上の債務により生じるものがあることが指摘されている。推定上の債務は，ある法域のもとで強制執行される場合（例えば，米国における約束的禁反語といわれる法的原理や同様の効力をもつ法的システムの原理に従った場合）があるとする（IASB [2005a] par.14）。さらに，改訂草案では，IAS第37号と異なり「偶発負債」という用語は削除され，「偶発事象」という用語が負債を決済する際に要求される金額についての不確実性に関する用語として定義されている。企業は過去の事象の結果として，2つの債務―無条件債務（unconditional obligation）と条件付債務（conditional obligation）を有しており，両者は共に負債として認識され，将来の事象に関する不確実性（蓋然性）は，その認識される負債の測定のなかで反映されるとする（IASB [2005a] pars.22-26）。

　このように，IAS第37号と同様に改訂草案では，負債の定義に基づいて負債の発生を認識するストック認識法がとられている。しかしながら，IAS第37号とは異なり，改訂草案では負債の認識要件として（a）現在の債務（法的債務と推定上の債務）と（b）測定可能性の2つがあげられており負債の認識要件から蓋然性が削除されている。

（3）　環境負債の取り扱い

　IASBでは，IAS第37号並びに改訂草案において，環境問題を意識した記述や設例が多くみられると共に，IFRIC解釈指針第1号をはじめ多くの解釈指針が環境問題に関する指針として公表されている（本章第2節参照）。ここでは，IAS第37号とその改訂草案において列挙されている設例を取り上げ，いかにIASBにおいて環境負債が取り扱われているのかについて考察することにする。なお，IAS第37号ではAppendix Cにおいて，改訂草案ではExamplesにおいて，それぞれ設例が列挙されている。

　IAS第37号と改訂草案において取り上げられる設例の項目を比較すると，次のような相違がみられる。IAS第37号と比べると改訂草案における設例の数は，11項目から20項目へと9項目増えている。増えた設例のうち4項目

(「解体義務の測定」・「保証義務の開示」・「解体義務の開示」・「開示の免除」）は，蓋然性をいかに測定過程に反映させるのか，そして当該項目をいかに開示するのかという測定と開示に関する項目である。これに対して，改訂草案において新たに設定された残りの5項目は「潜在的な訴訟」「アスベスト撤去義務」「複合された負債」「新立法」「自家保険」で，認識に関する項目である。環境問題の観点からみれば，改訂草案では「アスベスト撤去義務」に関する設例が増えていることは明らかである。また，環境問題は「訴訟」という形で企業に影響を及ぼすこと，新たな環境法規制の制定などにより「新立法」という形で企業に影響を及ぼすことは想像に難くない。

　これらの点に着目する限りにおいては，IASBの環境問題についての関心が，改訂草案においてさらに高まったと解釈することができる。しかも，これらの設例から，IASBでは環境負債や資産について特別な項目として取り扱い別途基準を作成し適用するのではなく，他の負債や資産と同様の基準を適用していることがわかる。

4　負債範囲の拡張の方向性

(1)　米国とIASBにおける負債範囲拡張の方法

　上述したように，米国とIASBにおける環境負債に関わる会計基準等については，方法は異なるが共に負債の範囲を拡張する方向にある。そこで，両者においていかなる方法で負債範囲の拡張を行ってきたのかについて整理を行うことにする。

　まず，米国の場合についてみてみる。米国の偶発事象に関わるSFAS第5号では，フロー（偶発損失あるいは費用）が認識され，それに誘導されて負債が計上されるフロー認識法が用いられている。しかもSFAS第5号では，フロー（費用）の認識要件として蓋然性と測定可能性の2つをあげている。つまり，フローの発生可能性が高い（蓋然性）ことと，その金額が合理的に見積ることができること（測定可能性）がかかる要件としてあげられている。このうち，蓋然性という要件は，将来のフローの発生する原因が当期に存在することを根拠として当該フローを認識すること，つまり「原因発生主義」に基づいて費用を認識することを意味していると解される。このSFAS第5号に照らして環境問題（例えば環境負債）を財務諸表上に反映させるた

めに，SOP96-1ではかかる蓋然性と測定可能性の要件を広く解釈することを要求している。また，SFAS第5号において，フローの認識により計上される負債がAPBS第4号の負債の定義と整合性をもつことが指摘されている。APBS第4号では，負債は債務性のない項目も含まれるとして捉えられている（AICPA［1970］par.132）。

　これに対して，資産除却債務に関わるSFAS第143号では，SFAC第6号の負債の定義に従って負債の発生が認識され，負債が計上されるストック認識法が用いられている。そのため，ここでの認識要件は，SFAC第6号における負債の定義（「過去の取引又は事象の結果として，将来他の実体に資産を譲渡するか又は用役を提供するために特定実体の現在の債務から生じる，発生の可能性の高い将来の経済的便益の犠牲である（FASB［1985］par.35；傍線筆者挿入）」）に依存する。しかしながら，「発生の可能性の高い」という蓋然性に関する要件は，測定過程へ反映され認識要件から外されている。また，「現在の債務」という点について，SFAS第143号では負債の範囲は法的債務に限られている。SFAC第6号のように「現在の債務」を衡平法上の債務を含めて広く捉えてはいないが，SFAS第143号において法的債務は，約束的禁反言の法理に基づく債務を含む（その意味で，推定上の債務を含む）ことにより，負債の範囲を拡張して捉えている。

　このように，米国に関しては，まず，SFAS第5号とSFAS第143号とでは，負債を認識する方法が異なる点に注意が必要である。その上で，蓋然性に関しては，広義に解釈することあるいは，蓋然性を認識要件から外すことにより負債の範囲を拡張するという方法と，負債の定義にある「現在の債務」に関して債務性のないものを含める，「現在の債務」を推定上の債務及び衡平法上の債務を含めて広く捉える，あるいは法的債務に約束的禁反言の法理に基づく債務（推定上の債務）を含める，ことから負債の範囲を拡張する方法という2つのパターンがみられる。

　次に，IASBの場合について整理を行うと，偶発負債及び資産除却債務に関わる基準であるIAS第37号とその改訂草案では共に，IASBフレームワークにおける負債の定義に従って負債の発生が認識され，負債が計上されるストック認識法が用いられている。なお，負債の定義については，IAS第37号に比べて，改訂草案はIASBフレームワークにおける負債の定義をより重

視した形で取り扱っている。しかし，両者の大きな違いは，負債の認識要件としてIAS第37号では（a）現在の債務（法的債務と推定上の債務），（b）蓋然性と（c）測定可能性の3つがあげられているのに対して，改訂草案では（a）現在の債務（法的債務と推定上の債務）と（b）測定可能性の2つがあげられている点にある。

このように，IASBでは負債の認識要件から蓋然性を削除し測定要件に反映することにより負債の範囲を拡張するという方法と，現在の債務を法的債務だけでなく推定上の債務にまで拡張して捉えることから負債の範囲を拡張する方法という2つのパターンがみられる。

以上，米国とIASBにおける会計基準等の動向の整理を通じて，負債範囲の拡張には多様性はあるが蓋然性を認識要件として柔軟に解釈するあるいは認識要件から外すという方法と，債務の範囲を拡張する方法の2つのパターンが，共通して認められる。

(2) 蓋然性の位置付けによる負債範囲の拡張

ここでは，偶発損失及び偶発負債の認識要件の1つとなる蓋然性について取り上げ，この蓋然性が当該負債の認識方法（ストック認識法とフロー認識法）といかなる関係にあり，負債範囲の拡張にいかに関わるのか明らかにする。

① ストック認識法

まず，ストック認識法をとる場合について考察する。ここでは，当該環境コスト（企業が負担する将来支出）のうち将来の経済的便益の犠牲を伴う環境負債は，その発生の可能性と金額の合理的見積りの評価によって負債・引当金として貸借対照表上で認識されるか，偶発債務として注記されるか，あるいは非開示として処理される。このように，環境負債が財務諸表に計上されるには，次の2つの認識要件を満たす必要性がある。1つには，将来の経済的便益の犠牲を伴う現在の債務か否かという要件（要件Ⅰ），2つには，蓋然性の程度あるいは有無に関わる要件（要件Ⅱ）である。しかしながら，この要件Ⅱについては上述したように（負債の認識要件として）蓋然性を含める場合（ストック認識法①；IAS第37号）と含めない場合（ストック認識法②；SFAS第143号・IAS第37号改訂草案）とに分けられる。以上の環境コストに関する会計処理を図示すると，図表2-12のように表わせる。

図表 2-12　ストック認識法における環境コストの会計処理

ストック認識法①（IAS 第 37 号）

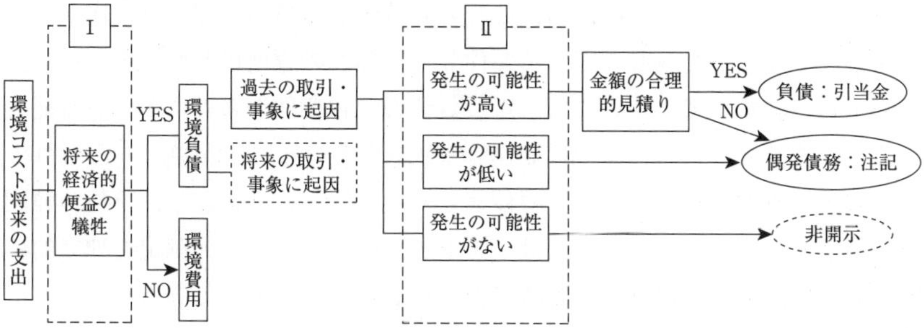
Ⅰ
Ⅱ
環境コスト将来の支出
将来の経済的便益の犠牲
YES
NO
環境負債
環境費用
過去の取引・事象に起因
将来の取引・事象に起因
発生の可能性が高い
発生の可能性が低い
発生の可能性がない
金額の合理的見積り
YES
NO
負債：引当金
偶発債務：注記
非開示

ストック認識法②（SFAS 第 143 号・IAS 第 37 号改訂草案）

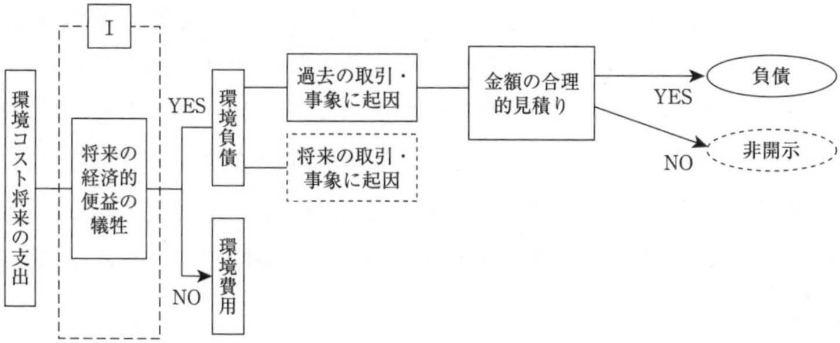
Ⅰ
環境コスト将来の支出
将来の経済的便益の犠牲
YES
NO
環境負債
環境費用
過去の取引・事象に起因
将来の取引・事象に起因
金額の合理的見積り
YES
NO
負債
非開示

前述したように，ストック認識法は一定の要件（負債の定義）を満たした負債の発生を認識することにより負債を計上する方法であり，利益を資産と負債の増減に基づいて決定するという利益計算構造（A/Lアプローチ）のもとで成立する方法であった。そのため，ここにおいては資産及び負債の定義が重要な概念となり，その定義を満たした時点で資産と負債が認識され，その後それらの属性及びそれらの変動が測定されることになる。このように，認識と測定を独立的に取り扱うことが可能である利益計算構造のもとで，ストック認識法が成立するのである。

この点に着目すると，ストック認識法において重要な点は負債の定義を満たすことである。この負債の定義は，米国及びIASBでは共に次のような特徴をもつとする。第1に将来の経済的便益の犠牲あるいは流出を伴う現在の

債務であること，第2に特定の実体の債務であること，第3に過去の取引及び事象から発生すること，の3点である（FASB [1985] pars. 36-43, 192, IASC [1989] pars. 49, 60-64）。そのため，これらの特徴が負債の範囲を拡張する際の制約条件となる。しかしながら，要件Ⅱ（蓋然性の程度に関わる要件）は負債の定義に含まれていないことから，負債の認識要件から外すことが可能となる。つまり要件Ⅱは，SFAS第143号やIAS第37号の公開草案にみられるように，認識要件ではなく測定要件として捉え直すことにより，負債の範囲を拡張することができる。これは，ストック認識法が認識と測定を独立的に行う計算構造のもと成立する方法であることからも明らかであろう。

② フロー認識法

続いて，フロー認識法をとる場合について考察する。ここでは，当該環境コスト（企業が負担する将来支出）のうちその発生の可能性と金額の合理的見積りが可能である場合に，偶発損失が認識され，それに誘導される形で負債・引当金が貸借対照表上に認識されるか，注記されるか，あるいは非開示として処理される。このように，環境負債が財務諸表に計上されるには，蓋然性の程度に関わる要件（要件Ⅱ）と測定可能性の2つが必要となる。このような環境コストに関する会計処理を図示すると，図表2-13のように表わせる。

そもそも，フロー認識法とは費用の認識に誘導されて負債を計上する方法であり，過去，現在，未来の収支の中から収益性収入と費用性支出を抽出

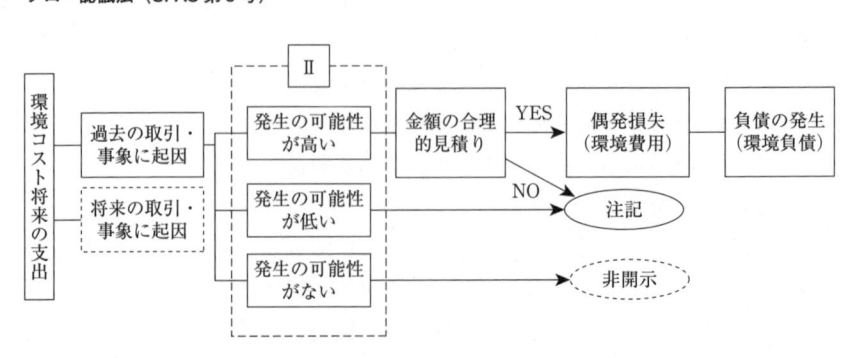

図表2-13　フロー認識法における環境コストの会計処理

フロー認識法（SFAS第5号）

し，これを一定の基準によって各期の収益，費用として配分した後，収益から費用を差し引くという計算式によって当期の利益を決定するという利益計算構造（R/Eアプローチ）のもと成立する方法であった。ここにおいては，収益と費用の期間帰属を決定（認識）し，これらを対応させることが重要なプロセスとなる。つまりここでは，フロー（費用）を直接的に認識することが必要となる。

松本［2007］によれば，費用の認識については，財貨・役務の消費時点で費用を認識する狭義の「発生主義」だけでなく，財貨・役務の消費原因が発生した時点で費用を認識する「原因発生主義」，あるいは「収益費用対応の原則」を論拠に将来発生費用を当期の収益から控除する思考，「保守主義」を引当金（負債）の計上論拠とする思考などが錯綜しており，費用の認識規準は必ずしも明確ではない（松本［2007］p. 52）。なかでも，この費用の認識規準の1つである「原因発生主義」は，将来の支出（フロー）の発生の可能性を意味する蓋然性と密接に関連している。そのため，負債をフロー認識法により認識する場合には，この蓋然性を偶発損失（費用）の認識要件から外すことはできない。従って，フロー認識法においては，蓋然性を広く解釈することにより，負債の範囲を拡張できるが，蓋然性を認識要件から外すことによって負債の範囲を拡張することはできない。

(3) 債務性の捉え方による負債範囲の拡張

ここでは，負債の定義に共通してみられる「将来の経済的便益の犠牲を伴う現在の債務」に着目し，この債務が当該負債の認識方法（ストック認識法とフロー認識法）といかなる関係にあり，負債範囲の拡張にいかに関わるのかについて明らかにする。

まず，ストック認識法をとる場合について考察する。図表2-12から明らかなように，ストック認識法において重要な点は，要件Ⅰ（将来の経済的便益の犠牲を伴う現在の債務である点）である。すでに指摘したように，要件Ⅰは米国及びIASBの諸基準等に共通してあげられる負債の定義の1つである。そのため，ここにおいて要件Ⅰは負債の範囲を拡張する際の制約条件となり，要件Ⅰを取り除くという形で負債の範囲を拡張できない。従って，要件Ⅰを所与のものとして負債の範囲を拡張するには，負債の定義に抵触しない範囲での拡張が必要となる。つまり，米国やIASBの諸基準においてみら

れるように，法的債務だけでなく推定上の債務や衡平法上の債務（IASBでは含まれない）を含む形で債務の範囲を拡張することによりかかる拡張は可能となる。

なお，この債務の範囲を拡張する方法には米国とIASBでは相違がみられる点に留意する必要がある。つまり，IASBでは概念書レベル（フレームワーク）及び基準書レベル（IAS第37号・改定草案）共に，負債の定義にある「現在の債務」には，法的債務と推定上の債務の2つが含められている。これに対して，米国では概念書レベル（SFAC第6号）と基準書レベル（SFAS第143号）とは異なる範囲を示す。SFAC第6号はIASBよりも広い範囲で，衡平法上の債務もその「現在の債務」に含められるとするが，SFAS第143号では法的債務にのみ限定する。しかしながら，SFAS第143号は法的債務を約束的禁反言のもとでの契約の法的解釈による債務を含む（その意味において，推定上の債務を含む）ものと広く解釈している[14]。

このように，ストック認識法では，「将来の経済的便益の犠牲を伴う現在の債務である」ことが負債の発生を認識する際の要件の1つであり，この要件を認識要件から外すことができない。言い換えると，ストック認識法では，「現在の債務」というストックの裏付けのある負債しか認識されないことになる。そして，このような制約条件のもと，負債の範囲を拡張するには，「現在の債務」の捉え方，つまり，債務性をいかにして広義に捉えるのかが問題となる。そして，この捉え方にバリエーションがみられたのである（図表2-14参照）。法的債務が「現在の債務」である（負債の範囲に含める）ことは共通しているが，法的債務自体を拡張してその範囲を広げる場合（矢印①），そしてその範囲に推定上の債務あるいは衡平法上の債務を含める場合（矢印②）とがみられた。

続いて，フロー認識法の場合についてみてみる。ここでは，フロー（費用）を直接的に認識することが重要となり，その認識には財貨・役務の費消の事実に基づいて（資産・負債の変動に裏付けをもって）費用の認識を行う狭義の「発生主義」だけでなく「原因発生主義」のようにその事実に基づかない（資産・負債の変動に関係なく）費用の認識を行うその他の認識規準が存在する。つまり，フロー認識法においては，フローの直接的な認識（取引のパターン認識）を主体とした損益計算を展開するため，そこにはストック

の変動がまだ生じていない費用（将来発生費用あるいは未発生費用）も計上される（松本［2007］p. 52）。そのため，ここではストックの存在（現在の債務）の有無に拘束されることなく，その認識対象を将来に向けて拡張することが可能となる（松本［2007］p. 62）。

このように，フロー認識法においては，「現在の債務」である項目はもちろんのこと債務性のない項目を負債として認識することが可能となる（図表2-14の矢印③）。その意味において，負債の範囲は，「現在の債務」という枠にとらわれることなく拡張することが可能となる。事実，SFAS第5号においてフローの認識により計上される負債がAPBS第4号の負債の定義と整合性をもつことが指摘されており，そこでは企業の経済的債務以外に債務性の

図表2-14　負債範囲の拡張の方向性

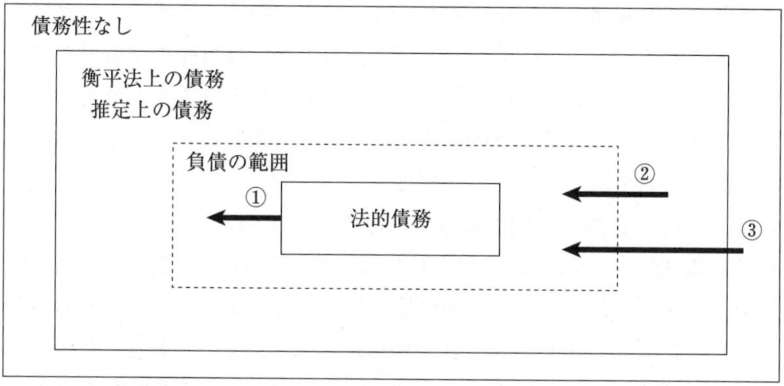

矢印①：法的債務の拡張による負債範囲の拡張
矢印②：衡平法上の債務あるいは推定上の債務を取り込むことによる負債範囲の拡張
矢印③：債務性のない項目を取り込むことによる負債範囲の拡張

基準等	矢印①	矢印②	矢印③
SFAS第143号	○	○	×
IASB（フレームワーク・IAS第37号・公開草案）	×	○	×
SFAC第6号	×	○	×
SFAS第5号（APBS第4号）	×	○	○

○：該当する　　×：該当しない
（出典：長束［2004］の図1（p. 169）と図2（p. 173）を参考に筆者作成）

第4節　環境負債をめぐる会計の理論的検討

ないものが含まれている。しかもAPBS第4号では，経済的債務とは将来の経済的資源の移転を伴う現在の債務であるとし，債務は法令，契約，及び約束により生じる[15]と述べられている（AICPA［1970］par.58）。

(4) 負債範囲を拡張する方向性

以上，米国とIASBにおける諸基準等の動向の整理を通じて，負債範囲の拡張には，多様性はあるが蓋然性を認識要件として柔軟に解釈するあるいは認識要件から外すという方法と，債務の範囲を拡張する方法の2つのパターンが共通して認められると共に，そのような拡張には負債の認識法の違い（ストック認識法かフロー認識法）が関連していることを明らかにした。この結果を踏まえて，環境負債を財務諸表上に反映するために，いかなる方向性をもって負債範囲を拡張する必要性があるのか，について意見を述べることにする。

環境負債を財務諸表に反映するために，負債の範囲を拡張することにのみ焦点をあてるのであれば，ストック認識法の場合には負債の認識要件から蓋然性を外すと共に債務の範囲をできる限り広義に捉えることが望ましく，フロー認識法の場合には蓋然性の捉え方を広義に解釈し債務性のない項目をも含めて負債として計上することが望ましい。

では，単純に負債の範囲を拡張すればよいのであろうか。國部［2000］によれば，環境コストはその負担主体によって区分されることがある。つまり，企業によって負担される私的環境コストと，企業以外，すなわち外部不経済として社会が負担している社会的環境コストの2つである。私的環境コストは，企業がいずれかの時点（当期あるいは将来）で支出するものである。社会的環境コストは，企業活動の結果として企業外部で生じる損害や価値の喪失を意味し，環境負荷と呼ばれる[16]。さらに，社会的環境コストを内部化する方法により，私的環境コストを規制遵守コストと自主的コストに2区分することができる。規制遵守コストとは，法的規制等による強制により社会的環境コストが内部化された部分をいう。これには，環境法規制を遵守するためにかかるコスト，公害防止を目的とした監視・調査，違反による罰金などのコストが含まれる。自主的コストとは，企業により自主的に社会的環境コストが内部化された部分をいう（國部［2000］pp.42-43）。

このように社会的環境コストの内部化には2つの方向性があると捉えるな

らば，この内部化の方向性は，負債範囲を拡張する方向性に影響を及ぼすと考えることができる。つまり，法的規制による内部化は，法的債務を拡張することにより負債の範囲を拡張する方向性（図表2-14の矢印①）と同じ方向性をもち，もう1つの企業の自主的な社会的環境コストの内部化は，推定上の債務及び衡平法上の債務を含めて負債を認識すること（図表2-14の矢印②③）により，負債の範囲を拡張する方向性と同じ方向性をもつと考えられる。そのことから，環境負債が財務諸表に計上されるために負債の範囲を拡張する際，自主的環境コストを財務諸表に反映する観点に立てば，債務性のない，衡平法上の債務，推定上の債務を負債として認識する形（図表2-14の矢印②③）で，その範囲を拡張する方向性が望ましいと思われる。逆に，規制遵守コストのみを財務諸表に反映する観点に立てば，法的債務の拡張により負債の範囲を拡張する方向性（図表2-14の矢印①）を考慮すれば充分である。なお，この場合にでも，ストック認識法あるいはフロー認識法のいずれの方法をとるかにより，制約条件がかかるということに注意が必要である。

　従って，日本でも環境負債（私的環境コスト）を財務諸表に計上する際には，規制遵守コストを財務諸表に反映する場合と自主的環境コストを財務諸表に反映する場合とで，とるべき負債範囲の拡張の方向性が変わることになる。しかも，周知のとおり日本では企業会計原則注解注18にみられるようにフロー認識法により負債が計上されることが多い。そのため，米国とIASBの当該諸基準等が行っているストック認識法における拡張方法をそのまま適用することは困難である。この点については，会計基準のコンバージェンス問題を踏まえて検討される必要がある。

（井上　定子）

第5節　おわりに

　以上，本章ではまず，環境財務会計基準の国際的動向として，IASB及びFASBにおける環境資産・環境負債に関連する会計基準の動向について概観した。IASB及びFASBではここ数年で環境問題に関する会計基準等が急速に整備されてきたが，一方日本では，未だ整備されていないものが多く，今

後の対応が望まれるところである。

ただし，実務的な緊急の問題に対応して個別的に会計基準を設定するのではなく，会計基準のコンバージェンスに伴うR/EアプローチからA/Lアプローチへの移行という利益計算構造からの議論を踏まえた環境財務会計基準の整備が望まれる。そこで，環境資産については，環境資産認識アプローチ及び利益計算構造の観点から，環境資産に関する会計基準の方向性を検討し，環境負債については，その認識法及び負債概念の拡張の方向性について検討してきた。

これらの検討の結果，環境資産については，A/Lアプローチのもと厳密に資産の定義を遵守することを前提にし，その上で「将来の経済的便益の増加」の解釈を可能な限り拡張することによって環境コストを資産計上していく方向性（IFBアプローチの採用）を模索することを提案した。また，環境負債については，規制遵守コストと自主的環境コストではとるべき負債範囲の拡張の方向性が異なること，フロー認識法とストック認識法では負債範囲の拡張の方法が異なることなどを指摘し，日本がコンバージェンス問題を踏まえていずれのアプローチを採用するかを明らかにする必要があることを指摘した。

環境法規制の増加，経済的手法（排出量取引等）の導入等によって，日本においても企業が費やす現在・将来の環境支出はますます増加すると見込まれる。また，財務会計基準を整備することで，企業が直面している環境負債やリスクを明らかにし，浄化をはじめとする環境対策を促進する効果も期待される。もちろん，財務会計は，主に投資家を対象とした独自の枠組みをもつため，環境問題を取り込むには限界ももっている。しかし，財務会計は弾力性をもち，環境会計システムの基盤となるような利点を間違いなく有しているといえる。そこで，次章では，環境財務会計における対象領域を検討し，第4章以降の個別論点への橋渡しをすることとする。

（阪　智香・井上　定子）

注

（1）他に無形資産に関連した問題（排出権に関する問題）は，第6章にて取り扱う。

また，資産に関連する将来支出については，環境負債に関わる問題として本章の第4節と第4章において取り扱う。
（2）　高須［1997］では，A/Lアプローチの背後には財貨動態の考え方が存在し，そのためまず認識対象として個別財貨の数量的変動が認識され，その後に利益計算の観点から共通尺度たる貨幣へ変換するという認識測定構造をもつとする。そしてこの貨幣へ変化する過程を「評価過程」と呼んでいる（p.43）。また，松本［2003］によればA/Lアプローチにおける会計処理は資産の評価からスタートしその結果生じる評価差額が損益として認識される（p.32）。
（3）　この点について，松尾［2005］において提案されているように資産の定義を経済的資源から拡張して社会的便益をも含むとするならば整合性をもつことになる。しかしながら，本章では財務会計の枠組みのなかで環境会計を検討することから，このような資産の定義の拡張は範囲を超えると思われるので取り扱わない。
（4）　藤井［1991］によれば，このような「対応」に伴う操作可能性がR/Eアプローチの欠陥であるという指摘は津守［1988］（p.6）においてすでになされている。また，藤井［1991］は，FASB［1976a］においても「企業におけるフローの認識と測定は，R/Eアプローチの中心問題であり，利益測定は費用のフローと収益のフローとを適切にかつ歪みなく対応させることに依存している。従って，「対応」と「歪み」がここにおいて決定的な意味をもつ（p.14）」としてR/Eアプローチの欠陥を指摘しており，このようなR/Eアプローチの欠陥が繰延経理の温床となり，FASBはA/Lアプローチを導入することにより，繰延経理（並びにその背後にある「判断と解釈」）の規制を指向する会計観として措定されていると指摘する（p.186）。
（5）　R/Eアプローチでは，通常収益の認識は実現に基づいて行われる。もともと収益の実現というとき，それは企業によって形成された価値が，商製品の販売という形で市場に受け入れられるということである。この場合，収益の実現を判定する指標として顧客への財貨・役務の引渡しだけでなく，貨幣性資産の取得という2つがあげられる。貨幣性資産の取得を収益の認識要件とすることは，収益に資金的裏付け（ストックの変動の裏付け）を与えることになり，それにより客観性が付与されると解釈することもできる（松本［2003］p.32）。この考えを援用すると，ACOFBアプローチにおいて適用される配分基準として，「改善と修繕」という区分を用いる際，改善と判断される指標としてストックの変動の裏付けを与える要件を組み込めば，客観性が付与されることになる。つまり，資産の認識時点においても客観性が認められることになる。しかしながら，このような解釈はR/EアプローチにおいてA/Lアプローチがすでに適用されていることを意味する。そのため，FASB

が取り組んできたR/EアプローチからA/Lアプローチへの転換が何を意味するのかについて疑問が残る。

(6) FASBが提示した選択肢として，次の3つがあげられる。選択肢1：環境汚染浄化のケースとアスベスト除去のケースの事実を区別する規準を明らかにする。環境汚染を浄化するコストは費用計上され，アスベスト除去コストは資産計上される。選択肢2：EITF89-13の合意を変更して，環境汚染を浄化するコストとアスベスト除去コストの両方を費用計上する。選択肢3：現在の環境汚染の浄化がEITF89-13で議論されたアスベスト除去コストと同等のものとして，損傷テスト次第で浄化コストの資産計上を受け入れる。なお，本文からも明らかなように結果的に，FASBは選択肢1を選択した。

(7) 浄化は法律を遵守しないことによる罰を回避し，汚染の結果である従業員等の将来の問題を回避することから，浄化コストは将来の経営活動に便益を与えて資産を創造するとの主張があるが，選択肢1の提案者はかかる主張はあらゆる必要なコストに対して資産計上を正当化する可能性があるため，この主張を受け付けないとする。例えば，この主張は，料金の支払は更に深刻な罪を回避するため資産を創造するということ，そして，修繕が関連する財産の将来のオペレーションを可能にするため資産を創造するということにつながるとして，彼らはこの主張を受け付けないのである。この点は，未来原価節約説に環境資産の資産性を求める国際会計基準（IAS第16号）と比較すると特徴的である。

(8) 武田［2001］によれば，低価法の論理付けとして損益計算的観点より2つの考え方があるとされる。1つは，資産の物的側面を表わす用益潜在性をもって資産の評価額とするという有効原価説と，もう1つは資産の価格的側面を表わす原価（支出対価）は通常の営業過程において回収可能な金額をもって資産の評価額とする回収可能原価説とがある。有効原価説は収益・費用を企業成果への貢献と犠牲という観点からみた損益計算の本質と関連しており，回収可能原価説は，損益計算を投下資本の回収余剰計算にその本質を求める観点と照応する（p.378）。このことから，EITF90-8における回収可能性を回収可能原価として解釈することができる。

(9) 複式簿記構造を前提におくA/Lアプローチにおいては，資産と負債の差額として計算される持分の増加要素としての収益と，持分の減少要素としての費用との期間的対応がなされることから，費用収益対応の関係は維持されることになる（徳賀［2003a］pp.147-148）。

(10) 公開草案第43号については，そこにおける取得後の追加支出に関する基準が「将来の経済的便益の増加」をもたらした範囲内で資産計上されること（IASC［1992］par.22）を要請することからIFBアプローチであるとする見解が存在する

(CICA［1993］p. 29, footnote. 18，訳書［1995］p. 73，注（18））。ところが，環境コストに関連する項目において，汚染除去に関してその除去により資産の安全性や環境効果が当初の評価時点と比較して改善する場合には資産計上されることになるという記述（IASC［1992］par. 24）があることから，EITF90-8と同様にIFBアプローチであるともACOFBアプローチであるとも解釈できるとの指摘も存在する（Schaltegger and Burritt［2000］p. 173，訳書［2003］p. 199）。しかしながら，公開草案第43号はA/Lアプローチをその背後に想定していると解されることから，ここでは，「将来の経済的便益の増加」を拡張して捉えており，結局のところIFBアプローチが採用されていると解釈される。なお，かかる記載項目はIAS第16号（1993年改訂）以降削除されている。

(11) この3つの区分には，①「可能性が大きい（probable）」②「可能性がある程度ある（reasonably possible）」③「可能性がほとんどない（remote）」という用語が用いられている（FASB［1975］par. 3）。

(12) なお，IAS第16号において当該負債に関連する有形固定資産が再評価モデルで処理されている場合には，当該負債の変動額は，有形固定資産項目の評価に影響を及ぼさない。しかしながら，当該資産項目に係る再評価差額は修正される。その差額は他の再評価差額と整合性をもって，再評価差損の累計額は損益計算書上に計上されるが，再評価差益の累計額は持分として貸借対照表に計上されることになる（IASB［2003e］par. 6）。

(13) この点は，ISARの意見書（UNCTAD［1999］）も同様である。その理由は，國部他［2007］によればいかに道義的に問題があっても，その企業自身に支払う意思がなければ，将来の支出の可能性という負債の認識要件を満たさないからである。IASBでは衡平法上の債務は，その企業の環境方針や周囲の圧力などによって支出の可能性が高まり，いわば推定上の債務となった場合に，財務会計上も環境負債として認識されることになるとされる（p. 244）。

(14) このように米国において概念書レベルと基準書レベルにて「現在の債務」の捉え方に差異が生じた理由は，実務上の問題に起因している。つまり，SFAS第143号が公表されるにあたり，2回の公開草案が公表された。その主な論点は，法的債務以外の債務をいかに認識するのか，その認識について経営者の恣意性が介入する危険性に焦点が当たっていた。実際に，公開草案（改訂公開草案）は法的債務と推定上の債務の双方を債務（負債）としたが，SFAS第143号が公表された際には，法的債務に限定されるに至った。ただし，その法的債務には，約束的禁反言の法理に基づく債務が含まれているという意味において，推定上の債務が含められている（FASB［2001a］par. B16）。また，長束［2004］によれば，IASBフレームワーク

における「現在の債務」の捉え方は，SFAS第143号よりも「拘束性」という点において広義であると解される（pp.169-173）。

(15) このように，APBS第4号において「現在の債務」には，法令と契約だけでなく，約束による債務も含めて捉えられている。『英米法辞典』によれば，契約（contract）とは，1個（1組）の約束で，その違反に対して法が救済を与えるもの，又はその履行を法が何らかの形で義務と認めるものをいう（田中［1991］pp.193-194）。つまり，法的債務に該当することになる。ところが，約束（promise）については，特定された方法である行為をし，又は行為を差し控える意思表示で，受約者側で言質が与えられたものと理解することが正当化されるものをいう。英米法の契約体系では法的拘束力のある約束を契約という（田中［1991］p.673）。従って，APBS第4号における「現在の債務」には，法的拘束力のない約束が含められていることから，そこでは推定上の債務が意識されていると解釈される。

(16) しかし，この2つのコストの境界線は，特定時点では明確であっても，将来的に不明確になる可変的なものである。例えば，現時点では企業が負担していない環境汚染に関するコスト（社会的環境コスト）も，将来の法的規制の改正により企業が負担する（私的環境コストになる）可能性がある。また，経営者の判断によっても，その境界線は影響を受ける。例えば，環境保全活動を重視する経営者は，それを軽視する経営者と比較して，社会的環境コストの内部化（私的環境コスト化）を行っている（國部［2000］p.42）。

第3章
環境財務会計における対象領域の検討

第1節 はじめに

　会計の世界にはさまざまな事象が新たに登場しているが，認識対象の変革と関連させた場合，将来事象の対象化こそが重要な特徴的事象である，という見方がある。つまり，将来事象の対象化とは，将来の期間に発生する事象であって，従来は当期に計上すべきものとされていなかった事象の認識化（加藤［2006］p.1）であり，環境会計もその1つと考えられる。

　人類が経験した環境汚染としてたぐいまれなものに水俣病がある。熊本水俣病の原因企業であるチッソは，危険の発生を予知し，これを未然に防止するための対策をとらなかったために，被害者に対する多額の損害賠償金を継続的に支払っている[1]。結果としてチッソは極めて深刻な経営状態に陥り，1978年10月4日付けをもって上場廃止（無配継続・債務超過）となっている（グリーンフォーラム21・山口［2001］p.46）。

　今日では，上記のような「点」としての単純なる公害防止から，「球」としての複雑な地球環境保全の時代に入っている。生命の危機を予感させるような深刻な環境リスクがますます増大している状況にあって，今こそまさに会計は社会化され，かつ人間化されつつある（合崎［1976］p.285）[2]。

　社会的及び人間的欲求に基づく「情報開示」の意味内容を新たな視点から検討するとすれば，誰が（情報の発信者），誰に（情報の受信者），いかなる目的で（情報の開示目的），何を（情報の開示内容），いかなる方法で（情報の伝達手段），といった要因があげられる。以下では，環境という視点からの財務会計について，①その会計情報の利用者は誰か，②どのような目的で，及び③いかなる内容を開示するか，この3点にまず焦点をあてながら整理し，環境財務会計の問題領域について確認する。

第2節　環境財務会計の情報利用者と開示目的

1　情報の利用者（ステークホルダー）

　米国の財務会計基準審議会（FASB）や国際会計基準審議会（IASB）と同様に，日本の企業会計基準委員会（ASBJ）も会計基準設定の枠組みとして，情報利用者の視点を取り入れている。その先駆けは，1966年の米国会計学会（AAA）から公表された『基礎的会計理論に関する報告書』（ASOBAT）であり，以来，現代の情報化社会を背景にして，情報利用者の意思決定に役立つための情報提供が会計の主題とされるようになった。その特徴として，(1)情報の利用者（受け手）から企業（送り手）への情報のフィードバックを積極的に認めていくようなコミュニケーションが成り立つこと，また(2)意思決定自体が将来指向的であるために，将来指向性に固有の不確実性を減少することが必要であり，そのための情報として現在的・将来的情報の開示が必要とされる（武田［1976］p.324），という点である。いずれにしろ，利用者の意思決定への役立ちという観点から企業の情報開示の方向性を模索する場合，まず情報の利用者として誰を想定するのかである。

　IASB概念フレームワークは，現在及び潜在的な投資者，従業員，貸付者，仕入先及びその他取引業者，得意先，政府及び監督官庁ならびに一般大衆などを列挙し，またFASB概念フレームワークは，現在及び将来の投資者，債権者，その他の情報利用者など，いずれも広範な利用者を想定している。IASB概念フレームワークでは，投資者は企業のリスク資本の提供者であるので，彼らの要求を満たす財務諸表を提供することによって，結果的にその他の利用者の大部分の要求を満足させることになる（IASC［1989］par.10），としている。　仮に情報要求のすべてを満足させることはできなくとも，すべての利用者に共通する情報要求があり，その共通する情報要求を満足させることは可能であるとしている。FASB概念フレームワークも，投資者及び債権者のニーズを満足させるために提供される情報は，基本的に，営利企業の財務的側面に関心をもつその他の情報利用者集団の構成員にとっても一般に有用である（FASB［1978］par.30），としている。

　ASBJ概念フレームワークでは，情報利用者として，投資家（株式や社債

を現に有する者のほか，証券市場の参加者，さらにはいわゆる与信者）のみに限定し，それ以外の情報利用者については言及していない。その理由は，日本の企業会計原則がそうであったように，ASBJ概念フレームワークにおいても，金融商品取引法（旧証券取引法）のもとでの財務報告制度の整備という目的が背景にあったからである。つまり，投資家に対して，証券投資の意思決定に役立つ情報を提供することで彼らを保護し，よって証券市場機能を円滑に遂行するという役割を財務会計情報が担ってきた，ということである。実際には，投資家以外のさまざまな利害関係者，ひいては一般大衆も情報利用者として想定されており，企業リスクを負担している投資家の要求を満足させる財務諸表を提供することで，結果的に，IASB及びFASB概念フレームワークと同様に，投資家以外の利害関係者の要求も満足させることになろう。また経営者も，ディスクロージャー制度の当事者として，企業価値の向上，さらには投資家の情報要求を個別に確認するコストも削減できる，といった便益が得られる。

なお，環境の視点から財務会計情報を考える場合，「市場において発言権のない」将来世代という利害関係者をどのように考えるかである。少なくとも将来世代の利害に配慮したシステムの構築がなければ，遠い先に現れる結果は「先送り」されて，現在世代が加害者になってしまう危険性がある。その意味では，将来世代の利害を担う個人ないしは集団としてエコファンド購入者や環境配慮企業への投資を行う投資家など，いわゆるグリーンインベスターの存在がますます重要になってくるものと思われる。そして，このような環境を意識したうえで，意思決定を行う投資家が増加することは，現行の財務会計基準で十分に対応できるのか，という問題が提起されることにもなる。いずれにしても環境問題に配慮した財務会計情報の開示と，その開示された情報をもとに，一般投資家を含む情報利用者が適切に判断し評価できるような会計ルールが求められている。

2　情報開示の目的

IASB概念フレームワークは，財務諸表の目的として，「広範囲な利用者が経済的意思決定を行うに当たり企業の財政状態，業績及び財政状態の変動に関する有用な情報を提供することにある（IASC [1989] par.12）」として，

「経済的意思決定のための情報提供」を一義的目的としている。ここでいう利用者が行う経済的意思決定とは，「企業が現金及び現金同等物を生み出す能力を評価し，それらの発生時期及び確実性を評価することが必要になる（IASC［1989］par.15）」としている。すでに言及したように，この目的により作成される財務諸表は，ほとんどの利用者の共通の要求を満たすとしている。またFASB概念フレームワークも，同様に財務報告の目的として「投資者，債権者その他の情報利用者が，当該企業への正味キャッシュ・インフローの見込額，その時期及び不確実性をあらかじめ評価するのに役立つ情報を提供しなければならない（FASB［1978］par.37）」と述べている。

　これに対して，ASBJ概念フレームワークでは，財務報告の目的として「投資家による企業成果の予測と企業価値の評価に役立つような，企業の財務状況の開示にある（ASBJ［2006c］『財務報告の目的』序文）」とし，さらに「企業価値評価の基礎となる情報，つまり投資家が将来キャッシュフローを予測するのに役立つ企業成果などを開示することである（ASBJ［2006c］「会計情報の質的特性」(par.1)」としている。

　上記でみた3者の基準設定機関による財務会計概念フレームワークでは，いずれも情報提供目的を強調している点で特段の相違はない。従って環境に焦点を当てた財務会計においても同様に，経済的意思決定に有用な情報の提供目的を主題として考察していくことになる。なお，この目的に従うとすれば，会計情報が意思決定に有用であるか否かが情報の品質を決めることになるが，意思決定に有用な情報特性との関連で後に検討する。

　このように現在では，投資家を含めた情報利用者の意思決定に有用な情報の提供ということが会計の主題になっている。すでに述べたように，このように情報利用者の意思決定への有用性を強調する場合，将来指向性に固有の不確実性を減少することが必要であり，そのための情報として，過去的・現在的情報の開示に加えて，予測に基づく将来的情報の開示が必要とされる。

　ところで，これまで会計には2つの機能があると一般的に説明されてきたが，その1つが上記の情報提供機能であった。もう1つの機能について，IASB概念フレームワークでは，「財務諸表は，経営者の受託責任又は経営者に委ねられた資源に対する会計責任の結果も表示する（IASC［1989］par.14）」とし，投資意思決定会計（情報提供機能）と受託責任会計の融合を図

っている。FASB概念フレームワークでは，下位目的として位置づけながらも，「当該企業に委託された資源の利用について，その受託責任についてどのように遂行したのかについての情報を提供しなければならない（FASB［1978］par.50）」としている。

一方，ASBJ概念フレームワークは受託責任という表現ではなく，利害調整を副次的利用としながら，「会計基準の設定・改廃を進める際には，それが公的規制や私的契約などを通じた利害調整に及ぼす影響も，同時に考慮の対象となる（ASBJ［2006c］討議資料「財務報告の目的」par.12）」として重視している。つまり会計が伝統的に遂行してきた利害調整の役割は，投資意思決定という主たる利用以外にも利用されるという意味で，「副次的な利用」という表現をしている。さらに，このように副次的に利用されるという事実は，会計基準を設定・改廃する際の制約になるとしているが，IASB及びFASBはともに制約としてではなく財務報告（諸表）目的の一部としてとらえている。

なお，IASB概念フレームワークでは「財務諸表の目的」としているのに対して，ASBJとFASBの概念フレームワークでは，「財務報告の目的」としている。財務報告には財務諸表のみならず，会計システムによって提供される情報―すなわち企業の資源，債務，稼得利益などに関する情報―と直接又は間接に関連する情報を伝達するためのその他の手段も含まれる（FASB［1978］par.7）。従って，財務報告には，財務諸表の外に，それを補完するために開示される財務・非財務情報，つまり企業の社会もしくは環境に及ぼす影響についての情報も含まれることになる。ただし本書では，その対象とする範囲を財務諸表本体及び脚注に限定している。環境に関わる財務諸表以外の財務情報や非財務情報についての動向は，後に若干ながら言及することにする。

第3節　環境財務会計の開示内容

1　財務諸表の情報特性

以上，これまで概観したように，投資家の意思決定に対して有用な会計情報を提供するという財務諸表の目的が定まれば，次に財務諸表が提供する情

報がどのような属性をもっていれば有用となりうるのか，つまり情報の質的特性が問題となる。以下では，財務諸表の情報特性をはじめとして，その次に問題としている構成要素の定義などについても，IASB概念フレームワークを中心に検討している。その理由は，ASBJとIASBは，2007年8月に「会計基準のコンバージェンスの加速化に向けた取組みへの合意」（いわゆる「東京合意」）を公表し，IASB概念フレームワークを拠り所にした会計基準が，引き続き日本の会計基準に大きな影響を及ぼしていくと考えるからである。また，EUも含めて相当数の国がすでに国際財務報告基準を採用しており，今後，会計基準のコンバージェンスは，IASBが作成・公表する基準を中心に展開されていくことが予想され[3]，まさにディファクト・スタンダードから事実上のグローバル・スタンダードへと前進しているからである。

さてIASB概念フレームワークでは，財務諸表の質的特性とは，「財務諸表が提供する情報を利用者にとって有用なものとする属性」（IASC［1989］par. 24）とし，「理解可能性」，「目的適合性」，「信頼性」及び「比較可能性」の4つを挙げている。つまり，情報利用者にとって，財務諸表上の情報が役立つためには，これらの4つの質的特性を備えることが不可欠であるということでもあり，以下では環境という視点にも留意しながら，その内容について検討する。

そこで，まず理解可能性とは，「その情報が利用者にとって理解しやすいこと（IASC［1989］par. 25）」とし，そのためには利用者は，事業，経済活動及び会計に関しての合理的な知識，さらには合理的に勤勉な態度をもって情報を研究する意思を有することが仮定されている。従って，環境という視点からの会計情報の拡張を試みたとしても，かかる人々に理解し得ないような内容ではかえって情報価値が失われてしまうことになる。利用者の意思決定に有用な環境会計情報を理解可能な形で表示するということは，いかなる種類の財務情報であれ本質的には同じであろう。企業の環境努力を財務諸表上で理解しやすいように開示することは，企業の存在価値や持続可能性を社会に容易に認知せしめることであり，また利用者にとっても適切な判断をすることが可能となる。

目的適合性とは，「情報が，有用であるためには，意思決定のための利用者の要求に適合するものでなければならない（IASC［1989］par. 26）。」とする

特性のことである。従って，もし情報は，利用者が，過去，現在もしくは将来の事象を評価し，又は利用者の過去の評価を確認もしくは訂正するのに役立つものであるならば，目的適合性を有することになるという。つまりこの特性は，具体的には情報利用者のニーズを反映したうえでの意思決定への役立ちを意味する概念である。従って，情報の品質は，利用者のニーズを満足させることができるかどうかにかかっている（浦崎［2008］p.9）。例えば，一般の投資家が環境関連の支出，さらには有害物質の処分や汚染除去などの実態に関心があるのであれば，財務諸表などにそれに関連した会計情報を含めるべきである，ということになる。特に情報利用者としてのグリーンインベスターの関心や要請が強力になれば，彼らの情報開示ニーズを把握し，彼らの目的に適合したいわゆる環境財務会計情報を開示しなければならない，ということになる。

　また，「情報の目的適合性は，その性質とその重要性によって影響を受ける（IASC［1989］par. 29）」とし，目的適合性に影響を与える特徴として情報の性質と重要性の2つを挙げている。そして，情報の性質のみでも目的適合性を決定するのに十分でありうる場合があるという。ここで情報の性質とは，例えば，ある報告が直面するリスクや機会を評価するうえで影響を及ぼすこと，としている。従って金額的に重要でなくとも環境リスクの観点から判断して有用であれば情報提供される，ということを示唆している。また，もう1つの重要性とは，その情報の性質とは切り離して，特に金額に関わる重要性を指しているようである。

　信頼性とは，「情報が有用であるためには，それが信頼しうるものでなければならない（IASC［1989］par.31）」ことを要求する情報特性である。これについては，例えば，環境に関連した損害請求の妥当性とその金額が訴訟で争われている場合に，財務諸表上に当該金額のすべてを認識することは適切でない，ということもありうる。つまり仮に目的適合性を有していても，訴訟中ということから，損害請求の金額と状況を適切に開示することはあっても，財務諸表本体に計上することは判断を誤らせることになるからである。そしてこの信頼性を支える下位の情報特性として，表示の忠実性，実質優先，中立性，慎重性及び完全性を挙げているが（IASC［1989］pars. 33-38），この5つの特性のうち，環境に関連して特に実質優先と慎重性が重要であ

る。

　実質優先とは,「情報が表示しようとする取引その他の事象を忠実に表現するためには,取引その他の事象は,単に法的形式に従うのではなく,その実質と経済的実態に即して会計処理され表示されることが必要である (IASC [1989] par. 35)」ということである。また慎重性とは,「不確実性の状況下で要求される見積りにあたって必要とされる判断の行使に際して,資産又は収益の過大表示及び負債又は費用の過小表示にならないように,ある程度の用心深さを要求する (IASC [1989] par. 37)」ということである。特に環境に関わる経済事象には,将来についての見積りや予測が不可避であるが,その場合には,その不確実性の性質や範囲を開示するという慎重さが重要であり,そのうえではじめて財務諸表上に認識される,ということになる。

　比較可能性とは,「企業の財政状態及び業績の趨勢を明らかにするために各期を通じて企業の財務諸表を比較できなければならない。……また異なる企業の財務諸表とも比較できなければならない (IASC [1989] par. 39)」とするものである。従って,企業の各期を通じて,さらには異なる企業間においても,一貫した方法で行わなければならないことになる。確かに,環境に起因した財務的処理の測定と表示は,一企業では一貫した方法を比較的とりやすいが,しかし,企業間とりわけ異なる業種や環境活動の進捗程度によって異なる可能性が大である。環境関連の同じ処理費用でも,一定の基準がなければ異なった科目名になりうることもあり,従って有用な意思決定目的のためには比較可能性という質的特性は不可欠である。

　以上のような理解可能性,目的適合性,信頼性及び比較可能性といった4つの財務諸表の質的特性がコアになるが,これらは階層構造としてではなく,並列的に扱われている (安藤 [1996] p. 37)。そして,このような質的特性と適切な会計基準を適用すれば,「真実かつ公正な概観又は適正な表示として一般に理解されている情報を伝える財務諸表となる (IASC [1989] par. 46)」,としている。なお,財務諸表の目的を遂行するためには,実務上,状況によっては,質的特性間のバランスないしはトレード・オフ (つまりある特性を重視し,他の特性を犠牲にすること) は必要であるとしている。いずれにしても,このような意思決定に有用であるための会計情報の特性は,財務諸表の目的と首尾一貫した会計基準を誘導するための指針となりうるだけ

でなく，これまで会計基準で扱われていない環境問題などに対処するための指針にもなりうるであろう[4]。

2 財務諸表の構成要素とその拡張

財務諸表の構成部分としては，国際会計基準（IAS）第1号によれば，貸借対照表，損益計算書，持分変動書，キャッシュ・フロー計算書，重要な会計方針の概要及びその他説明注記となっている。従って，財務諸表以外の報告書や説明書，例えば財務レビュー，環境報告書，付加価値計算書などは，当然のことながら国際財務報告基準の適用範囲外となる。以下では，財務諸表の構成部分である貸借対照表の資産と負債，及び損益計算書の収益と費用といった各要素の定義を踏まえながら，環境財務会計の構成要素として考えられる環境資産，環境負債，環境収益及び環境費用の各概念について検討する。

まず資産とは，IASB概念フレームワークによれば，「過去の事象の結果として当該企業が支配し，かつ，将来の経済的便益が当該企業に流入すると期待される資源である（IASC［1989］par. 49）」としている。ここで「資産が有する将来の経済的便益」とは，「企業への現金及び現金同等物の流入に直接的又は間接的に貢献する潜在能力（IASC［1989］par. 53）」であり，従って「その資産が，将来の経済的便益が企業に流入する可能性が高く，かつ，資産が信頼性をもって測定できる原価又は価値を有する場合には，貸借対照表に認識される（IASC［1989］par. 89）」としている。つまり，「認識と測定」との関係から以下でも言及するが，定義は満たすものの，この将来の経済的便益の蓋然性と信頼性という2つの要件を充足しない場合には，注記などへの開示という手段によって補足されることになる。

さて，この資産に関わる定義から，環境資産とは，過去の環境に関連した事象の結果として当該企業が支配し，かつ将来の経済的便益の獲得に貢献すると期待される資源ということになる。つまり，環境資産とは，企業の将来の経済的便益に貢献する環境支出ということになり，それには（1）環境関連設備などの支出，（2）排出権の排出枠，（3）将来の除去・修復費用，といった3つの発生対象が考えられ，各環境資産の会計処理についての問題領域がある。なお，日本では，（2）について，環境問題のなかでも特に排出量

（排出権）取引が最近話題になっている折，ASBJから2004年に改正実務対応報告第15号「排出量取引の会計処理に関する当面の取り扱い」がすでに公表されている。支出の形態によって「棚卸資産」，「無形固定資産」又は「投資その他の資産」，さらには金融商品会計基準に従うとされている（前章参照）。また（3）の将来の資産除去支出について，2008年3月に企業会計基準第18号「資産除去債務に関する会計基準」として，その運用規準が公表されている。そこでは環境修復義務の全額は発生時に負債として認識され，同時に同額を資産計上することになっている。

　前章でも明らかにされているように，「将来の経済的便益の増加」の解釈については，時系列的には広狭の差があるものの，一貫してIASB概念フレームワークにおける資産の定義に理論的基盤を置き，環境コストが環境資産として認識されるのか否かが判断されている。特に取得後の追加的支出については，一時期「改善」という認識規準が併用されたが，資産の定義（将来の経済的便益の増加）を充足しない（ストックの変動の裏づけのない）資産が貸借対照表上に計上される恐れがあるという点から，その規準は排除されており，より厳密な資産負債アプローチが採用されているという。いずれにしても，「将来の経済的便益の増加)」とは何かが問題となり[5]，それを拡張解釈することにより環境資産として貸借対照表上に計上される可能性が生じることになる。

　次に負債とは，「過去の事象から発生した当該企業の現在の債務であり，これを決済することにより経済的便益を包含する資源が当該企業から流出する結果になると予想されるもの（IASC［1989］par.49)」という。なお，債務は拘束的契約又は法的要請の結果として，法的に強制される場合が通常であるとしながら，しかし「通常の取引慣行，慣習及び良好な取引関係を維持し，また公正とみなされるように行動したいという要望（IASC［1989］par.60)」から生じる場合もあるとし，債務は法的強制力に限定されていない。また，ある項目の資産や負債の定義を満たすかどうかを評価するに当たって，法的形式だけでなくその基礎となる実質及び経済的実態に注意を向ける必要がある（IASC［1989］par.51)，としている。この場合もその例であると考えられるが，通常の取引慣行又は公正とみなされるように行動したいという要望から，製品の保証期間後にも無償で修理する場合に予想される支出金

額などは，負債性をもつということになる。前章で詳細に言及されているように，IASBは，こうした負債の基本的特徴を踏まえながら，環境問題を意識した記述や環境負債の解釈指針を公表している。

　いずれにしても環境負債とは，過去の事象から発生した環境に関わる現在の債務であり，将来の支払義務のこと，ということになる。なお，環境負債の義務として，発生対象別には，(1) 過去の汚染修復義務，(2) 環境再生ファンドなどへの拠出義務，(3) 製造・販売した製品の回収・処理義務，(4) 将来の閉鎖・除去義務，といった4つが存在し，第2章第4節で明らかにされているように，それぞれの会計処理の会計基準が検討されている。日本では，潜在的な汚染浄化負債を抱えている企業が多く，また各種のリサイクル法が制定されているにもかかわらず，いまだに (1) から (3) についての会計処理の基準はなく，前述した環境資産との関係で，(4) をめぐる問題のみが，「資産除去債務に関する会計基準」として公表されているだけである。

　なお，負債概念の拡張についていえば，1つは「発生の可能性が高い」という蓋然性に関する要件が負債の認識要件から削除され，測定要件にそれが反映されること，もう1つは「現在の債務」を法的債務だけでなく推定的債務にまで拡張する[6]，という2つの方法が現在みられることである（第2章第4節参照）。IASBの負債概念に依拠して考えれば，まず最初の蓋然性要求を認識規準から外すということは，これまで認識されにくかった環境負債がより認識されやすくなるということにつながる。そうであるとすれば，既存のIASB概念のフレームワークにおける認識規準の1つとして位置してきた蓋然性を削除するということを意味しており，概念レベルでのその取り扱いの動向が注目されるところである。また，「現在の債務」を推定的債務にまで拡張するということについては，これまでみたようにIASB概念フレームワークの負債概念の定義に抵触しないことから，特に問題になるとは思われない。

　次に損益計算書に計上される収益と費用であるが，まず収益とは，「当該会計期間中の資産の流入もしくは増価又は負債の減少の形をとる経済的便益の増加であり，持分参加者の拠出に関連するもの以外の持分の増加を生じさせるもの (IASC [1989] par.70)」をいう。収益には，企業の通常の活動により発生するものの外に，例えば，有価証券などの再評価によるいわゆる利得

なども含まれる (IASC [1989] par.76)，としている。この定義によれば，環境収益とは，現金などの流入をともなう環境に関連した経済的便益の増加ということになる。具体的には，リサイクル可能資源の売却，排出権売却による利得などが，それに該当することになる。

費用とは，「当該会計期間中の資産の流出もしくは減価又は負債の発生の形をとる経済的便益の減少であり，持分参加者への分配に関連するもの以外の持分の減少を生じさせるもの (IASC [1989] par.70)」をいう。従って簡単に表現すれば，環境費用とは，現金などの流出をともなう環境に関連する経済的便益の減少ということになる。また企業の通常の活動により発生する費用だけでなく，自然災害などの損失も費用の定義から含まれることになる。損失といえども経済的便益の減少額となるからであり，費用とは別個の構成要素と考えられていない (IASC [1989] par.79)。例えば，オイル・タンカーによる漏出の結果として発生した海岸線に対する浄化コストなどは，汚染原因となったタンカー会社の環境費用となる。但し，経済的意思決定に適合する情報提供目的ということになれば，この場合には，理解可能性の観点からも，企業の通常の活動により発生する項目と区分して表示することが望ましい，ということになる。

3 財務諸表の構成要素の認識と測定

ここでまず認識とは，財務諸表に組み入れる過程をいい，文字と貨幣額によって描写することを意味する。なお，上述の資産と負債の定義を満たしながらも，さらに以下の2つの要件を満たす場合に認識されることになる (IASC [1989] par.83)。

(1) 当該項目に関連する将来の経済的便益が，企業へ流入するか又は企業から流出する可能性が高いこと。
(2) 当該項目が信頼性をもって測定できる原価又は価値を有していること。

従って，資産と負債の定義は満たすものの，この将来の経済的便益の蓋然性と信頼性という2つの認識規準を充足しない項目は，注記などへの開示という手段によって補足されることになる。

(1) については，負債範囲を拡張するための方法の1つのパターンとして

すでに問題にした。つまり，概念レベルにあったこの蓋然性という要件を環境負債の認識のためにあえて外すということである。一般的には，この「発生の可能性が高い」という表現はあいまいであり，「高い」とはどの程度の可能性かについては解釈指針が示されていないのが現状である。これについてはASBJ概念フレームワークも同様であり，財務諸表の認識とは，構成要素の定義を満たす諸項目を財務諸表の本体に計上することであるとし，その認識対象となるためには，一定程度の発生の可能性を求めている。ここでいう一定程度の発生の可能性とは，財務諸表の構成要素に関わる将来事象が，一定水準以上の確かさで生じると見積もられること（ASBJ［2006c］討議資料「財務諸表における認識と測定」par.6），として発生の可能性の高いことを重視している。

また(2)の「信頼性ある測定可能性」については，これも財務諸表のもつべき質的特性としての信頼性ということですでに述べたが，訴訟により見込まれる収入額について，資産と収益の双方の定義を満たしていたとしても，その請求額について信頼性をもって測定できない場合には，認識されないことになる。

さらに測定とは，財務諸表の構成要素が認識され，財務諸表に計上される金額を決定する過程である（IASC［1989］par.99）。財務諸表においては，いくつかの異なる測定基礎が，違った度合いで，また，種々の組合せに使用されるとし，それには取得原価（歴史的原価），現在原価（カレントコスト），実現可能価額及び現在価値の4つが挙げられている。最も一般的に利用されているものは取得原価であるとしたうえで，弾力的な採用を容認しており，維持すべき資本の概念（貨幣資本もしくは実体資本）の選択の仕方によって，財務諸表の作成に際して用いられる会計モデルが決まる（IASC［1989］par.110），としている。

このようなIASB概念フレームワークにおける認識，測定に関連して，さらに環境の視点での認識・測定についていえば，以下の3つの課題が挙げられる。

(1) 環境に起因して生じる企業への財務的影響として，環境に関する投資，用地処分コスト，有害物質の処分コスト，環境課徴金などといった，いわゆる環境コストが考えられるが，こうした環境コストの財務

的影響が性質上もしくは金額的に大きくなれば，他の項目と区別する必要性がでてくる。この場合，財務会計情報から環境会計情報を分離する基準とは何かである。そこで，環境の定義そのものが重要となる。最も参考になる定義としては，CICAの「環境とは，われわれを取り囲む自然の物的状況である。すなわち大気，水，土壌，土地，植物及び化石燃料や鉱物などの再生不能資源のこと（CICA［1993］平松・谷口（阪）訳p.7, p.33）」であり，従って，環境に関わる諸活動とは，つまりCICAの表現に従えば環境対策となり，その定義は「環境汚染の防止，消減もしくは浄化，又は再生可能資源もしくは再生不能資源の保護のために，事業体又は事業体のためにその他の者によってとられる措置のこと（CICA［1993］平松・谷口（阪）訳p.7, p.33）」となる。いずれにしても，このような定義により，直接的に環境活動として認められれば，それにともなうコストはそのまま全額とも，適切な項目で認識，測定及び開示されることになる。ただ問題は，環境とそれ以外の両方のために発生したコストは，「環境コスト」を決定するために，何らかの方法で配分される必要がある。CICAは，それにはかなりの困難をともなうとしているが，産業グループ別のコスト配分の指針を開発することを奨励している（CICA［1993］平松・谷口（阪）訳p.36）。

(2) また(1)についての区別の問題は，金融に関連した活動にも適用できる。つまり環境保全に関連した活動としては，①金融機関などによる環境保全活動を推奨するための融資（排出権取得のための投資も含む），②融資を受けた側での環境関連の負債（借入金，社債など），環境債務保証（偶発債務），環境債務に対する保証金（担保として提供された資産）など，③その他，それに類する費用及び収益に考慮すべき項目なども検討の対象になろう。これらに関連した環境活動についても，財務諸表そのものの有益性を高めるという意味で，理解可能性と比較可能性を考慮しながら検討することが今後の課題となろう。

(3) 環境に関する無形資産については，現在のところ排出取引枠を無形資産として公正価値で財務諸表上に認識する，といった以外にほとんど議論の対象になっていない。環境に関わる人的資源の能力，環境マネジメントシステムの構築と運用に関わる独特のノウハウ（例えば，

システム文書や環境マニュアル）などの環境ブランド価値についての議論はこれからである。通常，営業権などの自己創設ブランドについては，有償取得でないため超過収益力で評価することになるが，超過収益の計算とその継続期間という2つの見積り計算がともなう。そのため，現時点ではまだ測定の信頼性から疑問であるが，企業価値の決定因子という視点からは，今後このような無形資産についての重要性が増していくものと予想される。なぜなら環境ブランドは，まさに利益の源泉でもあり，また長期的なキャッシュ・フローをもたらすと同時に，企業価値そのものの拡大につながると考えられるからである。いずれにしても，企業価値からの乖離を避けるという意味での情報開示であれば，当面は財務諸表の枠外ということになろう。

4 有価証券報告書における非財務情報の増大

　財務諸表の目的が，投資者に対する意思決定に有用な情報提供であるとすれば，今後，会計情報の拡大化がより一層進むと予想される。とりわけ環境財務会計の視点からすれば，物量情報や記述情報などの非財務情報の扱いは，これから特に重要なポジションを占めることになる，と考えられる。まさにその性質上，環境関連の豊富な物量情報としての非財務情報は，以下のように最近の有価証券報告書の記載内容の推移をみる限りでは，今後とも企業価値測定情報として不可欠な情報になると予想されるが，会計測定システムから導かれた情報ではないということから，環境財務会計としてどのように扱うかが大きな問題となる。有価証券報告書の企業価値情報の提供機能に着目して，直近（平成20年度版）の「有価証券報告書の記載事例分析」（監査法人トーマツ　トーマツリサーチセンター編［2007］）から判断すれば，その開示場所としては「第2　事業の状況」，「第3　設備の状況」及び「第4　提出会社の状況」などに集中している。

　まず「第2　事業の状況」中の「3　対処すべき課題」では，地球温暖化防止への課題などが記載されており，また「4　事業等のリスク」では「(8)その他の事項」の「③環境保全管理」において最も記載事例が多いのが最近の傾向である。つまり，調査企業300社中65社と22％の企業が環境活動に関する何らかの非財務情報を開示している。業種別の開示状況では，鉄鋼，

非鉄金属が調査対象企業の半数以上，電気機器では40社中11社にまで達しており，時系列でみればここ数年の特徴である。開示内容については，例えば，各種の化学物質を取り扱っている会社では，事故防止に万全の対策をとっているものの，万一事故が発生した場合には，社会的信用の失墜，補償などを含む対策費用の発生，生産活動停止による機会損失及び顧客に対する補償などによる財政状態及び経営成績への影響可能性，などとかなり具体的である。その他，「6　研究開発活動」では，コストパフォーマンスに優れた環境負荷対応の半導体素材の開発費など，「7　財政状態及び経営成績の分析」では，売上高や営業利益の増加要因として，土壌処理やリサイクル原料の受託量増加や，また粒子状物質の法規制に対応した車両買換え需要の収束にともなう燃費・経済性に優れた商品投入，などの事例が散見される。

また「第3　設備の状況」でも，「1　設備投資等の概要」において，排出物のリサイクル向上や省エネなどの環境改善を目的とした投資，環境対応型製品の開発設備に対する投資について，貨幣情報と記述情報との組合せによりやや具体的に言及されている。

さらに「第4　提出会社の状況」では，「4　コーポレート・ガバナンスの状況」において，ガバナンス体制を確保するために重視している項目として，環境問題への対応，環境リスクの把握と検討，環境汚染予防方策の立案などの役割を担う環境委員会やCSR委員会設置の旨が記載されている。これについては，目的・役割，メンバー，活動状況など具体的に説明しているものから，単に設置されている旨の記載のみに止まっているものまで企業ごとに相当の幅がある，とされている。

以上，これまでは有価証券報告書における環境保全活動に関する非財務情報を中心にみてきたが，その主たる記載場所は「第2　事業の状況」の「4　事業等のリスク」のなかの「(8)　その他の事項」の「③環境保全管理」においてであることが判明した。環境リスクを積極的に低減するための環境保全活動を，「事業の状況」に関する情報の一部として，「環境保全管理」という項目で独立開示するようになったということ，このことは有価証券報告書における非財務情報の新しい動向として注目されよう。また「設備投資等の概要」や「財政状態及び経営成績の分析」の項目において，記述情報だけでなく金額情報の開示も増えつつあるが，このことはいずれ開示場所が財務

諸表へと移行していく前段階として捉えることもできよう。

　ところで，IASBは2005年10月に「経営者による説明（management commentary）」についてのディスカッション・ペーパーを公表している。IASBは，財務諸表に対して説明を加える，いわゆる「経営者による説明」が会社のアニュアル・レポートの重要な部分を占めるものであると一般に考えられているところから，そうした説明の質を高めるためにどのような役割を果たすことができるかを検討・整理したものである（アーンスト・アンド・ヤング［2008］p.10））。財務諸表に追加して提供される「経営者による説明」とは，現在と将来の企業の業績，状況，発展，さらにはその基礎となる主要な要因（例えば環境問題など）など広範で有益な内容を含んでおり，財務諸表それ自体を補完するものとされている。

　財務諸表は，通常，アニュアル・レポートの一部として公表されているが，しかしここで問題にしている「経営者による説明」などについて，IASBは明確に国際財務報告基準の適用範囲外としていることは，すでに述べた通りである。つまり，これまで財務諸表は独立したものであり，それを裏付けるような説明がなくても適正に表示される，という立場であったとすれば，このディスカッション・ペーパーの公表は，これまでの方向転換を示唆しており，将来，財務諸表との関連性をめぐる問題として，今後の動向が注目されるところである。

第4節　おわりに

　環境問題は，いまや地域や国レベルの汚染から，さらには地球的規模の脅威へと次第に大きくなりつつある。ペイトン・リトルトンの表現するように，会計をしてhuman-service institutionであるとすれば，会計は人間が人間に奉仕する制度もしくは仕組み（藤田［2008］pp. 61-62）でなければならない[7]。特に将来世代の人々につながる持続可能な社会の実現のためにも，地球環境問題の解決に関連したグローバルな会計基準が求められている，ということでもある。

　そのような時代背景のもとに，本章では，環境財務会計の対象領域を確認するために，IASB概念フレームワークを中心としながら，財務諸表の主た

る目的を「経済的意思決定のための情報提供」と規定し，その利用者，意思決定にとって有用であるための財務諸表の質的特性，財務諸表の構成要素（環境資産，環境負債，環境収益及び環境費用），財務諸表の構成要素の認識と測定，さらには環境関連の非財務情報の動向などにまで言及した。財務会計制度という枠組みのなかで，環境会計基準のグローバル・コンバージェンスのためには，まずは「概念フレームワーク」レベルでのグローバルな共通認識が不可欠である，との問題意識に基づいてそれらを論じた。

　以下の各章では，最近特に重要と思われる「会計と環境問題」のうち，資産除去債務の会計，土壌汚染の会計，温室効果ガス排出量の会計といったテーマ別に検討し，さらには財務諸表における環境会計情報の開示を実態調査することで日本の現状を把握し，そして最後に，環境財務会計の今後の方向について言及する。

注

（1）　1995年（平成8年）3月期の決算によれば，経常利益が約31億円であったが，水俣病関連の特別損失は176億円弱で，約145億円弱の当期損失を計上している。これにより，累積の欠損金は約1,686億円となっている。また，水俣病被害者に対する補償金の支払いを可能にするため，熊本県からの公的資金の導入が指摘されている（河野［1998］pp.182-183）。

　　さらに朝日新聞によれば，熊本県が県債を発行してチッソに貸付けてきたが，この時点ですでに約1,440億円に達している。熊本県への返済計画では，毎年の経常利益55億円を前提に，償還期限である2045年までに元利を含めて2,300億円規模にまで達するという（『朝日新聞』1999年4月18日朝刊）。

　　その後，実際には県債の累計発行額は約2,260億円にまで拡大した結果，「平成12年閣議了解」により県債方式は廃止された。現在では，国の一般会計からの補助金などにより所要額を手当てするという方式に抜本的に改められている。その累計額も2005年度末で約500億円に達している（環境省『平成18年版環境白書』pp.46-47）。

　　いずれにしても，この後も増え続けた患者への補償などのために，一部債権放棄や公的資金の追加投入などによってチッソはかろうじて支えられている。

（2）　ここでいう「会計の人間化」とは，「会計が人間の生存自体へのかかわりをみいだそうとする傾向一般」とし，「社会会計→環境会計」といった可能性を秘めた会計の発展方向である（合崎［1976］p.293），と指摘されている。このような大胆な

命題は，人類の生存に関わる様々な現象の招来とともに，今となっては，まさに先を見通した命題の提示であったと思われる。

（3）　昨年末のSECの動向から判断して，日本基準はもちろんのこと，FASB基準をも呑み込むような勢いで，IASBを中心とする会計基準のコンバージェンスの波が押しよせている（広瀬［2008］pp.1-2），と指摘されている。

（4）　ASBJ概念フレームワークでも，現行の会計基準を体系的に整理するだけでなく，将来の基準設定に指針を与える役割も担っている，と明記している。しかし，その役割は，あくまでも基礎概念の整理を通じて基本的指針を提示することにあり，個別具体的な会計基準の設定・改廃を直ちに提案するものではない（企業会計基準委員会（ASBJ）［2006c］討議資料「財務会計の概念フレームワーク」前文），とも明記している。

（5）　これを拡張するとすれば，将来の便益として，経済的便益に加えて，「現存する環境負荷の削減または将来の環境負荷発生の予防・軽減に直接的に又は間接的に貢献する潜在能力（松尾［2006］p.63）。」とする見解がある。

（6）　現在の債務について，「法的に強制される場合，通常の取引慣行・慣習等から生じる場合に加えて，推定上の義務を含む（松尾［2006］p.63］）。」とし，見解をほぼ同じくしている。

（7）　この会計に関係する人々に求められる能力のなかで最も重要なものは判断力であるとし，「その判断力とは真と偽，善と悪，正義と不正を分別し，何が社会にとって真であり，善であり，正であるかを見極める力」であるという。そしてその力は倫理観を養うことによって高められるという（藤田［2008］p.62）。

（上田　俊昭）

第4章

資産除去債務の会計

第1節　はじめに

　日本の企業会計基準委員会（以下，ASBJとする）は，有形固定資産の除去に関わる将来の費用[1]を財務諸表上反映させることが，投資情報として有用であると判断し，2008年3月に企業会計基準第18号『資産除去債務に関する会計基準』（ASBJ［2008a］）とそれを実践するための企業会計基準適用指針第21号『資産除去債務に関する会計基準の適用指針』（ASBJ［2008b］）を公表した（ASBJ［2008a］第22項）。

　ASBJによって要請されている資産除去債務の会計処理は，有形固定資産の取得，建設，開発又は通常の使用によって生じ，法令又は契約で要求される法律上の義務等である資産除去債務を負債として計上するとともに，これに対応する資産除去費用（資産除去コスト）を資産に計上するというものである。こうした資産と負債の両建計上は，既に米国GAAPや国際財務報告基準において取り入れられている[2]。

　このような資産除去債務の会計処理は，実務上どのような影響を及ぼすのか。本章は，かかる会計処理の実務へのインパクトを明らかにすることを目的としたものである。しかしながら，日本における資産除去債務の会計基準等の適用は2010年4月1日以降開始する事業年度からとなっており，日本企業に対するインパクトを直接的に捉えることはできない。そこで，本章では，2つの観点からかかるインパクトに接近することとする。1つは米国企業へのインパクトから日本企業へのインパクトを推察するものである。そこでは現在の米国GAAPであるSFAS第143号『資産除去債務の会計処理』（FASB［2001a］）の形成過程に関する分析，公表後の実証分析のレビュー，さらには米国企業（Chevron）の実態調査を行う。もう1つは企業会計基準第18

号と企業会計基準適用指針第21号の内容分析及びその形成過程における利害関係者の動向に関する分析から日本企業へのインパクトを捉えようとするものである。

（小形　健介）

第2節　SFAS第143号の基準設定過程

1　本節の目的

　実務上の影響を考慮するにあたり，参考になると思われるのがSFAS第143号の基準設定過程である。米国の会計基準の設定では，周知のようにデュー・プロセスが制度上組み込まれている。所定の手続を経た後，公開草案が公表されると，当該草案に対するコメント・レターの募集や公聴会の開催を通じて各種利害関係者の意見が聴取される。そうした意見を考慮して，米国財務会計基準審議会（以下，FASBとする）は，改訂公開草案を公表するか，最終基準書公表に対しての採決を行うかを決定する（Wolk et al. [2004] p.72）。とりわけ，会計基準の設定にもっとも積極的に関わる利害関係者の一つが作成者たる企業であるとされており[3]，またFASBのプロジェクト・マネジャーであったReitherはより直接的に，「FASBは基準の実践可能性を絶えず注意しなければならない」（Reither [1997] p.102）と述べることを鑑みると，会計基準の設定においては当該基準の企業に及ぼす影響が考慮される可能性があるといえる。

　SFAS第143号の基準設定過程においては，2001年に当該基準が公表されるまで，1996年と2000年に2つの公開草案（FASB [1996] [2000b]）が公表されている。そのことはFASBの提案する資産除去債務の会計処理が実務上，重大な影響をもたらす可能性を予想させ，かつかかる過程を通じてその影響が薄められることを予想させるものである。そこで，本節ではかかる問題意識の下，既述した2つの公開草案とSFAS第143号の内容を比較検討し，それらの間でどのような変更が進められていったのかを検討することとする。

　なお，本節で取り扱う会計処理は，①債務の範囲，②当初認識と測定，③資産除去コストの会計処理，そして④その後の認識と測定，とする。

2　2つの公開草案とSFAS第143号の内容比較
(1)　1996年公開草案

　FASBが資産除去債務の会計処理を展開するようになったのは，民間の電力会社の業界団体であるEdison Electric Instituteが1994年2月に原子炉廃棄のためのコストや他の産業において発生する類似のコストを含む，除去コストに対する会計処理を扱うプロジェクトをアジェンダに加えるように要求したことに始まる。それを受けて，FASBは同年6月に当該プロジェクトをアジェンダに加え，その直後に他の産業において類似する閉鎖ないし除去コストを含むようにプロジェクトを拡張し，1996年2月に公開草案『長期性資産の閉鎖ないし除去に関わる特定の負債の会計処理』(FASB [1996]) を公表するのである (FASB [2001a] pars. B2-B3)。

　そこで示された会計処理は次のとおりである。なお，カッコ内の数字はそのパラグラフ番号を示している。

①　債務の範囲

　1996年公開草案は，長期性資産の現在の操業や使用を停止したときに，当該資産の閉鎖ないし除去に際して発生する特定の債務に対する会計処理を規定することを目的としたものである。こうした債務には，分解，除去，敷地の再生，浄化，当該資産の閉鎖や除去に関わるその他の活動に対するものが含まれる (par.1)。以上の債務のうち1996年公開草案で扱われるのは，以下の特徴をすべて満たすものである。すなわち，(a) 債務が長期性資産の取得，建設，開発，初期の操業において発生する，(b) 債務が長期性資産の閉鎖ないし除去に関わり，資産の現在の操業ないし利用が終わるまで債務が生じない，そして (c) 資産が意図した利用のために操業されるならば，債務が現実的には避けられない，である (par.4)。

　ここでの「債務」には法的債務と，企業が現実的に回避することのできない推定的債務 (constructive obligation) が含まれる (par.4)。法的債務には，法や条例，規則，契約，さらに法で強制される他の債務から生じる閉鎖ないし除去活動の法的債務が含まれる[4] (par.6)。また，推定的債務[5]には，企業経営者の行動や意見表明が企業外部の合理的な期待や行動に直接的に影響を及ぼす場合に発生し，その結果，閉鎖ないし除去活動を実行するための将来の資源の犠牲を避ける決定権が企業にほとんど，ないし全くないものも含まれ

る（par.7）。

② 当初認識と測定

　企業は，既述した閉鎖ないし除去債務が発生した場合に，当該債務を負債として認識する。認識された負債は，既存の条件，事実，そして状況の評価に基づいて（par.9），かかる債務を果たすために必要とされる金額の最善の見積を反映した将来キャッシュ・アウト・フローを見積り（par.12），それをリスク・フリーの利子率で割り引く（par.11）。

③ 資産除去コストの会計処理

　当該負債の当初認識に対応するコストは，資産計上される（par.17）。

④ その後の認識と測定

　時間の経過による負債の現在価値の変動は，期間コストとして認識される（par.14）。また，その後の期間において，前提の変更や法的要件の改定により引き起こされる将来キャッシュ・アウト・フローの見積の変更[6]は，負債の変動として会計処理される（par.15）。それに対応するコストも資産計上され，それに応じて資産の減価償却は，残りの耐用年数にわたって改定される（par.17）。

(2) 2000年公開草案

　1996年公開草案に対して123のコメント・レターを受け取ったFASBは，1997年10月に改訂公開草案の公表に取り掛かることを決定し，それとともに，プロジェクトのタイトルを長期性資産の除去に関わる債務の会計処理へと変更した。その後，検討を進めたFASBは，2000年2月に改訂公開草案『長期性資産の除去に関わる債務の会計処理』（FASB［2000b］）を公表している（FASB［2001a］par.B3）。

　そこで示された会計処理は次のとおりである。なお，カッコ内の数字はそのパラグラフ番号を示している。

① 債務の範囲

　企業は，以下のすべての条件を満たした期間に，資産除去債務を負債として認識するとしている。すなわち，(a) 債務がSFAC第6号のパラグラフ35における負債の定義を満たす，(b) 当該債務に関わる資産の将来の移転の蓋然性が高い（probable），そして (c) 負債の金額が合理的に見積ることができる，である（par.5）。

さらに，資産除去債務が負債の定義を満たすかどうかを評価するに当たり，企業はSFAC第6号のパラグラフ36における負債の3つの定義が満たされているかどうかについて，とりわけ以下の点を判断しなければならないとする。すなわち，(a) 蓋然性の高い，資産の将来の移転や利用により決済の義務が生じる，他の企業に対しての現在の義務や責任をもつ，(b) 資産の将来の移転や利用を回避する裁量がほとんど，ないし全くない，そして (c) 義務を負う事象が既に生起している[7]，である (par.6)。

② 当初認識と測定

　FASBは，2000年2月に「当初認識時の会計測定，及びフレッシュ・スタート測定時において用いられる，現在価値の唯一の目的は，公正価値を見積ることである」(FASB [2000a] par.25) とするSFAC第7号を公表したことを受け，2000年公開草案において，認識された負債が公正価値に基づいて測定されるとしている。ここで公正価値は，強制された，あるいは清算の際の決済以外の状況において，現在の取引において資産除去債務を決済するための活発な市場において，ある企業が支払うことが必要とされている金額をいい (par.13)，そうした市場価格は，公正価値の最善の証拠であり，入手可能であるならば，測定の基礎として用いられる (par.14)。ただし，FASBは，そうした市場が存在せず (par.15)，内部的な労働力を用いて除去活動を行っている企業が多いことを認識しており (par.13)，市場価格が入手できない場合には，類似した負債に対する価格や，期待現在価値法やファンダメンタル分析といった評価技法を利用して，公正価値の見積を行うように要請している (par.14)。そのなかでも，FASBは，多くの企業がキャッシュ・フローの見積の範囲内で，確率を加重した現在価値の合計額をすべて同一の利子率で割り引いて算出する期待現在価値法[8]を用いると予想している (pars.15-16)。

③ 資産除去コストの会計処理

　資産除去債務を負債として当初認識する際，企業は，関連する長期性資産の帳簿価額を，対応する負債に対して認識された金額と同額だけ増加させ，資産除去コストを資産計上する。企業は，その後，当該コストを，関連した長期性資産がベネフィットをもたらすと予想される期間にわたり，システマティックかつ合理的な方法で費用に配分する (par.11)。

④ その後の認識と測定

当初測定後の期間において，企業は，(a) 時間の経過と，(b) 見積キャッシュ・フローの金額ないし時期の改定から生じる資産除去債務に対する負債の期間的変動を認識する。これらの変動は，財務諸表上認識されている負債の帳簿価額に組み込まれる (par.21)。(a) 時間の経過による変動は，利息配分法[9]に基づいて測定され (par.24)，負債の帳簿価額の変動として認識するとともに，財務諸表上，支払利息に分類される期間コストとして認識される (par.22)。また，(b) 見積キャッシュ・フローの金額ないし時期の改定から生じる変動は，資産除去債務に対する負債の帳簿価額と，長期性資産の帳簿価額の一部として資産計上される資産除去コストとのそれぞれの増減として認識される (par.23)。

(3) SFAS第143号

2000年公開草案に対して，FASBは，50のコメント・レターを受け取るが，当該プロジェクトに対して，既存の情報に基づき十分な議論がなされたと判断して (FASB [2001a] par.B4)，若干の修正を施した後で2001年8月に最終基準書としてSFAS第143号を公表した。

SFAS第143号に対しては，本章以外の部分でも既に論じられているところである。しかしながら，論点を整理するために，若干の重複は認識しつつ，SFAS第143号の内容を整理する。なお，カッコ内の数字はそのパラグラフ番号を示している。

① 債務の範囲

SFAS第143号は，長期性資産の取得，建設，開発及び通常の操業から生じる有形の長期性資産の除去に関わる法的債務を負うすべての企業に対して適用される。ここで法的債務とは，法や条例，文書又は口頭での契約の結果，もしくは禁反言法理に基づく契約の法律上の解釈により，当事者間で決済されることが要請される債務をいう (par.2)。

② 当初認識と測定

資産除去債務の公正価値に対する合理的な見積がなされうる場合，それが発生した期間に負債として認識するとしている (par.3)。そして，その場合，当該負債は公正価値で測定される。この場合の公正価値とは，意思をもった第三者間の現在の取引において当該負債が決済されうる金額のことをいう。

活発な市場における市場価格は，公正価値における最善の証拠であり，入手可能な場合には測定の基礎として利用されるべきであるが，入手不可能な場合には現在価値法などを用いて公正価値の見積が行われる（par.7）。

現在価値法には，1996年公開草案で示された伝統的アプローチと，2000年公開草案で示された期待キャッシュ・フロー・アプローチ（期待現在価値法）とがある。より適切なのは期待キャッシュ・フロー・アプローチであるが（par.8），いずれのアプローチを採ったとしても，市場参加者が用いるであろう前提をキャッシュ・フローの見積に織り込むべきである。かかる前提を用いることが不可能な場合には，企業自身の前提を用いる（par.9）。

また，資産除去債務としての負債が複数期間にわたって発生する場合には，当初認識した後に発生した追加負債は当初認識された負債に加算される。つまり，当該負債は認識ごとに公正価値で当初測定されるのである（par.10）。

③ 資産除去コストの会計処理

資産除去債務を負債として当初認識する時に，企業はその同額を資産除去コストとして長期性資産の帳簿価額の増加として資産計上する。その後，当該資産の耐用年数にわたって，システマティックかつ合理的な方法で，当該コストを費用へと配分する（par.11）。

④ その後の認識と測定

当初測定後の期間において各期間の負債の変動を認識する。その変動は，(a) 時間の経過と，(b) 割引前キャッシュ・フローの原初見積に関する時期ないし金額の改定，により生じる（par.13）。

(a) 時間の経過による負債の変動は，期首の負債の金額に対して利息配分法を用いて測定され，測定された金額は負債の帳簿価額の増加として認識するとともに，費用として認識される（par.14）。また，(b) 割引前キャッシュ・フローの原初見積に関する時期ないし金額の改定による負債の変動は，資産除去債務に対する負債の帳簿価額と，長期性資産の帳簿価額の一部として資産計上される資産除去コストとの，それぞれの増減として認識される（par.15）。

(4) FASB提案の変遷

以上確認した2つの公開草案とSFAS第143号の内容を整理したものが，

図表4-1である。図表4-1より，FASBが当初予定していたものからSFAS第143号公表までの間に，内容の上でいくつかの修正がなされていることが分かる。それをまとめると次のように表される。

(1) 債務の範囲が，「法的債務と推定的債務」（1996年公開草案）から「SFAC第6号の定義を満たす負債」（2000年公開草案）へ，そして「禁反言法理に基づく債務を含む法的債務」（SFAS第143号）へと変更されている。
(2) 当初認識の測定が，「最善の見積に基づく現在価値法」（1996年公開草案）からSFAC第7号（FASB [2000a]）の公表を受け「市場価格を重視しつつも，期待現在価値法を次善の方法とした公正価値測定」（2000年公開草案）へ，そしてSFAS第143号ではその思考を踏襲しつつも，「最善の見積に基づく現在価値法」を認められた測定方法の一つとしている。

図表4-1　SFAS第143号公表に到るまでのFASB提案の変遷

	1996年公開草案	2000年公開草案	SFAS第143号
(1) 債務の範囲	法的債務と推定的債務。	SFAC6の定義を満たす債務。	禁反言法理にもとづく債務を含む法的債務。
(2) 当初認識と測定	最善の見積にもとづく現在価値法が用いられる。	公正価値。市場価値がもっとも適切である。それが得られない場合には，期待現在価値法が用いられる。	公正価値。市場価格がもっとも適切である。それが得られない場合には，最善の見積にもとづく現在価値法か，期待現在価値法が用いられる。
(3) 資産除去コストの会計処理	資産計上する。	資産計上し，それをシステマティックかつ合理的な方法で期間配分する。	資産計上し，それをシステマティックかつ合理的な方法で期間配分する。
(4) その後の認識と測定	時間の経過と見積の変更から生じるものは負債を変動させる。前者においては期間費用として，後者においては資産計上する。	時間の経過と見積の変更から生じるものは負債を変動させる。前者においては利息配分法にもとづき測定されたものを期間費用として，後者においては資産計上する。	時間の経過と見積の変更から生じるものは負債を変動させる。前者においては利息配分法にもとづき測定されたものを期間費用として，後者においては資産計上する。

(3) 資産除去コストの会計処理が，2000年公開草案より当該コストの資産計上に加えて，期間配分が行われるように明示されている。
(4) 当初測定後の認識と測定において，時間の経過により負債の金額の変動が生じる場合，2000年公開草案より利息配分法に基づいて測定するように明示されている。

このうち(3)は，1996年公開草案においても明示されていないが，資産計上された資産除去コストの期間配分は前提にされていたと考えられるので(10)，そこに2000年公開草案やSFAS第143号との実質的な変更はないのである。従って，それを除いた3つの変更点は，FASBの基準設定過程を通じて変更されたものであるのである。そこで，以下において，これら3つの変更点に対するコメント・レターの影響を検討することとする(11)。

3 SFAS第143号公表までのFASB提案の変遷とコメント・レターの影響

(1) 債務の範囲についての変更

1996年公開草案における債務の範囲を提案するに際して，FASBは，SFAC第6号の負債の特徴を根拠に，法的債務に加えて，推定的債務も債務として扱うよう提案していた（FASB [1996] pars.7, 45-46）。こうした提案に対して，コメント・レターの回答者は，いくつかの反対意見を提示する(12)。彼らはとりわけ推定的債務を問題とする。

推定的債務については，FASB自体も1996年公開草案において認めているように，当該債務の識別が法的債務のそれよりもより困難であり，推定的債務の存在を決定するために，経営者の判断が必要とされる（FASB [1996] par.47）。そうした実践上の困難さを理由として，コメント・レターの回答者の多くは，推定的債務の識別のためにより多くのガイダンスが必要であると主張する（FASB [2000b] par.62）。

それを受けたFASBは，2000年公開草案を公表するに当たり，法的債務と推定的債務の区別に焦点を当てるよりも，SFAC第6号のパラグラフ36における負債の3つの特徴に合致するか否かで負債認識を行うことに焦点を当てるように転換する（par.63）。この転換において，FASBは，SFAC第6号に回帰することで法的負債と推定的債務との概念的同質性を図っていたと考

えることができる。このことを如実に表しているのが，法的債務においては，ある企業が行動を行わないことにより他者からの訴訟を起こされるため，行動を採らざるをえないとするのに対し，推定的債務においては，(a) 行動を起こさないことによって，他者が訴訟を起こす蓋然性が高いかどうか，及び (b) その訴訟の結果が企業に当該行動を強制するものであるのかどうか，の判断を必要とする (FASB [2000b] par.72)，としており，推定的債務においても訴訟という要素の存在のために，資産の移転や利用が強制されるとするのである。

　しかしながら，本来SFAC第6号における推定的債務は法的債務以外のものとして説明しているのであって，推定的債務に法的な視点を取り入れた2000年公開草案の負債認識は「推定的債務の法的債務化」(長束 [2004] 166-167頁) といえるのである。つまり，FASBは，SFAC第6号に回帰することで負債認識の拡大を図ったにもかかわらず，結果的にはコメント・レターの回答者に配慮した結果，負債認識の縮小に向かうことになったのである。

　FASBのこうした配慮にも関わらず，2000年公開草案の提案に対するコメント・レターの回答者の多くは，推定的債務に関心を向ける。つまり，当該債務の存在を判断するためのガイダンスが改善されなければ，誤った適用がなされる可能性があるというものである。かくしてFASBは2000年公開草案公表以降も推定的債務についての再検討を行い，その存在の判断が主観的にならざるをえないと結論付け，SFAS第143号の公表にあたってFASBは，禁反言法理の下での債務を含む，既存の法的債務のみを負債として認識するようにするのである (FASB [2001a] par.B16)。

　米国における「禁反言法理の下での債務を含む，既存の法的債務」は，日本の契約法における法的債務と比較して，「むしろ概念的にせまい[13]」(長束 [2004] 168頁) のであって，それゆえFASBの決定は，「負債概念における『債務』を『法的債務』に限定するという考え方に近い」(168頁) のである。かくして，SFAS第143号における資産除去債務の範囲は，コメント・レターの回答を受け，2000年公開草案における範囲よりも一層縮小されているのである。

(2) 当初測定の変更

　FASBは，1996年公開草案を公表するに当たり，2つの測定方法を検討し

ていた。一つは，当期における閉鎖ないし除去活動を実行するための見積コストに基づいて測定する現在原価法（current cost approach）であり，もう一つは閉鎖ないし除去債務を果たすために必要とされる見積将来キャッシュ・アウト・フローの現在価値に基づいて測定する現在価値法（present value approach）である（FASB [1996] par.50）。FASBの検討では，現在価値法において将来事象の発生に関する見積りが不可欠であり，その結果，不確実性が高まるため，目的適合性の観点からは当該方法が優れているが，信頼性の観点からは現在原価法の方が優れているとの見解が示されていた（pars.51-52）。

FASBは，1996年公開草案の公表に際して，現在価値法における測定が，正当なコストで十分な信頼性をもって測定可能であり，かつ資産の取得を認識するための既存の原則と首尾一貫しているということから，現在価値法を測定方法として提案するに至っている[14]（par.53）。ここで提案された現在価値法は，1組の見積キャッシュ・フローと1つの利子率を用いて現在価値を算出する，「伝統的な」（FASB [2000b] par.82）測定方法である。この方法は，適用が容易であり，契約によってキャッシュ・フローが確定している場合には最適な測定方法である（par.82）ため，1996年公開草案に対する回答者の多くは，当該測定方法を支持していた（par.81）。

ところが，FASBは，2000年2月に「当初認識時の会計測定，及びフレッシュ・スタート測定時において用いられる，現在価値の唯一の目的は，公正価値を見積ることである」（FASB [2000a] par.25）とするSFAC第7号を公表した。この公表は，2000年公開草案において，資産除去債務の当初測定に対して公正価値測定[15]を行うように，つまり企業が強制された決済以外の状況で，現在の取引における資産除去債務を決済するための活発な市場（an active market）で支払わなければならない金額で測定するように変更を求めることとなった（FASB [2000b] par.85）。ただし，FASBは当該債務において活発な市場が存在しないことを認めており，見積キャッシュ・フローの時期や金額が不確実である場合には，キャッシュ・フローの見積の範囲内で，確率を加重した現在価値の合計額をすべて同一の利子率で割り引いて算出する方法が用いられるとして，伝統的な現在価値法を本文中から削除するのである（pars.16 and 83）。

FASBの上記決定に対して，2000年公開草案に対する回答者の多くは，資産除去債務の決済に際して，企業は内部資源を用いるため，かかる決済のために期待されるコストの合理的な見積を行うことができないという点や，公正価値測定が企業の資産及び負債を過大評価（overstate）し，債務の決済に当たって利益が報告されるという点をあげ，反対意見を表明する[16]（FASB [2001a] par.B39）。

　こうしたコメント・レターの回答を受け，FASBは再度，測定方法に関する審議を重ねる。FASBは，SFAS第143号の公表に際して，もっとも重要な点が，同一の負債が異なる企業によって異なる金額で測定されることであるとして（par.B40），市場価格がもっとも重視されるべきである（par.7）とし，2000年公開草案における提案を踏襲するものの，それが不可能である場合には，期待キャッシュ・フロー・アプローチ（期待現在価値法）とともに，2000年公開草案では基準の本文中に明記されてこなかった伝統的アプローチ（伝統的な現在価値法）も測定方法の一つ[17]として組み込むのである（par.8）。つまり，FASBは，SFAC第7号の公表により一旦本文中から削除していた伝統的アプローチ（伝統的な現在価値法）を産業界等からの反対を受け，認められた測定方法の一つとするのである。

(3)　その後の認識と測定における変更

　1996年公開草案においては，時間の経過による負債の現在価値の変動や，前提の変更等による将来キャッシュ・アウト・フローの見積の変更は，いずれも認識することが提案されているが，具体的な測定方法については言及されていなかった。そのため，FASBでは，2000年公開草案の公表に際してかかる点を検討している。

　そこでは，負債を各期において公正価値で再測定し，公正価値の変動をすべて財務諸表上で認識するフレッシュ・スタート・アプローチ（fresh start approach）と，負債を各期において公正価値で再評価せずに，キャッシュ・フローの見積に対する時間の経過や改定から生じる負債の期間変動を測定する利息配分法とについて考察している（FASB [2000b] par.89）。

　まず，フレッシュ・スタート・アプローチの利点は，それが公正価値測定を要請する点にある。それに対して，当該アプローチの欠点は，それが利子率の期間変動により公正価値の変動をもたらすため，利息配分法よりも費用

認識パターンの変動が大きくなる（more volatile）点にある。資産の耐用年数にわたり比例的に負債を負う企業にとって，フレッシュ・スタート・アプローチは，見積キャッシュ・フローの総額がすべて現在利子率で割り引かれるため，利息配分法よりも適用に当たっての負担が軽くなる（less burdensome）かもしれない。また，利息配分法は，負債の各層（layer）を以前決定されていた利息償却計画に従って割り引くため，期待キャッシュ・フローの詳細な記録を維持する必要がある（par.90）。

　かかる検討を進める上で，1999年5月に，FASBのメンバーとスタッフは，フレッシュ・スタート・アプローチと利息配分法の利点及び欠点を議論するため，産業界の代表者と会合している。そこにおいて，産業界の代表者は，フレッシュ・スタート・アプローチの利点として（a）財務諸表上，資産除去債務が負債として公正価値で計上されること，そして（b）利息配分法に比べて適用に際しての負担がやや軽くなること，に同意するものの，その利点がフレッシュ・スタート・アプローチによって生み出される費用認識パターンの変動の大きさから生じる圧倒的な欠点に勝るわけではないことを強調した。それらの点について，FASBも，フレッシュ・スタート・アプローチでは利子率が上昇する期に費用認識においてマイナスの影響を被ること（FASB［2000b］pars.91-92），またある特定の状況下では，利子率の重大な変動が資産除去債務の測定上の変動に起因する損益を生じさせ，それが継続的活動からの利益（income from continuing operations）を上回ること，を確認している（FASB［2001a］par.B51）。

　そうした産業界の意見を踏まえ，FASBは，2000年公開草案の公表に当たり，概念的には，フレッシュ・スタート・アプローチが利息配分法よりも好ましいとするものの，フレッシュ・スタート・アプローチから生じる費用認識でのボラティリティの大きさのため，かつ関連した資産除去コストの資産計上額がその後の期において公正価値で測定されないことから，かかる測定方法を要請することは時期尚早であると判断し，当初認識後の測定において利息配分法を要請することを決定している[18]（FASB［2000b］par.93）。こうした決定をSFAS第143号でも踏襲し，利息配分法が採用されている。

4 小　括

　以上の検討より明らかとなることは，SFAS第143号の公表にあたり，FASBが，①資産除去債務の範囲，②当該債務の当初測定，そして③当該債務の再測定において，コメント・レターや個別の会合をつうじて産業界等をはじめとする利害関係者からの意見聴取を行い，FASBの当初意図したものとは異なった，産業界が望む形で，最終基準書が作成されたということである。こうした点を鑑みると，SFAS第143号の公表による影響は当初予想されたものよりも軽微になると推測することができよう。

（小形　健介）

第3節　米国におけるSFAS第143号公表前後の影響分析

1　本節の目的

　本節では，SFAS第143号に対してかかる影響分析を行っている諸研究をサーベイし，米国におけるSFAS第143号の実務上の影響を検討することを目的としている。しかしながら，かかる研究は，現時点において決して多くない。その中でもわれわれが確認したものに，米国の原子力発電所である公益企業を対象に影響分析を行ったSchroeder et al. [2005] と，Russel 300 Indexから一般企業を対象にしたGuinn et al. [2005] がある。そこで，以下では，Schroeder et al. [2005] とGuinn et al. [2005] の研究を詳細にサーベイすることとする。

　ただし，これらの研究は，SFAS第143号が公表される以前の1996年公開草案公表時に，資産除去債務の会計処理が米国の原子力発電所を所有する公益企業に対していかなる影響を及ぼすのかを推定したBoatsman et al. [2000] の追跡調査として動機付けられたものである。従って，Boatsman et al. [2000] を検討することは，SFAS第143号の公表が米国企業においてどのように捉えられていたのかを探るための一つの材料となるものと考えられるといえよう。そこで，まずはBoatsman et al. [2000] の研究を取り上げ，その後Schroeder et al. [2005] とGuinn et al. [2005] の研究をもとにSFAS第143号公表における実務上の影響を明らかにしていくこととする。

図表 4-2 Boatsman et al. [2000] による分析結果

Panel A：適用年度 n 時点における資産と負債の修正額の割当（単位：百万ドル）

	(1) 資産の増加額 ($)	(2) 負債の増加額 ($)	(3) 差異額 ($)	(4) 規制資産の差異額 ($)	(5) 規制負債の差異額 ($)	(6) 総資産及び総負債に対する修正額 ($)	(7) 資産の増加率 (%)	(8) 負債の増加率 (%)	(9) 総資本に関連する修正率 (%)
企業数	38	38	38	38	19	38	38	38	38
中央値	230.51	228.83	1.68	65.37	68.72	263.19	3.22	4.63	11.15
最小値	12.23	10.81	-307.35	4.20	1.42	12.23	0.38	0.47	1.34
第1四分位数	68.02	61.54	-31.84	15.77	7.02	74.25	1.31	1.96	4.50
第2四分位数	117.92	148.12	-1.38	32.91	17.31	162.53	2.48	3.73	8.42
第3四分位数	314.99	309.17	16.24	67.60	37.87	320.00	5.34	7.73	15.64
最大値	1,500.91	1,285.90	579.67	307.35	579.68	1,500.90	8.50	11.66	43.74

各項目の説明：
(1) 等式(3)により計算されたサンプル企業の資産増加額（発電施設の資産額）の割当
(2) PVnD により計算されたサンプル企業の資産増加額の割当
(3) 当該企業が SFAS 第71号に基づく会計処理を適用しなければ、資産と負債との増加額との差異。資産あるいは規制負債が増加額あるいは減少額として記録される。また、当該企業が当該処理を適用すれば、規制資産あるいは規制負債値として記録される。
(4) 項目(3)に SFAS 第71号を適用してすべての企業に対してマイナスの差異額が計上される場合、規制資産の借方に記録される。
(5) 項目(3)に SFAS 第71号を適用してすべての企業に対してプラスの差異額が計上される場合、規制負債の貸方に記録される。
(6) すべての企業に対して SFAS 第71号を適用した場合、トータルの資産と負債の増加額が合まれ、それぞれ規制資産や規制負債には、それぞれ表される増加額や修正額の割合が含まれ、そして相殺される。
(7)—(9) 適用年度末に貸借対照表に表される増加額や修正額の割合

Panel B：適用年度後の費用の年度の変動額（単位：百万ドル）

	(1) ARO による年次費用 ($)	(2) NSV による年次費用 ($)	(3) 年間の費用変動額 ($)	(4) 変動率 (%)
企業数	38	38	38	38
中央値	19.42	12.16	7.26	100.79
最小値	1.12	0.99	-49.77	-64.64
第1四分位数	5.63	3.52	1.64	25.72
第2四分位数	12.42	7.01	4.9	85.00
第3四分位数	27.01	13.74	14.09	157.43
最大値	110.37	77.00	35.91	344.38

各項目の説明：
(1) ARO による n+1 年の除去費用（等式(6)を参照）
(2) NSV による n+1 年の除去費用（等式(7)を参照）
(3) 項目(1)－項目(2)
(4) 項目(1)÷項目(2)

(出所：Boatsman et al. [2000] pp. 228-229 の図3 をもとに作成)

2 Boatsman et al. [2000] の研究

　Boatsman et al. [2000] は，米国の電力会社38社[19]を対象に，資産除去債務の会計処理が各企業に及ぼす財務的影響を分析したものである。ここで扱われている財務的影響は，貸借対照表の資産・負債項目と損益計算書の費用項目に関するものである。この分析結果は図表4-2のとおりである。

　図表4-2において，Panel Aでは，適用年度n年次における資産と負債の修正額の割当が示されている。まず，項目（1）と項目（2）は，それぞれ提案された基準が適用された時点に増額する発電施設の資産額と資産除去債務額を示している。ここで，項目（1）を計算した「等式（3）」は，Boatsman et al. [2000] が設定している等式「ARO法（Asset Retirement Obligations method：資産除去債務法）に基づく（除去コストの現在価値を除いた）資産の帳簿価額—NSV法（Negative Salvage Value method：負の残存価値法）に基づく（除去コストの現在価値を除いた）資産の帳簿価額」を用いて計算している[20]。また，項目（2）は，上記のARO法を用いて計算されたn時点における除去コストの期待現在価値（expected present value）による金額を示している[21]。

　そして，これら2つの修正額の差異が項目（3）となる。なお，この項目（3）については，公益企業の財務諸表作成の指針であるSFAS第71号『ある種の法的規制による影響のための会計』（FASB [1982]）との関係が示されている。すなわち，当該企業がSFAS第71号を適用しなければ，項目（1）と項目（2）の増加額の差異は，株主持分の増加額あるいは減少額として記録され，また適用すれば，そうした差異は項目（4）の規制資産（regulatory asset）あるいは項目（5）の規制負債（regulatory liability）に記録されることになる[22]。

　項目（6）は，総資産と総負債との修正額を示している。例えば，規制資産と規制負債が，項目（1）の資産と項目（2）の負債の増加額と一致して記録されている場合には，総資産と総負債は同じ金額になり，資本への影響は生じないことになる。しかし，図表4-2では，資産の増加率は平均3.22％（項目（7）），負債の増加率は平均4.63％（項目（8））であることから，項目（9）の資本の修正へのインパクト（修正幅）は大きくなっていることが理解できる。

一方，Panel Bでは，提案された基準適用後の年度における費用額への影響が示されている。項目（1）はARO法に基づく除去費用の影響額，項目（2）はNSV法に基づく除去費用の影響額がそれぞれ示されている。これらについても，既述したPanel Aの項目（1）と同様に等式により計算される。すなわち，項目（1）は，等式（6）つまりn時点における減価償却費と利息（配分）法による除去コストの増加の合計，項目（2）は，等式（7）つまりn時点における（除去コストの現在価値を除いた）資産の初期コストと期待現在価値による除去コストの合計である[23]。これら（1）と（2）の差額が項目（3）になる。項目（4）は，項目（3）から項目（2）を除して計算される年間の費用の変動額の割合である。この増加幅は大きく，すべてのサンプル企業において平均100％増加している。こうしたことから，提案された基準がもたらす費用への影響は，毎年相当程度になると予想される。

このように，Boatsman et al.［2000］の研究では，SFAS第143号の素案である1996年公開草案が，実践上多大な財務的影響をもたらすことを明らかにしている。こうした研究は，Schroeder et al.［2005］等に引き継がれ，そこではSFAS第143号公表後の実務上の影響が明らかにされている。

3 Schroeder et al.［2005］の研究

Schroeder et al.［2005］は，Boatsman et al.［2000］と同様に，原子力発電所38社を対象にし，SFAS第143号公表後の影響について分析している。なお，Schroeder et al.［2005］の研究時点では，合併や名称変更等で38社から30社に減少したために，ここでは，この30社を研究対象にしている。

Boatsman et al.［2000］の研究では，資産除去債務の会計処理が適用されることにより，各企業において資産，負債，費用の多大な増加が記録され，また，これらの変動額や変動率にも大きな影響を及ぼすことを述べていた(p.227)。Schroeder et al.［2005］は，Boatsman et al.［2000］のこうした分析結果を検証するために，Boatsman et al.［2000］と同じ原子力発電所を対象にし，SFAS第143号公表後の財務諸表の影響度を検討している。

ここでの調査項目は，次の3つである。すなわち，①SFAS第143号による資産や負債へのインパクト，②費用増加額（accretion expense）による企業利益への影響，③①と②の結果とBoatsman et al.［2000］の研究結果との比

図表 4-3　Schroeder et al［2005］による分析結果―核廃棄コストの例―

PanelA：貸借対照表

	報告企業	企業数 増	企業数 減少	平均変動率：%	範囲：% 最大	範囲：% 最小
負債の変動	26	23	3	3.3	10.0	(19.4)
資産の変動	22	22	0	1.6	4.5	0.1

PanelB：損益計算書

	企業数	平均変動率：%	範囲：% 最大	範囲：% 最小
利益に及ぼす費用増加額の影響				
経常利益を報告している企業	18	11.4	27.0	0.1
経常損失を報告している企業	3	31.4	86.0	0.1

注1　調査対象年度は2003年度（2003年12月31日）である。
注2　調査対象企業数はBoatsman et al.（2000）調査で取り上げられた原子力発電所30社（Boatsman et al.（2000）の調査時点では38社であったが，合併や社名変更等により本調査は30社）である。

（出所：Schroeder et al.［2005］p. 455.に加筆修正して作成）

較検討である。これらの結果については図表4-3のとおりである。

　まず，①については，「Panel A：貸借対照表」に示されているように，対象企業30社中26社がAROの金額を開示し，このうち22社がARO関連資産の増額があったことを報告している。また，その26社については，負債額への変動があったことも報告しており，このうち23社が増額していたことを明らかにしている。

　これら資産や負債に関連する変動率は，それぞれ1.6%（範囲：最大4.5%，最小0.1%）と3.3%（範囲：最大10.0，最小−19.4%）となっている。なかでも，変動率については，Boatsman et al.［2000］の研究では，図表4-2に示したように，資産に関する変動率3.22%，負債に関する変動率4.63%と大きな影響をもたらすと予測していたが，Schroeder等の研究ではそれぞれ1.6%と3.3%である。こうしたことから，Boatsman et al.［2000］が述べた変動率よりも低いことが観察できる。従って，Schroeder et al.［2005］の分析結果によれば，SFAS第143号公表後の実務上の影響はあまり大きくない，ということが検証されたことになる。

　次に，②については，「Panel B：損益計算書」に示されているように，

既述したARO金額開示企業26社のうち，21社がSFAS第143号を適用したことにより，費用増加額による企業利益の影響について報告している。このうち18社が経常利益を報告し，3社が経常損失を報告しているが，これらの変動率は前者で11.4％（範囲：最大27.0％，最小0.1％），後者で31.4％（範囲：最大86.0％，最小0.1％）というように，後者において大きな影響を受けていることが理解できる。この点に関しても，①と同様，Boatsman et al. [2000] が予測した変動率よりも低く，Schroeder et al. [2005] の分析結果によれば，SFAS第143号公表後の実務上の影響はあまり大きくない，ということが検証されたことになる。

4　Guinn et al. [2005] の研究

既述したように，Guinn et al. [2005] の研究は，Schroeder et al. [2005] の研究と同様，Boatsman et al. [2000] の研究の追跡調査を目的としたもので，これをSEC10-K公表企業に拡張したものである。Guinn et al. [2005] においては，Russel 300 Indexから1,000社をランダム抽出し，Schroeder et al. [2005] とほぼ同じ方法を用いて分析している。

Guinn et al. [2005] の調査では，次の5項目についての分析がなされている。すなわち，①2003年12月末にSFAS第143号の適用により影響を受けた米国企業の割合，②SFAS第143号の適用により最も大きな影響を受けた産業，③SFAS第143号による財務諸表への影響，特に資産と負債への影響，④費用増加額による企業利益への影響，⑤会計処理がSFAS第143号に変更した際に純利益に及ぼす累積的影響である。

まず①については，既述したようにSEC10-K公表企業1,000社のうちARO報告企業が105社であることから，SFAS第143号の影響を受けた米国企業は10.5％である。次に②については，対象企業105社のうち，鉄鋼・鉱業58社，輸送・公共事業36社となっており，そうした業種は，AROの会計処理の影響をかなり受けているといえるが，食品・繊維・化学が9社，ゴム・金属・電気機器が2社，となっており，こうした業種では鉄鋼・鉱業と輸送・公共事業とは対照的な結果となっている (p.34, Exhibit3)。

Guinn et al. [2005] は，こうした105社を対象にして，③以降の分析を行っている。この結果は図表4-4のとおりである。なお，ここでは，暦年を会

図表 4-4　Guinn et al. [2005] による分析結果

PanelA：貸借対照表

	報告企業	企業数		平均変動率：%	範囲：%	
		増加	減少		最大	最小
負債の変動	97	93	4	4.0	34.8	0.1
資産の変動	83	81	2	2.6	29.8	0.1

PanelB：損益計算書

	企業数	平均変動率：%	範囲：%	
			最大	最小
利益に及ぼす費用増加額の影響				
経常利益を報告している企業	71	6.7	86.7	0.1
経常損失を報告している企業	11	(5.1)	(19.5)	(0.1)

	企業数	平均変動率：%	範囲：%	
			最大	最小
純利益に及ぼす会計原則変更の影響				
プラス影響	44	8.9	65.7	0.1
マイナス影響	42	(16.7)	(96.7)	(0.1)

注1　調査対象年度は2003年度（2003年12月31日）である。
注2　調査対象企業数はランダム抽出により105社（SEC From 10-K 公表企業1,000社（ランダム抽出）のうち，SFAS143に基づいてAROsを報告している企業）を対象にしている。

（出所：Guinn et al. [2005] p. 35. を加筆修正して作成）

計期間としていない企業や金融機関は除外している。

　図表4-4において，まず③については，「Panel A：貸借対照表」に示されているように，105社のうち97社が負債に影響があり，そのうち93社が増加，4社が減少を示している。それに対し，資産への影響は105社のうち83社にあり，このうち81社が増加，2社が減少を示している。また，これらの変動率は，それぞれ4.0％（範囲：最大34.8％，最小0.1％）と2.6％（範囲：最大29.8％，最小0.1％）である。この結果は，Schroeder et al. [2005] が研究対象にした原子力発電所の結果よりも大きく，また図表4-2のBoatsman et al. [2000] の予測値，つまり資産に関する変動率3.22％，負債に関する変動率4.63％に近い結果になっている。

　次に，④については，「Panel B：損益計算書」に示されているように，82社が費用の増加を記録し，このうち71社が経常利益を報告し，11社が経常損失を報告している。これらの変動率は，前者が6.7％（範囲：最大86.7％，

最小0.1％），後者が5.1％（範囲：最大19.5％，最小0.1％）であるが，これについてはSchroeder et al. [2005]の研究結果よりもかなり小さいことが観察できる。

　最後に，⑤については，105社のうち86社が会計処理の変更から生じる純利益への累積的影響について報告している。この86社のうち44社が正の影響を報告し，変動率は8.9％（範囲：最大65.7％，最小0.1％）になっている。これに対し，42社は負の影響を報告し，変動率は16.7％（範囲：最大96.7％，最小0.1％）である。こうした結果から，累積的影響に対する増加ないし減少の企業の割合はほぼ等しいが，変動率の範囲はマイナスの影響の方が大きいことが理解できる。

5　小　括

　上記サーベイによれば，Boatsman et al. [2000] においては，資産除去債務の認識・測定から生じる企業への影響は大きなものであると予想されていたのに対して，SFAS第143号公表後に行われた2つの研究 (Schroeder et al. [2005] とGuinn et al. [2005]) では，その影響は当初予想されたものよりも小さいというものであった。Schroeder et al. [2005] とGuinn et al. [2005] は，その理由として，資産除去債務を認識することになる企業の多くが，当該債務をSFAS第143号以前に既に認識済みであったという，いわゆる学習効果によるものであるとしている。

　この影響分析と前節で検討した基準設定分析の結果は，ある種の整合性をもって捉えることができる。すなわち，Boatsman et al. [2000] によって当初重大なる影響をもたらすことが予想されていた資産除去債務の会計処理が，その影響の大きさを危惧した企業の反対を受け，企業の意図に沿うように，すなわち影響が弱められるように2000年改訂公開草案やSFAS第143号において変更された，というものである。そのため，SFAS第143号の公表後の影響分析 (Schroeder et al [2005] とGuinn et al [2005]) ではその影響が軽微であったことが報告されたと考えることができるのである。

（小形　健介・金藤　正直）

第4節　SFAS第143号公表に対するChevronの実証例

1　本節の目的

本節では，SFAS第143号の制定を受けて実際に企業の財務諸表がどのように変化してきたのか，実態調査を試みる。石油会社は，海洋上油田プラットフォーム等の取得・建設・開発・操業及びこれらの資産除去時に，環境法に則った適切な対応が要求される。SFAS第143号制定前は，資産除去コストをSFAS第19号（FASB［1977］）に基づいて会計処理していたが，資産除去債務に関する会計基準制定により財務諸表がどのように変化してきたのか。その実証例として，米国の石油会社Chevronを取り上げる。会計基準制定前の例として1999年Texaco（合併前），制定後の例として2003年ChevronTexaco（合併後），及び2005年Chevron（名称変更）の年次報告書を取り上げ，それぞれについて考察を行う。

2　石油メジャーChevronの実証例

(1)　1999年Texaco

1999年には，将来の資産除去債務に関する会計基準SFAS第143号は制定されていなかったが，年次報告書の財務セクションの中の「経営者の討議と分析（Management Discussion and Analysis：MD＆A)」，及び「主な会計方針の記述（Description of Significant Accounting Policies)」において，資産除去コスト

図表4-5　1999年Texacoの年次報告書における開示例

経営者の討議と分析 **再生及び除去コストと負債** 　　1999年の石油・ガス生産施設の再生及び除去に関する支出は2,600万ドルである。1999年期末において，再生及び除去コストをカバーするために計上されている負債額は9億1,100万ドルである。 **主な会計方針の記述** 　　　　　　　　　　　　　　　(削除) 　　生産施設の償却率の決定にあたり，見積り将来再生及び除去コストを含めている。 　　　　　　　　　　　　　　　(削除)

(出典：Texaco［1999］pp.29-30に基づき作成)

及び負債に関して，図表4-5のように報告されていた。このような最小の開示例が，SFAS第143号制定前の実務における代表例である。ここに記載されている内容及び金額は財務諸表のみでは確認できないが，この文章記述により開示されている数値が財務諸表の「連結損益計算書」，及び「連結貸借対照表」の中にどのように入り込んでいるのかを分析する[24]。

まず，石油・ガス生産施設の再生及び除去という行為は企業の事業活動の一部と考えられるので，それに関連する支出2,600万ドルは，「連結損益計算書」の営業費用（Operating Expenses）の中に含まれていると思われる。次に石油・ガス生産施設の再生及び除去負債のほとんどが長期の負債と考えられるので，9億1,100万ドルの大半は「連結貸借対照表」の繰延債権及び他の長期負債（Deferred Credits and Other Non-current Liabilities）の中に含まれ，一部は流動負債（Current Liabilities）の中の未払負債（Accrued Liabilities）にも含まれ，また繰延法人税（Deferred Income Taxes）にも小額の影響を与えている可能性があると予測できる。1999年12月31日における再生及び除去負債の合計額9億1,100万ドルは，株主持分（Stockholders' Equity）の7.6％である（1999年Texacoの株主持分合計額（Total Stockholders' Equity）は120億4,200万ドルである）。なお計上金額は現在価値に割り引かれておらず，州のファンドからの見積回収額によって相殺されている。また将来の再生及び除去コストに対してはSFAS第19号を適用し，生産施設の減価償却によって費用計上していた。しかし固定資産である生産施設の帳簿価格は引き上げておらず，この点は2001年のSFAS第143号の公表により変更が要求されるものである。

(2) 2003年ChevronTexaco

2003年ChevronTexacoの年次報告書における「財政状態及び経営成績についての経営者の討議と分析（Management's Discussion and Analysis of Financial Condition and Results of Operations）」では，1999年Texacoの年次報告書と比較して，「環境」に関する記述が格段と詳細になっている[25]。

その記載によると，企業には以前に放出したMTBE（Methyl Tertiary Butyl Ether）を含む化学物質等の環境への影響を，将来修復又は改善することを環境法や規則で要求される偶発損失（Loss Contingency）があり，その偶発事象は，スーパーファンドサイト及び油田・製油所・サービスステーション・ターミナル・開発中の土地など，操業中・閉鎖・処分に関わらず，さまざま

なサイトに及ぶ。また前掲1999年の環境修復負債の金額9億1,100万ドルから2003年の11億4,900万ドルまでの5年間の負債額の推移を棒グラフで表し，2003年の負債額は前年比5％増，それに対する2003年中の支出がおよそ2億ドルであったこと等が詳細に記載されている。さらに2003年中の変化が表で示されており，期首の残高（10億9,000万ドル），期中の増加（2億9,600万ドル），支出による減少（2億3,700万ドル），及び期末の残高（11億4,900万ドル）が読み取れる。また2003年末時点で，スーパーファンド法によりEPA等の規制当局から218サイトがPRPとして指定を受けており，これに対する環境修復負債額は1億1,300万ドルである。

　2003年1月1日以前は，Chevron Texacoでは全世界の石油，ガス及び石炭等の生産活動を終了した資産の除去・処分・再生のための環境対策コストを生産高に比例して認識していたが，2003年1月1日よりSFAS第143号を適用した。SFAS第143号では，資産除去債務に対する負債は，当該長期保有資産の除去が法的債務であり，かつその公正価値が測定可能な場合に計上される。2003年末の資産除去債務に対する負債額の残高は29億ドルであった。このように，年次報告書における環境関連の情報量は，数年間で飛躍的に増加している。

　またChevron TexacoにとってSFAS第143号は2003年より新規に適用した会計基準であるため，連結財務諸表の注記25で詳細に説明している。この注記によると，資産除去債務に関して次項の認識が要求される。
　(a) 資産除去債務に対する負債の現在価値，及び両建てする資産
　(b) 負債の当初認識後のアクリーション，及び資産の，減価償却費
　(c) 資産除去債務に対する負債の見積り額と割引率の期間ごとのレビュー
　SFAS第143号の適用は，主に石油・ガス生産施設がそれ以前に適用していたSFAS第19号と幾つかの点で異なり，会計処理に影響する。そのため，2003年第1四半期に新規にSFAS第143号を適用したことによる累積的影響額200ドルを費用計上した。この累積的影響額の認識は，次の貸借対照表項目の増減によってもたらされた。

"Properties, plant and equipment"	$2,568
"Accrued liabilities"	$115
"Deferred credits and other noncurrent obligations"	$2,674

"Noncurrent deferred income taxes" decreased by　　　　　　　　$21

これら2003年第1四半期に新規にSFAS第143号を適用したことによる影響額を，仕訳で表すと次のようになる。

(Dr.) Properties, plant and equipment　　　　　　　　　2,568
　　　Noncurrent deferred income taxes　　　　　　　　　　21
　　　Cumulative effect of change in accounting principles　　200
　　　　(Cr.) Accrued liabilities　　　　　　　　　　　　　　　115
　　　　　　　Deferred credits and other noncurrent obligations　2,674

2003年より，SFAS第19号からSFAS第143号へ会計原則を変更したことによる累積的影響額は200ドルのみであり，純利益への影響は軽微である。会計処理方法としては，2003年1月1日に資産及び負債に対してSFAS第143号を遡及的に適用した場合の計上額と，前期までのSFAS第19号による計上額との差額を，会計原則の変更による累積的影響額として計上した[26]。

(3) 2005年 Chevron

2003年の年次報告書と同様の内容を，2005年Chevronの年次報告書において検証する[27]。2005年の「財政状態及び経営成績についての経営者の討議と分析 (Management's Discussion and Analysis of Financial Condition and Results of Operations)」において特記すべきことは，負債額の中にUnocal買収関連が含まれていることである。2005年末の環境修復負債は14億6,900万ドル，前年比40％増であるが，これは買収前にUnocalが売却又は閉鎖したサイトに関連する環境負債を含んでいる。またChevronは，2005年末においてEPA等の規制当局から，スーパーファンド法により221サイトがPRPとして指定を受けており，これらに対する2005年末の環境修復負債額は1億3,900万ドルである。

Chevronの2005年末の資産除去債務は主に上流事業及び石炭設備に関連するもので，負債額は43億ドルである。SFAS第143号及び2005年公表のFIN第47号『条件付資産除去債務の会計処理―SFAS第143号の解釈指針』(FASB [2005a]) の適用については，財務諸表の注記24で詳細に記載している。「連結財務諸表 注記24 SFAS第143号―資産除去債務 (Consolidated Financial Statements Note 24. FAS 143―Assets Retirement Obligations)」の後半部

分の，FIN第47号適用についての概略を示す。―FIN第47号は，SFAS第143号で使用していた条件付資産除去債務（conditional asset retirement obligation）というフレーズを明確にした。資産除去活動を行うべき債務は，清算の時期及び（又は）方法に不確実性があるとしても無条件に（unconditional）存在しているが，これらの不確実性に対して十分な情報が得られた際に負債額の測定が可能となり，財務諸表において認識する。つまり資産除去債務とは，将来事象である清算の時期及び（又は）方法に関して十分な情報が得られた際に負債計上するという条件付債務である。負債測定のための十分な情報を得られることが負債認識要件であり，この要件を満たした状態を条件に適合した資産除去債務という。SFAS第143号では，資産除去債務の公正価値を合理的に見積るための十分な情報が得られない場合があるとしているが，FIN第47号もそれを認めた上で，企業が資産除去債務の公正価値を合理的に見積るための十分な情報が存在している場合を明確にしている。―以上2005年より新たに適用するFIN第47号の内容を説明している。

　総合的にみて，2005年の「財政状態及び経営成績についての経営者の討議と分析」における環境関連の記述は，2003年よりもさらに詳細になっている。今後も環境問題に対する企業の対策はさらに強化され，開示要求も強まるであろう。それに伴い環境関連の会計数値も増加し，その会計処理方法を規定するための会計基準の必要性が増すと考えられる。

3　小　括

　米国の石油会社にとって，2000年以降に公表されたSFAS第143号及びその解釈指針FIN第47号を適用して将来の資産除去債務を見積り負債及びコストを計上することは，企業の環境対策活動を一層強化し，かつその開示要求を高めることとなった。実際，Chevronの「財政状態及び経営成績についての経営者の討議と分析」における環境関連の記述が，年々詳細になってきたことは確認したとおりである。

　企業の環境対策活動に対応した会計基準が必要とされる現代において，SFAS第143号「資産除去債務の会計」は，財務会計上質的重要性が高く，今後この会計処理が実務上，どのように有効に機能し定着していくのかを注

視していきたい。

(植田　敦紀)

第5節　日本の資産除去債務に関する会計基準

1　『資産除去債務に関する会計基準』制定の経緯

　ASBJは，有形固定資産の除去に関する将来の負担を財務諸表に反映させることは投資情報として役立つという指摘等を踏まえ，資産除去債務に関する会計基準の検討に着手した。これに先立ち，SFAS及びIFRSでは資産除去債務を負債計上すると共に，これに対応する除去費用を有形固定資産に計上するという会計処理を基準化しており，日本の会計基準においても重要な検討課題となっていた。

　ASBJとIASBとでは，日本の会計基準とIFRSとの差異を縮小することを目的としたコンバージェンスを進め，その中で資産除去債務が検討プロジェクトの1つとして取り上げられた（2006年3月）。ASBJでは2006年7月にワーキング・グループを立ち上げ，同年11月に資産除去債務専門委員会を設置した。資産除去債務に関する会計処理についての幅広い審議を経て，2007年5月に論点ごとに可能な限り検討の方向性を示した『資産除去債務の会計処理に関する論点の整理』を取りまとめ公表した。論点整理に寄せられた意見を踏まえ，さらに検討を重ね，2007年12月に企業会計基準公開草案第23号『資産除去債務に関する会計基準（案）』及び企業会計基準適用指針公開草案第27号『資産除去債務に関する会計基準の適用指針（案）』を公表した。

　公開草案に対しては，企業・団体等から16件，個人から4件の合計20件のコメントが寄せられた。基準案の公表により具体的な会計処理方法や手順が明らかになったが，これまで馴染みのない新たな会計基準であることから，適用となる対象等について具体的な記載を要望する内容が多数あった。資産除去債務の対象範囲や合理的見積りの可否の判断をどのようにするのか等不明確な事項については，各企業の取扱いが整合的になるよう海外の事例等を踏まえ，基準や適用指針に定められた事項に加えて追加的な情報提供を

行う努力がなされた。

その後，公開草案に対する意見を参考に審議が重ねられ，3ヵ月後の2008年3月，内容を一部修正した上で，企業会計基準第18号『資産除去債務に関する会計基準』，及び当会計基準を適用する際の指針を定めた企業会計基準適用指針第21号『資産除去債務に関する会計基準の適用指針』が公表された。

2 『資産除去債務に関する会計基準』の概要

『資産除去債務に関する会計基準』の内容を理解するに当たり，最初に「資産除去債務」の定義を明確にしておく必要がある。基準書によると次のように定義される。「資産除去債務とは，有形固定資産の取得，建設，開発又は通常の使用によって生じ，当該有形固定資産の除去に関して法令又は契約で要求される法律上の義務及びそれに準ずるものをいう」。

この定義における「有形固定資産」とは，財務諸表等規則において有形固定資産に区分される資産のほか，建設仮勘定やリース資産など，財務諸表規則において「投資その他の資産」に分類されている投資不動産についても，資産除去債務が存在している場合には対象となる。

次に，有形固定資産の取得，建設，開発又は通常の使用のうちの「通常の使用」とは，有形固定資産を意図した目的のために正常に稼動させることをいい，不適切な操業等の異常な原因によって有形固定資産を除去する義務が生じた場合には，本基準の対象とはならない。なお通常の使用により生じた土地の汚染除去の義務も，それが当該土地の建築物等の資産除去債務と考えられるときには，本基準の対象となる。

有形固定資産の「除去」とは，有形固定資産を用役提供から除外することであり，具体的な様態としては，売却，廃棄，リサイクルその他の方法による処分が含まれるが，転用や用途変更は使用を継続するものであり含まれない。また当該有形固定資産が遊休状態になる場合は除去に該当しない。

「法律上の義務及びそれに準ずるもの」には，有形固定資産を直接的に除去する義務のほか，有形固定資産の除去そのものは義務でなくても，当該有形固定資産に使用されている有害物質を法律等の要求による特別の方法で除去する義務も含まれる。ただしこの場合に資産除去債務の対象となるのは，

当該有形固定資産の除去費用全体ではなく，有害物質の除去に直接関わる費用のみである。

　企業が負う将来の負担を財務諸表に反映させることが投資情報として有用であるとすれば，それは法令又は契約で要求される法律上の義務だけに限定されるものではない。従って本会計基準では，資産除去債務の定義に法律上の義務に準ずるものも含まれる。この法律上の義務に準ずるものとは，債務の履行を免れることがほぼ不可能な義務を指す。具体的には，法律上の解釈により当事者間での清算が要請される債務に加え，過去の判例や行政当局の通達等のうち，法律上の義務とほぼ同等の不可避な支出が義務付けられるものが該当する。従って有形固定資産の除去が企業の自発的な計画のみによって行われる場合には，法律上の義務に準ずるものには該当しない。

3　資産除去債務の会計処理
(1)　資産除去負債

　資産除去債務は，有形固定資産の取得，建設，開発又は使用によって発生した時に負債計上する。

　「企業会計原則と関係諸法令との調整に関する連続意見書」(1960年6月大蔵省企業会計審議会)第三「有形固定資産の減価償却について」では，有形固定資産の耐用年数到来時に，解体，撤去，処分等のために費用を要するときには，その残存価額に反映させることとしている。ただし，有形固定資産の減価償却はこれまで取得原価の範囲内で行われ，実際には残存価額がマイナスになるような処理は適用されてこなかった。また有形固定資産の耐用年数到来時に要する解体，撤去，処分等の将来に履行される用役について，その支払いも将来において履行される場合，当該債務は通常，双務未履行であり認識されなかった。しかし法律上の義務等に基づく資産除去債務に該当する場合には，有形固定資産の除去に係る支払いが不可避に生じるため，債務として負担する金額が合理的に見積られることを条件に，資産除去債務の全額を負債計上し，同額を有形固定資産の取得原価に反映させる会計処理（資産負債の両建処理）を行う。

　引当金処理に関しては，有形固定資産に対応する除去費用が，当該有形固定資産の使用に応じて各期に適切な形で費用配分されるという点では資産負

債両建処理と同様であるが，有形固定資産の除去に必要な総額が貸借対照表に計上されないため，資産除去債務の負債計上が不十分である。さらに国際的な会計基準とのコンバージェンスに資するという観点も考慮し，本会計基準では資産負債の両建処理を求めるものとした。ただし特別の法令等により合理的な費用配分と考えられる場合には，それに従った費用配分方法を採用することができる。その際も貸借対照表における両建処理を妥当とする根拠が否定されるものではなく，通常の処理方法による負債計上額に対する不足額がある場合には，当該不足額を認識する。

資産除去債務の履行時期や除去方法が明確ではないため金額が確定しない場合でも，履行時期の範囲及び蓋然性について合理的に見積るための情報が入手可能なときは，資産除去債務を合理的に見積ることができる場合に該当する。例えば，キャッシュ・フローの発生確率の分布が推定可能な場合には，それに基づき資産除去債務を合理的に見積り負債計上することが要求される。それでもなお資産除去債務発生時に当該債務の金額を合理的に見積ることができない場合には，これを計上せず，合理的に見積ることができるようになった時点で負債計上する。資産除去債務を合理的に見積ることができない場合とは，決済日現在入手可能な全ての証拠を勘案してもなお，合理的な金額が算定できない場合であり，このようなときは注記を行う。

(2) 資産除去債務の算定

資産除去債務の算定は，有形固定資産の除去に要する将来キャッシュ・フローを現在価値に割り引いた金額とする。このときの将来キャッシュ・フローの見積りは，生起する可能性の高い単一の金額，又は生起し得る複数の将来キャッシュ・フローをそれぞれの発生確率で加重平均した金額とする。将来キャッシュ・フローの見積りの基礎となる情報には次のようなものがある。

(a) 対象となる有形固定資産の除去に必要な平均的な処理作業を基礎とした見積り—有害物質等に汚染された有形固定資産は，法令等によりその平均的な処理作業が定められ工程が明確にされているため，ほぼ画一的に将来キャッシュ・フローを見積ることができる場合がある。

(b) 対象となる有形固定資産を取得した際に，取引価額から控除された当該資産除去費用の算定の基礎となった全額—有害物質が含まれる固定資産を売買する場合，法令に基づき売り手に告知義務が課され，売

買金額から除去費用相当額が控除される場合がある。新たに取得した有形固定資産あるいは類似の資産について除去費用が明らかとなっている場合には，当該金額を基礎とすることができる。
- (c) 過去に類似の資産について発生した除去費用の実績—除去に関して平均的な処理作業に要する価格が明らかでない場合，過去に類似の資産に関して発生した除去費用の実績を基礎として将来キャッシュ・フローを見積ることが考えられる。
- (d) 当該有形固定資産への投資の意思決定を行う際に見積られた除去費用
- (e) 有形固定資産の除去に係る用役を行う業者など第三者からの情報—合理的で説明可能な仮定及び予測に基づいて見積る際，第三者からの情報を適宜利用することが考えられる。

これらの見積り金額に，インフレ率や見積り値から乖離するリスクを勘案する。また合理的で説明可能な仮定及び予測に基づき，技術革新などによる影響額を見積ることができる場合には，これを反映させる。

将来キャッシュ・フローが見積り値から乖離するリスクは将来キャッシュ・フローの見積りに反映されるため，割引率は将来キャッシュ・フローが発生すると予想される時点までの期間に対応する貨幣の時間価値を反映した無リスクの税引前の割引率とする。この場合には，原則として将来キャッシュ・フローが発生するまでの期間に対応した利付国債の流通利回りなどを参考に割引率を決定する。資産除去債務については，信用リスクを反映させた割引率を用いるよりも，退職給付債務と同様に無リスク割引率を用いることが現在の会計基準全体の体系と整合的である。なお割引前将来キャッシュ・フローが税引前の数値であることに対応して，割引率も税引前の数値を用いる。

（3） 資産除去費用

資産除去債務に対応する除去費用は，資産除去債務を負債として計上したときに，その同額を関連する有形固定資産の帳簿価額に加える。このような会計処理（資産負債の両建処理）は，有形固定資産の取得に付随して生じる除去費用の未払の債務を負債として計上すると同時に，対応する除去費用を当該有形固定資産の取得原価に含めることにより，当該資産の投資について

回収すべき額を引き上げることを意味する。すなわち，有形固定資産の除去時に不可避に生じる支出額を付随費用と同様に取得原価に加えた上で費用配分を行い，さらに資産効率の観点からも有用と考えられる情報を提供する。また当該除去費用は，法律上の権利ではなく財産価値もなく，独立して収益獲得に貢献するものではない。従って別個の資産として計上するのではなく，有形固定資産の稼動にとって不可欠なものとして，その取得に関する付随費用と同様に処理する。さらに減損会計適用の際には，資産除去費用部分の影響を二重に認識しないようにするため，将来キャッシュ・フローの見積りに資産除去費用部分は含めない。

資産除去債務に関連する有形固定資産の帳簿価額の増加額として資産計上された金額は，減価償却を通じて，当該有形固定資産の残存年数に亘り各期に費用配分される。土地の原状回復費用等は，当該土地に建てられている建物や構築物等の有形固定資産の減価償却を通じて各期に費用配分される。

(4) 資産除去債務の見積りの変更

割引前の将来キャッシュ・フローに重要な見積りの変更が生じた場合には，資産除去負債の帳簿価額，及び関連する有形固定資産の帳簿価額に加減して，その時点から残存年数に亘り，減価償却を通じて費用配分を行う（プロスペクティブ・アプローチ）。

この他，資産除去債務に係る負債及び有形固定資産の残高の調整を行い，その調整の効果を一時の損益とする方法（キャッチアップ・アプローチ），又は資産除去債務に係る負債及び有形固定資産の残高を過年度に遡及して修正する方法（レトロスペクティブ・アプローチ）も考えられるが，国際的な会計基準でプロスペクティブ・アプローチが採用されていることに加え，日本の現行の会計慣行でも耐用年数の変更については影響額を変更後の残存耐用年数で処理する方法が一般的であることから，プロスペクティブ・アプローチにより処理することとした。

調整額に適用する割引率は，キャッシュ・フローの増加部分については新たな負債の発生と同様に考えその時点の割引率を適用し，キャッシュ・フローの減少については当初負債計上時の割引率を適用する。

(5) 開　　示
① 貸借対照表上の表示
　資産除去債務は，貸借対照表日1年以内にその履行が見込まれる場合を除き，固定負債の区分に資産除去債務の適切な科目名で表示する。貸借対照表日1年以内に資産除去債務の履行が見込まれる場合には，流動負債の区分に表示する。
② 損益計算書上の表示
　資産計上された資産除去費用に係る費用配分額，及び時の経過による資産除去負債の調整額は，損益計算書上，当該資産除去債務に関連する有形固定資産の減価償却と同じ区分に計上する。
　資産除去債務の履行時に認識される資産除去負債残高と資産除去債務決済のための実際の支出額との差額は，損益計算書上，原則として当該資産除去費用に係る費用配分と同じ区分に計上する。
③ キャッシュ・フロー計算書上の表示
　資産除去債務を実際に履行した場合，その支出額についてはキャッシュ・フロー計算書上「投資活動によるキャッシュ・フロー」の項目とする。資産除去債務の履行については，「営業活動によるキャッシュ・フロー」と「投資活動によるキャッシュ・フロー」とが考えられるが，当会計基準では資産除去費用を有形固定資産の取得に係わる付随費用と同様に処理することを考慮し，固定資産の取得による支出と同様，投資活動による支出とすることが整合的である。また固定資産の除去に伴う支出を固定資産の売却収入の控除項目と考えた場合も，投資活動によるキャッシュ・フローとすることが適当である。
　固定資産の取得に伴う資産除去債務の認識は，資金の移動を伴わずに資産及び負債を計上するものであるが，資産除去債務が将来の支出となることから，重要性が高い場合には，「重要な非資金取引」として注記する。
④ 注 記 事 項
　資産除去債務の会計処理に関連して，重要性が乏しい場合を除き，次項の注記を要する。
　（a）　資産除去債務の内容についての簡潔な説明
　（b）　支出発生までの見込み期間，適用した割引率の前提条件

(c) 資産除去債務の総額の期中における増減内容
(d) 資産除去債務の見積りを変更した場合は，その変更額の概要及び影響額
(e) 資産除去債務は発生しているが，その債務を合理的に見積ることができないため貸借対照表に計上していない場合には，当該資産除去債務の概要，合理的に見積ることができない旨及び理由

⑤ 四半期財務諸表における注記

企業会計基準第12号『四半期財務諸表に関する会計基準』第19項（21）及び第25項（20）で定める「財政状態，経営成績及びキャッシュ・フローの状況を適切に判断するために重要なその他の事項」として，資産除去債務が前年度末と比較して著しく変動している場合には，その簡潔な説明及び変動額の内訳を記載すべきである。なお，会計基準の適用開始による資産除去債務の変動については，その影響が重要であれば，「重要な会計処理の原則及び手続についての変更」として注記を行う。

4 基準適用関連事項

本会計基準及び適用指針は，2010年4月1日以降開始する事業年度から適用する。ただしそれ以前の適用も可能である。適用初年度における期首残高の調整方法はキャッチアップ・アプローチを採用し，資産除去債務に対応する除去費用の期首残高は，資産除去債務発生後の減価償却額を控除した金額とする。

適用初年度の期首に新たに負債計上される資産除去債務の金額は，時の経過により当初発生時よりも増加する。逆に資産に追加計上される資産除去費用の金額は，過年度の減価償却費相当分だけ当初発生時よりも減少する。従って，負債の増加額のほうが資産の増加額よりも大きくなる。この初年度の期首差額については，当該年度の損益として一時に計上する方法により会計処理を行う。

5 環境関連債務についての考察

(1) SFAS第143号との比較

米国では2001年にSFAS第143号が制定され，多くの企業では2003年カ

レンダーイヤーから適用されている。米国における「資産除去債務の会計」の基準化のきっかけとなったのは，原子力施設が廃炉となった際のサイトの汚染除去及び資産の撤去に関する環境問題であった。当初公開草案の段階では，原子力施設閉鎖時の汚染除去及び資産の解体・撤去・処分コストに限定していたが，最終的には有形の長期保有資産で，しかも取得時のみならず通常の使用において生ずるコストにまで拡大した。そのような経緯で本会計基準が制定されたこともあり，本会計基準が対象とする資産除去債務は，各種環境法により特定の調査や除去などの措置を義務付けられているものも多く，企業の将来の環境対策活動と関連付けた環境負債の認識としても注目される。

図表4-6は，米国及び日本の資産除去債務に関する会計基準の概要を表したものである。米国では環境問題に対して各種環境法を制定し，また環境保護庁（以下，EPA）の設置によりその遵守を強化してきた。さらに米国の環境法は時として巨額な修復費用等を発生させ，企業の財務会計にも重要な影響を及ぼし，資産除去債務の対象となるものも多い。一方日本の環境法においても，有害化学物質の規制や措置を求める法令や条例等が定められており，それらを含有する有形固定資産の解体・撤去・処分時に，本会計基準の対象となる。

(2) 固定資産の有害物質に関する環境法

日本の『資産除去債務に関する会計基準』では，資産除去債務の対象となる有害物質並びに環境法について具体的に特定していないが，建築物には多種多様の有害物質等が使用されている可能性がある。それらを含有する建築物や施設の解体，撤去，処分は，各種環境法に基づき適切に行うことが要求され，その際，本会計基準が対象とする資産除去債務に該当する。

また本会計準の資産除去債務が「法令又は契約で要求される法律上の義務及びそれに準ずるもの」であることから，各種環境法制定時が，本会計基準が対象とする資産除去債務発生時となる可能性もある。つまり有形固定資産が特定有害物質を含有しており，それらに対する環境法規制が行われることにより，本会計基準の適用が要求される。具体的には次のような有害物質に係る資産除去が該当する可能性が考えられる。アスベスト含有建材（レベル1，2，3），PCB，PCB含有シーリング材，ダイオキシン類（廃棄物焼却施設

図表 4-6　米国・日本の資産除去債務に関する会計基準

	米　　国	日　　本
名　称	FASB SFAS 143 "Accounting for Asset Retirement Obligations"	企業会計基準第 18 号『資産除去債務に関する会計基準』
制　定	2001 年 6 月	2008 年 3 月
適　用	2002 年 6 月 15 日以降開始する年度	2010 年 4 月 1 日以降開始する年度
解釈指針 適用指針	FASB Interpretation 47 "Accounting for Conditional Asset Retirement Obligations—an interpretation of FASB Statement No.143" 2005 年 3 月制定 2005 年 12 月 15 日以降開始する年度から	企業会計基準適用指針第 21 号『資産除去債務に関する会計基準の適用指針』 制定時期，適用時期ともに会計基準と同時期
基準制定以前	石油・ガス生産会社等では SFAS 19 等により資産除去債務を認識していたが，累積コストアプローチを使用し首尾一貫性に欠けていた	有形固定資産の除去費用を残存価額に反映させる規定はあったが，実際には殆ど適用されていなかった
債務の範囲	法的債務及び約束的禁反言原則の債務	法令又は契約で要求される法律上の義務及びそれに準ずるもの
資産除去債務発生日	資産の取得・建設・開発かつ（又は）通常の使用時	資産の取得・建設・開発又は通常の使用時
負債認識要件	資産除去債務の公正価値の合理的な見積り	当該債務額の合理的な見積り
資産除去債務の測定	期待キャッシュ・フロー・アプローチによる現在価値	将来キャッシュ・フロー（可能性の最も高い単一の金額又は期待キャッシュ・フロー）の現在価値
割引率	信用調整後の無リスクの利率	無リスクの利率
資産除去費用	当該資産簿価に資産計上	当該資産簿価に資産計上
資産除去費用の費用計上	減価償却費として資産の使用期間に亘って費用計上	減価償却費として資産の使用期間に亘って費用計上
当初認識後の変更[28]	a. 時間の経過 b. 見積りの変更	a. 時間の経過 b. 見積りの変更
本基準最初の適用による会計基準の変更	累積的影響額[29]キャッチアップ・アプローチ	キャッチアップ・アプローチ

解体），鉛・カドミウム（鉛蓄電池，ニカド電池），フロン（冷凍機・空調機），ハロン（消火設備），水銀（蛍光管・水銀灯），臭化リチウム（吸収式

冷凍機），クロム，銅，砒素化合物（CCA処理木材），砒素・カドミウム（砒素・カドミウム含有石膏ボード），建築用断熱材等[30]。有形固定資産に含有されている有害物質は，基本的にそれまでの使用者（解体・撤去・処分責任者）が資産除去債務者となる。

図表4-7は，有害物質等に適用される主な法律を示したものである。有形固定資産が有害物質等を含有している場合には，環境法等により取り扱いが規制されており，資産除去時にはそれらの法律を遵守して適正に処理することが要求される。その際，本会計基準における資産除去債務の認識対象となる可能性があり，このような資産除去債務の会計処理をシステマテイックに推進していくためには，環境専門家，法務専門家，財務・経理専門家等が連携して実施していく必要がある。

図表4-7　有害物質等に適用される主な法律

有害物質等	主　な　法　律
アスベスト関連	・廃棄物の処理及び清掃に関する法律（廃棄物処理法）［最終改正2006年］ ・大気汚染防止法［最終改正2006年］ ・2005年労働安全衛生法/石綿障害予防規則［最終改正2006年］
PCB関連	・廃棄物処理法［最終改正2006年］ ・2001年ポリ塩化ビフェニル廃棄物の適正な処理の推進に関する特別措置法（PCB廃棄物特別措置法）［最終改正2005年］
フロン	・2001年特定製品に係るフロン類の回収及び破壊の実施の確保等に関する法律（フロン回収破壊法）［最終改正2006年］ ・1998年特定家庭用機器再商品化法（家電リサイクル法）［最終改正2003年］ ・1998年地球温暖化対策の推進に関する法律（地球温暖化対策法）［最終改正2006年］

（出所：建設副産物リサイクル広報推進会議［2007］を参考に作成）

（植田　敦紀）

第6節　日本企業における資産除去債務処理に関する現状分析

1　本節の目的

　日本では，制度面の動きに対して，企業における資産除去債務への意識や会計的対応の重要性についての検討が十分に行われていたとはいえない。本節では、かかる会計基準の公表が日本企業に対して実務上いかなるインパクトを与えるのかに接近するために，資産除去債務の会計基準設定におけるコメント・レターの分析を行う。

　第2節において述べたように，米国ではデュー・プロセスが会計基準設定過程において組み込まれており，各種利害関係者の意見が当該過程において反映される仕組みが構築されている。かかる仕組みは日本においても同様に採られており，公開草案等の公表後，コメント・レターの募集がなされる。会計基準の設定において大きな影響を受けることが予想されている利害関係者は，こうした意見聴取の機会を利用して何らかの反応を見せるはずである。そこで，本節ではASBJが最終基準書を公表する前に公表した2つの文献，すなわち『資産除去債務の会計処理に関する論点の整理』と公開草案『資産除去債務に関する会計基準（案）』に対するコメント・レターの検討を行い，かかる会計基準の企業等への影響に接近していくこととする。

　なお，われわれは，2008年3月時点における日本企業の資産除去債務に対する意識や会計上の対応，さらにはその影響度に対する認識をより直接的に明らかにするためにアンケート調査も行った。その詳細は，日本会計研究学会スタディ・グループ最終報告［2008, pp. 142-159］を参照されたい[31]。

2　日本の資産除去債務の会計基準設定におけるコメント・レターの分析

(1)　『資産除去債務の会計処理に関する論点の整理』に対するコメント・レター

　ASBJは，2007年5月30日に『資産除去債務の会計処理に関する論点の整理』を公表してから同年7月9日までをコメント期間とし，広く意見の聴取

を行った。それに当たり，ASBJは9つの論点を提示している。かかる論点等に対して，ASBJは，企業，団体，監査法人を中心に14件，研究者等の個人から6件のコメントを受け取った。ASBJがまとめた「主なコメントの概要とその対応案」（ASBJ［2007b］）に基づいてそれらを整理すると，図表4-8のように表される。

図表4-8　ASBJが示す論点とそのコメント数

論点	内容	コメント数
①	資産除去債務の範囲をどこまでにするか	6
②	資産除去債務と対応する除去費用の会計処理	11
③	資産除去債務の全額を負債計上する理由	8
④	資産除去債務の負債としての計上時期	7
⑤	除去費用の資産計上と費用配分	10
⑥	資産除去債務の割引価値の算定	7
⑦	将来キャッシュフローと割引率の変更	6
⑧	リース物件における会計処理	9
⑨	資産除去債務等の開示	4

　資産除去債務の会計処理のうち利害関係者が論点としてとりわけ注視しているのは，論点②「資産除去債務と対応する除去費用の会計処理」及び論点③「資産除去債務の全額を負債計上する理由」，そして論点⑤「除去費用の資産計上と費用配分」，さらには論点⑧「リース物件における会計処理」である。なお，論点が多岐にわたるため，ここではリースの会計処理については捨象する。

　論点②「資産除去債務と対応する除去費用の会計処理」に関して，ASBJは，除去費用の会計処理として2つの考え方を提示する。一つは，有形固定資産の解体，撤去等の処分，原状回復のサービス（除去サービス）はそれが除去されたときに受けるが，その有形固定資産の除去サービスを使用に応じて各期間で費用計上し，それに対応する金額を負債として認識する引当金処理であり，もう一つは有形固定資産の除去に係る支払いは，当初取得時ではなく，当該有形固定資産の除去時に行われるが，たとえその支払いが後日で

あっても，債務として負担している金額を負債計上し，同額を有形固定資産の取得原価に反映させる処理を行う資産負債の両建処理である。ASBJは，資産除去債務及び除去費用の会計処理として，引当金処理と資産負債の両建処理のいずれが好ましいのかを問うている。

それに対するコメントのうち8つは引当金処理を選好し，1つは資産負債の両建処理の根拠を明確にするようにASBJに求め，さらに1つは引当金処理と資産負債の両建処理の選択適用を認めるように主張していた。資産負債の両建処理を選好するコメントは1つだけであったのである。引当金処理を選好する理由として，「会計慣行として定着している」，「資産概念との整合性に問題がある」，さらには「合理的な見積が困難である」等があげられている。

こうした主張は，論点③「資産除去債務の全額を負債計上する理由」においても展開されており，「支払金額や支払時期が不確実である」や「引当金方式で十分である」といった理由から資産負債の両建処理に対しては否定的な見解が示されている。また論点⑤「除去費用の資産計上と費用配分」においても「資産性の欠如」を理由に反対意見が示されているし，論点⑥「資産除去債務の割引価値の算定」においても「測定上，合理的な見積が困難である」との見解を示すコメントが複数寄せられている。

これらのコメントから，資産負債の両建処理に対しては否定的な見解が多く，現行認められている引当金処理を望む意見が圧倒的に多かったことが分かる。企業や業界団体からのロビイング活動がそれらの経済的インセンティブに基づく活動であると考えるならば，資産除去債務に対する資産負債の両建処理は企業等のコストを上回るベネフィット（情報効果）を得ることができないと判断したためであるといえるであろう。そして，この情報効果には企業等の業績にマイナスの影響を与える可能性があるのかもしれない。

(2) 公開草案『資産除去債務に関する会計基準（案）』に対するコメント・レター

ASBJは，2007年12月27日に公開草案『資産除去債務に関する会計基準（案）』を公表してから2008年2月4日までをコメント期間とし，広く意見の聴取を行った。かかる公開草案では資産除去債務に対して資産負債の両建処理を提案し，当該債務を将来キャッシュフローの割引現在価値で測定するこ

とを提案した。かかる公開草案に対して，ASBJは，企業，団体，監査法人を中心に16件，研究者等の個人から4件のコメント受け取った。ASBJがまとめた「主なコメントの概要とそれらに対する対応」(ASBJ [2008c]) に基づいてそれらを整理すると，図表4-9のように表される。

図表4-9　ASBJの公開草案とそのコメント数

内　　容	コメント数
用語の定義	7
資産除去債務の負債計上	7
資産除去債務の算定	11
除去費用の資算計上と費用配分	14
資産除去債務の見積の変更	2
開　　示	12
適用時期等	6
設　　例	6

　図表4-8において既述した『資産除去債務の会計処理に関する論点の整理』に対するコメントと図表4-9におけるそれとを比較すると，「資産除去債務の負債計上」に対するコメント数が減少しているのに対して，「資産除去債務の算定」と「除去費用の資産計上と費用配分」がそれぞれ増加していることがここから指摘できる。

　「資産除去債務の負債計上」に対するコメントの内容に関しては，かかる公開草案が示す資産負債の両建処理に対する否定的なコメントはなく，「詳細なガイドラインの設定」を求めるコメントが多かった。「資産除去債務の算定」については，ASBJが求める割引価値の算定に対して否定的な見解が多く，「簡便的な方法」や「詳細なガイドラインの設定」を求める意見が数多く示されている。また，「除去費用の資産計上と費用配分」については，『資産除去債務の会計処理に関する論点の整理』のコメントに対してみられた資産計上自体に対する反対意見はなく，上記2つの問題に対するコメントと同様，「詳細なガイドラインの設定」を求める意見が数多くあった。

　コメントの推移（図表4-8および4-9）から明らかなように，当初利害関係者

は，除去費用の会計処理，すなわち引当金処理か資産負債の両建処理かという点に関心があったが，公開草案において資産負債の両建処理が提案されたことを受け，利害関係者の関心はその影響を最小化する方向に向かったのである。そのことを如実に表しているのが，日本経済団体連合会（以下，経団連）のコメントである。経団連は，「割引前将来キャッシュフローの見積りについて……実務が煩雑となる上，明確な見積り算定は困難であり，仮に算定されたとしても，企業間で差が出る余地があると考えられる（ため）……，簡便的な方法に改めていただきたい」や，「適用初年度の期首差額を特別損失として一時に計上する場合には，企業の経営成績に多大な影響を及ぼす可能性がある（ため）……期首余剰金の調整項目とすること等の方法を認めることについて，再度検討頂きたい」[32]との要望を行うのである。

　しかしながら，ASBJは，ほぼ公開草案どおりの最終基準書を公表する。ただその中でも，産業界への配慮を見せる部分が存在する。それが資産除去債務の割引前将来キャッシュフローの見積である。公開草案では，「生起し得る複数のキャッシュ・フローをそれぞれの確率で加重平均した金額（期待値）を用いるが，生起する可能性の最も高い単一の金額（最頻値）を用いることも考えられる」（ASBJ［2007b］第38項）というように，最頻値を用いる，いわゆる伝統的な現在価値法が次善の方法とされていたのに対して，『資産除去債務に関する会計基準』では，「生起する可能性の最も高い単一の金額（最頻値）又は生起し得る複数のキャッシュ・フローをそれぞれの発生確率で加重平均した金額（期待値）を用いる」（ASBJ［2008a］第39項）というように，伝統的な現在価値法と期待現在価値法とが併記される形となっているのである。こうした対応は，本書第2節で示したように，米国でなされたものと同じであることを鑑みると，その背後には産業界への配慮があったものと考えられるのである。

　　　　　　　　　　　　　　　　　　　　　　　　（小形　健介・金藤　正直）

第7節　おわりに

本章では，日本において2010年4月1日以降開始する事業年度から適用さ

れることとなった資産と負債の両建計上を求める資産除去債務の会計処理が，実務上どのような影響を及ぼすのかを明らかにするために，2001年より適用されている米国での企業に対するインパクトの分析・調査，日本の会計基準の内容分析，そしてその形成過程における利害関係者の動向分析を行った。

資産除去債務の会計処理に対する米国の分析・調査によれば，かかる債務に関する金額上の重要性は乏しいといわざるを得ない。これは，一つに会計基準設定プロセスにおける問題として，そしてもう一つに企業の学習効果の結果と捉えることができる。一方，日本では基準設定がなされたばかりでその影響を直接捉えることはできないが，基準設定プロセスにおいて影響を軽微にしようとする動き，さらには既存の資産除去コストにおける金額的重要性の乏しさ[33]から判断すると，日本においてもかかる基準の影響は金額的に軽微なものにとどまるものと予測される。

とはいえ，環境問題に対する企業の対策が一層強化されることが望まれ，かつそのことに対する開示要求が高まりつつある現代において，資産除去債務に関する質的重要性は高まるものと考えられる。また，今後，建築物等の固定資産に含まれる有害物質やそれに関わる環境法規制への一層の強化が予想される状況を鑑みると，資産除去債務の対象も拡大し，当該債務の金額的な重要性も高まっていくものと考えられる。そうした状況において，企業がどのような対応を見せていくのかは興味深い問題であり，資産除去債務に対する企業の動向には今後も一層注意していく必要がある。

（小形　健介）

注
（1）　資産除去債務に対するASBJの議論の出発点として「国内における環境問題への関心の高まり」（ASBJ［2006d］）をあげており，それゆえ当該問題を環境財務会計の一構成要素と捉えることができよう。
（2）　ASBJでは，資産除去債務の会計処理問題を取り上げることとなった原因として，かかる問題がIASBとの短期コンバージェンス項目になったことをあげている（ASBJ［2008a］par.22）。
（3）　Sutton［1984］はその理由としてポートフォリオの分散の程度をあげる（p.85）。

財務諸表の作成者と利用者という2つの利害関係者を想定した場合に，前者は設定された会計基準を避けることはできないが，後者はその基準の影響を受けない企業や他の金融資産へ投資を行うことで会計基準の影響を回避することができる，といえる。従って，作成者は利用者に比べて会計基準の設定に積極的に関与すると考えられるのである。

（4）　そのような債務の例として，1996年公開草案では次のようなものがあげられている。すなわち，(a) 核施設の解体，(b) 沖合の石油・ガス精製施設の分解と除去，(c) 炭鉱施設の閉鎖，再生，除去コスト，(d) ごみ廃棄場の閉鎖および閉鎖後コスト，そして (e) 危険な産業廃棄物貯蔵施設の閉鎖および閉鎖後コスト，である（par.6）。

（5）　SFAC第6号によれば，推定的債務とは，「他の実体との契約によって結ばれたり政府によって課せられたりするのではなく，ある特定の状態における事実から生み出され，推定され，解釈される」（FASB［1985］par.40）ものである。

（6）　これら見積の変更は，用いられている割引率には影響しない（par.15）。

（7）　なお，2000年公開草案では，資産除去債務を負債として認識するための事象が発生しているかどうかの決定を行うために，以下のガイダンスを用意している（par.7）。

　　　a. 債務は，資産の取得，建設，開発に基づいて発生する。
　　　b. 債務は，比例的か比例的でないかに関わらず，資産の操業期間中に発生する。
　　　c. 新たに制定された法や規則，契約条項の変更のため，あるいは企業が他の実体への義務や責任を負うため，債務は資産の操業期間中のどの時点でも発生する。

（8）　期待現在価値法を用いる際，企業は，除去活動を実行するコストとタイミングに関する市場の評価を反映するようにキャッシュ・フローを見積る（par.17）。そうして得られた見積キャッシュ・フローを，企業は信用状況に対して修正されたリスク・フリー・レートに等しい信用調整済リスク・フリー・レート（credit-adjusted risk-free rate）で割り引く（par.19）。

（9）　こうした測定を行う目的は，各期のはじめに負債の帳簿価額に対して適用される標準的な実行利子率（a level effective interest rate）を表す期間コストを決定するためである。時間の経過による変動を測定するために，信用調整済みリスク・フリー・レートないし負債が当初測定される場合に適用されるレートが用いられる（par.24）。

（10）　当初認識後の認識・測定における見積変更後の資本化コストの減価償却につい

ての記述があること（FASB［1996］par.17）から，これは当然の前提であると推測される。
(11) この点については，米国の会計基準設定構造に基づいてSFAS第143号を分析した小形［2007］の議論を用いる。
(12) コメント・レターの回答者の多くは，以下で示す推定的債務の取り扱いのほかに，1996年公開草案における負債の認識要件にも反対意見を表明している。それは，1996年公開草案のパラグラフ4で示していた，(a) 債務が長期性資産の取得，建設，開発，初期の操業において発生することと，(b) 債務が長期性資産の閉鎖ないし除去に関わり，資産の現在の操業ないし利用が終わるまで債務が生じないこと，に対するものである。

(a) については，「初期の操業」ということの意味に関心が集まり，長期性資産の操業期間にわたって比例的に発生する債務が資産除去債務として扱われない等の批判があった（FASB［2000b］par.47）。FASBはその点についての検討を行い，より重視すべきは，負債の認識が，債務の発生時期ではなく，債務の特質に基づいていることなのであって，長期性資産の操業期間中に発生した資産除去債務に等しく適用可能であるとし，FASBは2000年公開草案において (a) の特徴を排除するという判断を行っている（par.48）。

また，(b) については，長期性資産の耐用年数にわたって部分的に債務が生じる場合があり，そうした債務は負債として認識されないという批判がなされている（par.49）。FASBは，この点についても検討を行い，資産の操業期間中ないし資産の操業が終わった後に債務が確定する可能性があることを確認し，その結果，2000年公開草案において (b) の特徴を排除するという判断を行っている（par.49）。
(13) わが国の契約法においては，当事者間の意思の合致により契約が成立するが，米国の契約法においては，約因が存在しない約束は契約とならないとされている。約因が仮に存在しなかったとしても，約束の相手方が約束を信頼し，その約束を破棄されたことにより不利益を蒙り，かつ約束者がそれを十分予期していたときには，当該相手方を救済する必要があるとして，その約束を強制するための禁反言法理が米国において発展してきたという。ただし，救済される例は必ずしも広範囲ではないという（長束［2004］168頁）。
(14) なお，1996年公開草案では，将来キャッシュ・アウト・フローの見積に当たり，インフレや科学技術の進歩，間接的な内部コストを考慮して，最終的に支払われる金額の最善の見積を行い（pars.55-60），その後に，当該金額を支払いが期待される時期や金額に合致したリスク・フリー・レートで割引くこと（par.66）が明示されている。

(15) ここで，公正価値とは，同様の信用状況にある意思をもった第三者が，企業の債務に固有の義務，不確実性，そしてリスクのすべてを需要し，かつそれらを負うために受け取ることを期待する金額を表している（FASB［2000b］par.85）。

なお，この際に，FASBは公正価値についても2つの代替案を検討している。一つは，ある特定の企業の文脈で，負債を評価しようとする，企業特殊的価値の測定（an entity-specific measurement）である。かかる測定では，企業の負債に関する期待決済と決済における企業占有のスキル（entity's proprietary skill）が反映される。もう一つは，期待される期間にわたって負債を決済するために発生すると企業が予想するコストを捉える原価累計測定（cost-accumulation measurement）である。これら2つの測定からは目的適合的な測定金額が得られず，さらにそれらの測定目的が十分明確ではないため，2000年公開草案の提案から除外されている（pars.86-88）。

(16) 2000年公開草案に対する回答者の多くは，かかる理由から，FASBが原価累計測定を採用すべきであると述べている（FASB［2001a］par.B39）。

(17) SFAS143では，より適切なのは期待キャッシュ・フロー・アプローチであるとしている（par.8）。

(18) 高寺［2003］は，こうしたFASBの決定が，「歴史的原価会計における利益（特に費用）認識の相対的安定性が公正価値会計における利益（特に費用）認識の相対的不安定性を引き付けるアトラクター又は現状回復する復元力として働いた」（212頁）ものであると捉える。

(19) この38社については，米国のエネルギー企業のうち，原子力と関係のない電力事業体や原子力発電所の当該年度の事業に関する情報がMoody's Public Utility Manualsに記載していない事業体や，財務諸表内に除去コストの情報を十分に提供していない事業体をすべて削除した結果の数である（Boatsman et al.［2000］p.227）。

(20) ARO法に基づく資産の帳簿価額はBV^*n（資産の初期コストの2つの構成要素，つまり設備の取得原価と除去コストの減価償却されていない金額），NSVに基づく資産の帳簿価額はBVn（資産の初期コストから設備の取得原価と除去コストからなる減価償却累計額を控除した金額）で表わされている。従って，等式（3）を簡潔に示せば，「$BV*n—BVn$」となる（Boatsman et al.［2000］p.216）。

(21) 図表4-2には「PVnD」で示されている（Boatsman et al.［2000］p.215）。

(22) 規制資産とは長期債権，換言すれば，規制機関が将来の時点において消費者から原価の回収を可能にする長期保証を意味する。一方，規制負債とは前年度における過度に獲得した収益のために消費者に課せられる長期債務を意味し，これは，消

費者に対する将来の課徴金が減少していくことにより減少されることになる（Boatsman et al. [2000] p.230）。これらの詳細についてはFASB [1982] pars.9-11を参照されたい。

(23) ここでも上記の資産の等式と同じように，ARO法に基づく除去費用はE*nとし，NSV法に基づく除去費用はEnと示している。従って，項目（3）は「E*n—En」という形で簡潔に示すことも可能である（Boatsman et al. [2000] p.218）。

(24) 1999年Texacoの連結損益計算書，連結貸借対照表，及びそれらに関する詳細は，植田 [2008], pp.141-144参照。

(25) 2003年ChevronTexacoの開示例，及びその詳細は，植田 [2008], pp.145-150参照。

(26) 2003年の時点では，会計原則の変更はAPB Opinion第20号を適用し，変更した年度までの累積的影響額を損益計算書の当期純利益の計算前の「会計原則の変更による累積的影響額（Cumulative effect of a change in accounting principle）」に計上していたが，2005年にSFAS第154号「会計上の変更および誤謬修正—APB Opinion第20号およびSFAS第3号の置換え」（FASB [2005c]）が公表され，現在では遡及的（retrospective）変更となった。新基準では，新しい会計原則適用初年度の期首の利益剰余金（Retained Earnings）において，変更による金額を認識する。

(27) 2005年Chevronの開示例，及びその詳細は，植田 [2008], pp.150-154参照。

(28) IFRIC解釈指針第1号（IASB [2004f]）では，米国，日本における2つの変更のほかに，直近の市場評価によるc. 割引率の変動についても規定している。IFRIC解釈指針では，負債認識を現在の最善の見積り値による測定としているため，直近の割引率を反映すべきなのである。またIFRICは，b. 見積りの変更とc. 割引率の変動を，同じ方法で処理することが重要であるとしている。

(29) ここではSFAS第143号制定時の累積的影響額としているが，注（26）に示すように，その後遡及的（retrospective）変更となっている。

(30) 建設副産物リサイクル広報推進会議 [2007] の物質別規定より

(31) 同アンケート調査は，東証，大証，名証の第1部上場企業のうち，第3節で述べた米国企業と同じ業種である企業（電気・ガス18社，鉄鋼・鉱業51社，倉庫・運輸関連業74社）143社を対象として郵送調査法により実施した。有効回答数は11件（7.7%）（電気・ガス業1社，鉄鋼・鉱業5社，倉庫・輸送関連業5社）であった。有効回答数の制約から詳細な分析は行えていないが，資産除去コストの金額の財務諸表に及ぼす影響が低い傾向にあることから，回答企業では同コストを経営上あまり重視していないことが指摘された。また，同コスト・債務の開示の必要性に

161

ついても，回答企業の中で見解が分かれた。なお，調査時点において，企業会計基準第18号「資産除去債務に関する会計基準」が公表されていなかったことから，資産除去債務を企業経営上の現実の問題として企業が認識するに至っていなかったのではないかと推察される。

(32)　この点については，日本貿易会も同様のコメントを示している。

(33)　注（31）を参照。

第5章
土壌汚染の会計

第1節 はじめに

　土壌汚染は，有害物質が蓄積して，土壌が汚染されている状態のことをいう。土壌汚染は，汚染が長期にわたり，発見も難しいことから，各国の政策や企業の対応が遅れていた環境問題の1つである。ただし，近年，各国の土壌汚染に関わる法制度が整備されるに従って，土壌汚染は大きな社会問題として顕在化しつつある。こうした状況の中で，土壌汚染は，企業にとっても，多額の処理費用を発生させると同時に，土地の経済的価値を下落させ，企業イメージを下落させる負のストックとなっており，その正確な把握は財務会計の重要な課題である。

　本章は，米国，EU，日本のそれぞれの土壌汚染の問題を，財務会計の立場から考察することを目的とする。まず，財務会計上での土壌汚染及び土壌汚染処理の認識・測定に大きな影響を及ぼす，各国の土壌汚染に関わる法制度と土壌汚染の現状について検討する。米国のスーパーファンド法に代表されるように，土壌汚染に関わる法制度には，各国の土地，土壌，汚染者負担原則に対する考えや土壌汚染の歴史的経緯などが色濃く反映されており，その考察は，土壌汚染に関する財務会計を分析する上で不可欠である。

　次に，各国の土壌汚染の法制度に基づいて，土壌汚染に関わる財務会計の分析と，ケーススタディ，調査などを通した実態分析を行い，土壌汚染の財務会計の理論と実践を明らかにすると同時に，将来の土壌汚染の財務会計が展開すべき方向性を提示する。

（八木　裕之）

第2節　米国における土壌汚染の会計

1　環境法と会計

　米国における環境財務会計の発展の背景には，環境問題に対する社会的な意識の高まりによる各種環境法の制定，及びそれに伴う環境関連支出の増大があった。1970年頃から主要な環境法が相次いで制定されてきたが（図表5-1参照），財務会計上，環境問題への対応に最もインパクトを与えたと考えられるのが土壌汚染に対するスーパーファンド法である。土壌汚染とは人の活動によって排出された有害廃棄物により土壌が汚染された状態であり，人の健康を損なう可能性だけでなく土地の資産価値を下落させ，企業イメージを低下させるリスクもある。このような土壌汚染が社会問題化した。

　土壌汚染問題の対策及び開示要求を強めた事件として，1978年の「ラブキャナル事件（Love Canal incident）」がある。これはニューヨーク州ナイアガラ滝近くのラブキャナル運河で起きた有害化学物質による汚染事件で，ホッカー化学会社が1942年から1953年頃までに同運河に投棄した化学物質が原因であった。廃棄物の中にはBHC（ベンゼンヘキサクロライド），ダイオキシン，トリクロロエチレン等の猛毒物質も含まれていた。その後運河は埋め立てられ，土地は売却され，小学校や住宅などが建設されたが，埋立後20年以上を経て，投棄された化学物質が漏出し，地下水や土壌汚染問題が表面化した。地域住民の健康調査でも流産や死産の発生率が高いことが確認され社会問題となった。小学校は一次閉鎖，住民の一部は強制疎開，一帯は立入禁止となり，国家緊急災害区域に指定された[1]。

　この事件を契機に，全米規模の土壌汚染調査が行われ，土壌汚染の危険のある有害廃棄物処分地は3万から5万ヶ所，各汚染サイトの浄化コストは平均2,500万ドル，最も深刻な問題を抱えるサイトでは1億ドル以上に及ぶと見積られた（Kieso et al. [2004], p.638）。このような土壌汚染に対して米国環境保護庁（EPA）は，1980年に「包括的環境対処・補償・責任法（Comprehensive Environmental Response, Compensation, and Liability Act: CERCLA）」を制定したが，その巨額な浄化費用に対処するために信託基金が設立され，通称スーパーファンド法と呼ばれるようになった。

その後1981年の「シリコンバレー地下水汚染事件」を経て，1986年にスーパーファンド法を改正した。スーパーファンド法の厳しい責任追及の影響

図表5-1　米国における主要な環境法

年	環境法	特徴
1970	「大気汚染防止法（Clean Air Act）」	自動車の排気ガス，工場からの排煙など，公衆の健康を脅かす大気汚染物質に関して，EPAが大気の質的基準（Air Quality Standards）を設定。原子力発電所（Nuclear Power Plant）についても管理。
	「水質汚濁防止法（Clean Water Act）」	EPAは，河川，湖沼，海洋，湿地などの汚濁を減少・除去・防止するために，一定の基準を設定。原子力発電所からの温水の放出も規制。
1972	「騒音規制法（Noise Control Act）」	騒音公害を規制。
	「連邦農薬規制法（Federal Environmental Pesticide Control Act）」	農薬を販売する場合には，予めEPAに登録。
	「海洋保護法（Marine Protection, Research, and Sanctuaries Act）」	海洋投棄を規制。
1973	「絶滅の危機に瀕した種に関する法律（Endangered Species Act）」	絶滅の危機に瀕した種の保護を目的とし，EPAと商務省（Department of Commerce）により執行される。
1974	「安全飲料水法（Safe Drinking Water Act）」	EPAが，公共水道水施設から家庭に供給される水に含まれる汚染物質の上限を設定。
1976	「資源保護回復法（Resource Conservation and Recovery Act：RCRA）」	有害廃棄物を貯蔵，処理，運搬する事業の規制。
	「有害物質規制法（Toxic Substances Control Act：TSCA）」	健康や環境にとって危険な物質について，EPAが製造業者にテストを義務付け規制。
1978	「連邦殺虫剤・殺菌剤・殺鼠剤法（Federal Insecticide, Fungicide, and Rodenticide Act）」	殺虫剤・殺菌剤・殺鼠剤を販売する場合には，予めEPAに登録。
1980	「包括的環境対策・補償・責任法（Comprehensive Environmental Response, Compensation, and Liability Act：CERCLA）」通称スーパーファンド法	有害物質の発生・輸送の規制対象者に連帯責任を負わせる。具体的には，①処分・処理施設の現在並びに過去の所有者及び管理者，②有害物質の輸送者，③廃棄物の輸送を手配した者，④会社のみならず処分を手配した個人等が含まれる。

（出所：Whitington and Delaney ［2004］，pp. 325-328を参考にして作成）

でブラウンフィールド(2)の開発が進まなくなってしまったため，連邦議会は同法を改正して「スーパーファンド修正・再授権法（Superfund Amendments and Reauthorization Act: SARA）」を制定し，汚染責任を免れる者として「善意の土地所有者」(3)を規定した。それとともに，世界に先駆けて化学物質排出移動量登録（Pollutant Release and Transfer Register: PRTR）法〔米国では放出有害物質目録（Toxics Release Inventory: TRI）法〕(4)が成立した。スーパーファンド法は5年間の時限立法で，1980年法の際の信託基金の規模は16億ドル（約1,800億円），1986年法には85億ドル（約9,800億）に増額された。1991年以降更新されていないが現在も存続している。

2 スーパーファンド法

　スーパーファンド法の主な目的は有害物質を投棄した場所の汚染除去であり，連邦政府が有害物質投棄場所の分別を行い，投棄の責任者に汚染除去及び原状回復費用の負担責任を問う。「汚染者負担の原則（polluter pays principle）」に基づき，有害物質処理に関与したすべての潜在的責任当事者（Potentially Responsible Parties: PRPs）に汚染用地の浄化費用を負担させる。PRPsが特定できない場合や特定できても賠償資力がない場合には，スーパーファンドを使い汚染用地の浄化・改善を行う。PRPsの対象は，以下のように広範囲に及ぶ。

　　a　有害物質が廃棄・処分されたサイトの現在の所有者・事業者
　　b　有害物質が廃棄・処分されたサイトの当時の所有者・事業者
　　c　サイトに有害物質の廃棄を行った当事者
　　d　廃棄処理場としてそのサイトを選別し，有害物質を輸送した当事者

　またスーパーファンド法はすべての除去費用に対して，(1) 厳格責任（strict liability），(2) 連帯責任（joint several liability），(3) 遡及責任（retroactive liability）を課す。それぞれの法理の内容は次の通りである。

　(1)　厳格責任主義とは，無過失責任の法理であり，加害者の過失の有無を問わず責任を追及する不法行為責任原則である。従って正当な注意（due care）を払っていても，PRPに該当するだけで自動的に浄化責任者にされる。

　(2)　連帯責任主義においては，複数のPRPsを一体として賠償責任者に

することができると同時に，個別に単一のPRPに損害額の全額を請求できる。自己の負担額以上の弁済を行ったPRPは，その他の共同責任者に求償できる。
(3) 遡及責任主義とは，過去に法規がなく違法ではなかったとしても，現行の法規によってPRPと認定されると当該責任を回避できないという法理に基づく。遡及責任によって，現在の施設の所有者のみならず過去の所有者・事業者まで責任追及される。

つまりスーパーファンド法による責任は，当事者に過失があったか，廃棄・処分時点で環境法を遵守していたか，当事者が有害物質の処分に関与したか，そこから利益を得たかに関係なく課せられる。

またEPAは，違反者に対して行政命令や民事上の罰則を科すことにより環境保護法（Environmental Protection Laws）の遵守を強制する。最も危険な汚染サイトとして特定されると国家優先リスト（National Priorities List: NPL）に登録され，浄化方法・修復状況を提示しなければならない。EPAのスーパーファンド年次報告書（FY 2007 SUPERFUND Annual Report）［2006/10/01-2007/09/30］によると，NPLのうち3分の2が既に浄化を完了しており，2008年7月23日現在，NPL登録サイトは1,255箇所となっている[5]。NPLサイトは，スーパーファンド法の規定によりEPAが毎年見直す。

3 ブラウンフィールド問題
(1) ブラウンフィールド問題の発生

前項で述べたように，1980年に制定されたスーパーファンド法は土壌汚染の潜在的責任当事者に対して，(1) 厳格責任，(2) 連帯責任，(3) 遡及責任という厳しい責任追求を行うものであり，この強力な環境規制が土地再開発の大きな阻害要因となった。またスーパーファンド法の「担保権者規定」により，土壌汚染サイトの所有者や操業者に融資を行った金融機関が修復責任を課されるフリート・ファクターズ判決も出された。このような状況において，土地開発業者・金融機関等は，土壌汚染リスクを忌避して郊外開発に向かい，工場跡地の荒廃と周辺地区の衰退が深刻なブラウンフィールド問題が発生した。ブラウンフィールドとは米国で1970年代に作られた造語であり，国際的に固定された定義はないが，現在米国では「有害物質・汚染物

質・汚染が存在する又は存在の可能性があることによって，不動産の拡大，再開発，再利用が複雑化している不動産」と定義される[6]。ブラウンフィールドは周辺の既成市街地の衰退を招き，スプロールを助長するとともに，不動産取引や企業の合併・買収（Merger and Acquisition: M&A）の停滞をもたらし，土地の再利用による経済的付加価値の発生を阻止する。従って土壌汚染問題は，スーパーファンドサイトの浄化対策と同時に，ブラウンフィールド対策が求められるようになった。

(2) ブラウンフィールド政策

ブラウンフィールド問題に対策を講ずることは，人間の健康や環境に対する悪影響を除去するのみならず，税源の増加，雇用創出，地域経済活性化，既存の社会資本の活用，都市景観の改善等，多様な政策効果をもたらす[7]。従ってブラウンフィールドの再開発は，政府にとっても重要な政策課題である。特に重要性が高い政策として，以下①善意の土地所有者の保護措置，②ブラウンフィールド再開発の支援制度について検討する。

① 善意の土地所有者

スーパーファンド法の強力な規制による負の側面を減じ，ブラウンフィールドの再開発を促進するため，スーパーファンド法における浄化義務対象者の緩和が求められた。法律上の保護を受けるためには「善意の土地所有者」として認められる必要があり，商習慣に照らし合わせて合理的で一般に認められた「あらゆる適正な調査（All Appropriate Inquiries: AAI）」を実施することが要求される。このAAIという概念は，1986年のスーパーファンド修正法では「一般的に認められている商業的，慣習的手法を用いて不動産の使用履歴を調査することをもってAAIとする」と記されているが，その定義の曖昧さから，開発業者や金融機関から現実的な救済措置にはなっていないという批判が起こった。そこでAAI適用にあたっての環境アセスメントを標準化し，「善意の土地所有者」弁済の条件をより明確にした。このとき調査標準として活用されたのが，民間企画設定機関である米国材料試験協会ASTMインターナショナル（American Society for Testing and Materials International）により策定された環境サイトアセスメントであり，1993年にASTMフェーズⅠ[8]（E1527-93）が完成した。以降，1997年（E1527-97），2000年（E1527-00），2005年（E1527-05）の改訂を経て，現在もAAIは責任免

除のための重要な規定となっている。

こうして1990年代以降，土壌汚染浄化と同時に，ブラウンフィールドの再開発を促進する政策が推進されるようになった。

② ブラウンフィールド支援制度

連邦及び州政府は，土壌汚染に対する様々な支援制度を構築してきた。特にブラウンフィールド政策は地域経済活性化という効果をもたらすため，州政府主導で進められ，州の政策が連邦政策へ拡大するという経緯を辿った。1980年代後半から90年代にかけて，汚染サイトに対して州による自主的浄化プログラム（Voluntary Cleanup Program: VCP）が開始され，州法による土壌汚染浄化責任の追求を緩和する責任免除制度の導入や，調査・浄化費用に対する補助金や融資など経済的なインセンティブが整備された。

一方連邦政府は1995年にブラウンフィールド行動指針を発表し，EPAから州や地方自治体へ補助金の交付が開始された。連邦政府の支援制度は，州や地方自治体に資金を提供するという間接的なものが中心であったが，より効果的にブラウンフィールド問題に対処するため，20以上の連邦政府機関が100以上の達成目標を掲げた土壌汚染に関する連携行動計画（Brownfields Federal Partnership Action Agenda）を公表した。

4 会計基準の制定

土壌汚染に対する厳しい責任追求と修復義務を課すスーパーファンド法の制定によって，企業における環境負債の認識・測定・開示が財務会計上重要な問題となり，1996年にAICPAは，実務指針（Statements of Position: SOP）96-1「環境修復負債」を公表した。SOP 96-1の主な目的は，環境修復負債を認識・測定・開示すべき特定の状況において，企業が適用する現行の強制力のある会計規範を改善し具体化することである。この指針適用に際しては，厳格責任，連帯責任，遡及責任という特徴を有するスーパーファンド法を初めとする環境法，及び環境修復手続きの過程を理解することが必要である。従ってSOP 96-1は2つのパートから構成されており，パート1では公害規制（責任）法や環境修復（浄化）法に関する主要な連邦法，及び州や米国以外の法規に関して考慮すべき事項について論じ，パート2では，パート1で示した環境法に起因した環境修復負債の認識・測定・表示・開示に関連

した会計問題について，強制力のある指針を示している。

(1) SOP 96-1制定の背景

　1992年のプライスウォーターハウスの調査では，調査対象となった米国の大企業523社のうち，約62％の企業が財務諸表に計上すべき土壌汚染関連の負債の存在を認めていながら計上していない，ということが明らかになった。またこの調査で，環境修復コストの測定は難しく，環境修復負債を報告する時期が実務上まちまちであることが判明した (Price Waterhouse [1992])。

　このような状況を受け，1993年1月にAICPAでは環境問題円卓会議を開催した。その目的は次のようなものであった。

- 財務諸表作成に当たり，環境関連事項に対して一般に公正妥当と認められた会計原則 (GAAP) や一般に公正妥当と認められた監査基準 (GAAS) を適用するための実務上の問題点の調査
- 強制力のある会計及び監査の指針が必要とされる，環境に関連する会計問題の認識
- 環境関連事項に対して，現行の会計及び監査基準を適用するための指針の提示とその発展の推進

特に米国証券取引委員会 (SEC) スタッフが注目した事項は，環境修復負債の会計処理及び開示の問題であった。こうした内容を受け，1996年にAICPAは環境負債に関連した実務指針SOP 96-1「環境修復負債」を公表し，1996年12月15日以降に始まる会計年度に対し適用した。

　基本的にSOP 96-1が規定するのは次のような環境法に起因した環境修復負債である。

- スーパーファンド法
- 資源保護回復法 (Resource Conservation and Recovery Act: RCRA) (図表5-1参照) の正規活動規定
- RCRAに類似した州及びU.S.以外の法律又は規定

SOP 96-1は環境法により義務付けられた環境修復負債に，SFAS第5号 (FASB [1975]) による偶発債務の認識規準を適用すべき指針であり，通常環境修復負債はSFAS第5号に適合したときに計上される。一般に米国はEU諸国に比べて，法規制に対する厳格な負債認識要求と高額なペナルティを設定しており (Bennett・James [1998], p.53)，SOP 96-1でも負債とペナルティ

の認識及び回避に焦点を当てた環境負債の認識・測定・開示に関する問題を扱っている。またSOP 96-1は，主に過去の活動に起因する環境汚染の改善・修復・浄化等により発生する環境負債を規定しており，将来の事業活動に起因する環境負債の会計処理については，2001年にFASBが公表したSFAS第143号"Accounting for Asset Retirement Obligations"「資産除去債務の会計」等で規定されている。これに関しては，第4章で詳細な分析・考察を行っている。

(2) 環境修復負債の認識

SFAS第5号では，次の2つの条件に合致したときに負債認識を要求している（FASB [1975], par.8）。

　a　財務諸表における資産が減損しているか負債が発生している可能性が高い（probable）ということを示す情報を，財務諸表発行前に入手可能である

　b　損失額が合理的に見積れる（reasonably estimated）

企業によって認識される環境修復負債は，明確な事象として区別したり，特定時点における損失額を確定することは困難な場合が多いが，上記a, bの負債認識要件の適用について検証してみる。

　a　環境修復負債の原因となる事象は，修復活動（少なくとも調査）が行われるサイトにおける過去又は現在の活動や，サイトへの廃棄や輸送によるものであるが，環境修復コストに対する負債の存在はその事象や活動の継続によって明確となり，それに伴い損失額の見積りが可能となる。財務諸表において負債を認識するためには，これらの事項が財務諸表日前に明らかになっていなければならない。

　b　損失額の見積りはどの段階においても不確実性を含んでいるが，特に修復プロセスの初期の段階では不確実性が高いため，コストの見積りが困難な場合が多い。コストの見積りに必要な要素には次の事項がある。

- サイトにおける有害物質の種類と範囲
- 修復に使用可能な技術の範囲
- 修復に対して許容された基準
- 他のPRPsの数，財政状態，及び修復に対する彼らの責任の範囲（つまり彼らがサイトに廃棄した有害物質の範囲と種類）

FASB 解釈指針第14号「損失額の合理的な見積り」では，SFAS 第5号のパラグラフ8 b「損失額が合理的に見積れる」という認識規準を，「損失額の範囲が合理的に見積れる」に拡張している。修復プロセスの初期の段階では不確実性が高いため損失額を簡単に定量化することはできないが，実務的には見積りは範囲で行われる。決定される見積り金額は，範囲の中で最も可能性の高い見積り額がある場合にはその金額，ない場合にはその範囲における最も低い金額となる。

　環境修復負債の見積りは，当該サイトに他のPRPsが含まれているとき，さらに複雑になる。サイト修復に関連するコストはPRPs間で配分されるが，企業の最終的な債務はPRPs間でのコストの配分交渉や，他のPRPsの基金の能力に依存し，修復が実質的に完了するまで確定しない。しかし配分に関する不確実性は，企業の負担割合を最善の見積り額で認識することを妨げるものではなく，最善の見積りができない場合でも，修復負債の合計金額が一定の範囲で合理的に見積れるのであれば，見積り範囲の最低金額で認識する。

(3)　環境修復負債の測定

　上述したように，環境修復負債の発生可能性が高いときには，入手可能な情報に基づき損失額を見積る。その後，環境修復負債を財務諸表で報告するに当たり，計上金額の測定において次の事項を考慮すべきである。

① 　予想される将来事象の影響及び割引

　サイト修復に必要な期間は長期に及ぶことが多く，修復プロセスを統制する法律や，修復活動を遂行するための技術は，修復過程で変更になりうる。加えてインフレの影響や生産性の改善も，発生するコストの見積りを変える。修復技術は絶えず変化しており，多くの場合，新技術は環境修復コストの変更をもたらすが，基本的に負債見積りのための修復活動計画は当初見積り時に，修復行為を完了するために承認されると予想される技術に基づいて策定される。そして新技術が受容される可能性が高いとみなされるまで，それを負債認識のベースとする。

　また負債の測定では，負債の現金支払い金額と時期が確定しているか，「信頼性のある決定」がなされるならば，貨幣の時間価値を考慮して現在価値に割り引く。これは1993年に公表されたFASB緊急問題専門委員会

(Emerging Issues Task Force: EITF) 93-5「環境負債の会計」に適合させた考え方である。EITF 93-5 (GAAPのカテゴリーC) で合意された結論は, パブリックコメントを含み正当なプロセスを踏んだ, GAAPのより高い階層である当SOP 96-1 (同カテゴリーB) に組み入れることによって有効に引き継がれた。

② 潜在的回収の影響

環境修復コストに対する潜在的回収額は, 負債に対するコストの配分とは区別して認識される。潜在的な回収は, 保険会社, 関与しているPRPs以外のPRPs, 政府, 第三者のファンドなどさまざまな当事者からなされる。環境修復負債の金額はいかなる潜在的回収額からも区別して決定されるべきであり, 回収に関する資産は, 回収請求の実現可能性が高いときにのみ認識される。もしも請求が訴訟に関わる場合には, 回収請求の実現可能性が高いとは考えられない (AICPA [1996] par. 6.21)。

潜在的回収金額の測定には公正価値が使用され, 公正価値の概念においては, 回収受領に関連する取引コストと, 貨幣の時間価値が考慮される。しかし (a) 負債が割り引かれていない場合, (b) 回収時期が負債支払い時期に依存する場合には, 潜在的回収額の測定に貨幣の時間価値を考慮すべきではない。通常, 環境修復負債の発生の可能性が高く, かつ金額が合理的に見積れる時点は, 関連する回収が実現する可能性が高い時点に先行する (AICPA [1996] par. 6.22)。

(4) 開　　示

APB Opinion 第22号「会計方針の開示」では, 財務諸表の注記の会計方針に記載すべき会計原則に関しての指針を示しており,「財政状態や経営成績の認識に重大な影響を及ぼす会計原則は開示すべきである」(APB [1972], par. 12) と述べている。特に代替的な方法が存在する場合には, 適用した会計原則及びその適用方法を開示すべきである。環境修復コストは重要性を増してきており, 多くの環境偶発損失の会計は判断すべき内容を含んでいるため, 環境修復コスト・負債計上における適用基準等の開示は, 企業の財務諸表の使用者の理解にとって有用である。

また環境修復債務に関する負債計上が割引ベースで測定されているかどうかも開示すべきである。現在価値法を使用している場合には, 追加の開示が

必要となる。この他要求事項ではないが，企業の環境修復関連の債務によって発生する偶発損失の認識の引き金となる事象や状況（実行可能性調査中や終了時の事項等）についての開示や，潜在的回収の認識時期に関する開示などが自発的に行われる（AICPA［1996］par.7.12）。

5　ブラウンフィールド法
(1)　ブラウンフィールド法の制定

　連邦政府は1997年から始めたブラウンフィールド再開発支援政策を大幅に拡充し，2002年に「小規模事業者の責任免除とブラウンフィールド再活性化法：通称ブラウンフィールド法（Small Business Liability Relief and Brownfields Revitalization Act: Brownfields Law）」を制定した。これは州政府のブラウンフィールド政策を尊重し，自主的浄化プログラムに対する正式な支援を位置づけたものである。これにより，それまで十分に機能していなかった「善意の土地所有者」という汚染浄化義務の免除規定を拡充し，その成立要件を明確にした。具体的には，「善意の土地所有者」と呼ばれていた免責対象者をさらに細かく分類し，①土地取得予定者，②汚染源に隣接している土地所有者，③善意の土地所有者，という区分を設定した（図表5-2参照）。

　①土地取得予定者は，購入以前に起きた汚染に対するスーパーファンド法上の責任対象から除外され，土地購入時に汚染の存在を認知していた，あるいは購入後に汚染が発見された場合でも，必要とされる一定の処置をとるだけで浄化義務は発生しない。②汚染源に隣接している土地所有者は，所有す

図表5-2　善意の土地保有者等

①土地取得予定者（Bona fide prospective purchaser） CERCLA Section 107(r)	取得を検討している対象の土地が既に有害物質に汚染されてしまっている者
②汚染源に隣接している土地所有者（Contiguous property owner） CERCLA Section 107(q)	所有地が汚染源に隣接していたため，自らの責任とは無関係に所有地が汚染されてしまった者
③善意の土地保有者（Innocent landowner） CERCLA Section 107(b)(3)	汚染の事実を知らずに土地を取得した者

（出所：EPA Standard Practices for All Appropriate Inquiries；Brownfields and Land Revitalization (http://www.epa.gov/brownfields/aai/proposed_rule.htm) 参照）

る土地の汚染が専ら近接する他人の土地からの有害物質の発生によって引き起こされた者を指し，土地購入時に汚染の存在を認識していた場合や，汚染発生時に必要とされる一定の処置をとらなかった場合を除き，汚染浄化義務が発生しない。③善意の土地所有者は，1986年の修正スーパーファンド法において規定されていたが，善意の土地所有者と見なされるための条件が曖昧で限定的な解釈しかなされてこなかったため条件を明確化し，その範囲を実質的に拡大した。こうして「善意の土地所有者等」(上記①②③を合わせたもの) は，当該土地における土壌汚染の事実を知らなかった，知り得なかった，或いは当該土地を取得する以前から汚染が存在していたこと等を立証することにより抗弁が認められるようになった。厳格なスーパーファンド法の浄化責任から「善意の土地所有者等」を保護し，土壌汚染地の所有を実質的に認めることにより，ブラウンフィールドの商取引の促進と再開発問題の解決を目指した。

またブラウンフィールド法では，ASTM フェーズⅠ[9]の実効性を認め，AAI 実施のための暫定基準として採用することを明記した。「善意の土地所有者等」として認定されるための要件の一つがAAIと呼ばれる土壌汚染調査の実施で，環境サイトアセスメント，又は環境デュー・デリジェンス[10]と呼ばれる。AAIの目的は，各種資料や土地所有者・施設管理者等への聞き取り調査を通じて，当該土地の使用履歴，有害物質の取り扱いや廃棄物処理の履歴，汚染浄化措置の有無等の情報を収集し，それに基づいて対象土地における土壌汚染の事実，或いはその可能性を確認することにある。このような環境デュー・デリジェンスの整備により，不動産流通における土壌汚染リスクの不確実性が大幅に軽減された。

さらにブラウンフィールド再開発に関連して，ブラウンフィールド税イニシアティブといわれる税控除や補助金などの政策が取られ，買い手が浄化する際にも浄化費用の税控除が受けられるようになった。土壌汚染に対する支援は複数の政策課題を同時に実現することが可能なため，補助金や融資，税優遇などにより，第三者が再開発する際の財政面からの支援制度を多数組み入れ，再開発促進のためのより現実的な支援策となっている。

(2) 連邦政府によるAAI新基準

ブラウンフィールド法制定に際し，連邦政府はAAI実施基準を政府の責

任で新たに定めるようEPAに命じ，新基準は連邦議会によって提示された10原則（CERCLA Section 101 (35) (2) (B) (iii)）（図表5-3参照）を満たすものでなくてはならないという枠を嵌めた。EPAは現行のASTMフェーズIでは政府が要求する調査水準を満たさないとして，10原則を適用させた新政府基準の策定作業を進めた。

　AAI新基準の策定過程において，EPAは州政府や民間の関係者を招集して官民合同の策定委員会を設置し，参加者25名による規制文書採択という過程を踏んだ。この手法が採択された背景には，環境リスク管理については民間部門における技術的進歩が早く，そのノウハウを積極的に生かすことが効率良い環境行政につながるというEPAの判断があった。策定委員の選定にあたっては，連邦諮問委員会法（Federal Advisory Committee Act of 1972）[11]に基づくバランスのとれた委員構成が求められ，規制対象業界，地域社会，州政府以下地方自治体等の利害関係者が幅広く招集された。基本的に委員数は25名以内と規定されており，AAI基準策定ではこの枠を最大限利用した。

図表5-3　連邦政府により提示されたAAI新基準が満たすべき10原則

① 環境専門家が調査を行う（proposed § 312.21）
② 現在，及び過去の所有者，管理者，占有者に対して聞き取り調査を行う（proposed § 312.23）
③ 対象地が最初に開発されてから現在にいたるまでの使用履歴を調査する（proposed § 312.24）
④ 連邦法，州法等に基づく環境担保権の有無を確認する（proposed § 312.25）
⑤ 対象地及び周辺地の汚染状況に関わる政府記録を調査する（proposed § 312.26）
⑥ 対象地及び周辺地への視認調査を行う（proposed § 312.27）
⑦ 土地所有者，新規購入予定者の有する情報を生かす（proposed § 312.28）
⑧ 汚染がないと仮定した場合の地価と，実際の購入価格を比較・検討する（proposed § 312.29）
⑨ 対象地に関して広く知られている情報，容易に確認できる情報を調査に生かす（proposed § 312.30）
⑩ 収集した情報を総合的に判断した上で汚染状況を確認するとともに，収集した情報が汚染状況を判断するに十分であったか否かについて検証する（proposed § 312.31）

（出所：EPA Standard Practices for All Appropriate Inquiries; Brownfields and Land Revitalization (http://www.epa.gov/brownfields/aai/proposed_rule.htm) 参照。）

EPAが主体かつ一委員であるこの「あらゆる適正な調査（AAI）実施基準策定委員会」は，2003年より協議を行い，2004年に本文の草案を公表した。2005年にEPAによる環境サイトアセスメント（フェーズⅠ調査）の標準となるAAIが発効され，2006年から施行された。従来の標準からの重要な変更点は，環境専門家（Environmental Professional: EP）による調査及びその資格要件の導入，現在及び過去の土地所有者等へのヒアリングの義務化，隣接地の土地所有者等へのヒアリングの実施等である。この新基準発効を受け，企業内部の環境デュー・デリジェンス方針を改め，一定の政府記録データや環境先取特権（Environmental Liens）調査を厳格化する動きも出てきた。

なおAAIでは，試料の採取等のフェーズⅡは強制されないと明記しているが，裁判所が免責を認めるため，AAIの一環としてサンプリングを行うべきとする判断を下す可能性もある。これは情報欠如問題（Data gap）ともいわれ，情報欠如の程度とそれが最終判断に及ぼす影響（汚染状況を正確に判断できるだけの材料が揃っているか否か）を説明し，必要に応じてサンプリング等のフェーズⅡを要求する[12]。AAI新基準は実質重視である点が特徴的であり，土壌汚染調査活動がチェックリスト的な形式主義に陥ることを避け，環境サイトアセスメントの長期的な質向上につながることを目指している。

EPAによるAAI新基準は，既に民間規格が築いてきた関係者間の共通認識を土台とし，その上に政府が法律としての肉付けをした形となっている。これに合わせ，従来実施標準として機能してきたASTMフェーズ1（E1527-00）も改訂され，改訂後のASTMフェーズⅠ（E1527-05）[13]は，より噛み砕いた用語の定義や，調査報告書の雛型を提供し，実務に即した使いやすいものとなった。このようにAAI実施基準は，民間規格を政府基準が補完する形で策定され，米国の環境デュー・デリジェンスは民間と政府，両部門の相互作用によって発展してきた。

① AAI新基準の米金融機関への影響

スーパーファンド法の「担保権者規定」により，土壌汚染サイトの所有者や操業者に融資を行った金融機関が修復責任を課されるフリート・ファクターズ判決が出されたことなどを受け，1996年には「資産保全・貸手責任・預金保険保護法（Asset Conservation, Lender Liability and Deposit Insurance

Protection Act of 1996)」が成立し，金融機関が当該汚染の原因となる経営事項に関与していない限り，スーパーファンド法による汚染責任を追及されないとする保護規定が明文化された。さらに2006年から，土壌汚染フェーズⅠ調査の新たな標準であるAAIが施行され，商用不動産に融資する大手金融機関では，AAIを踏まえた環境デュー・デリジェンスの実施を推奨している。

　米国の金融機関は，当該土地の担保価値，不動産ローンの転売可能性等の側面から，土壌汚染リスクにより多大な影響を受けているが，与信先の環境リスクの大小は，環境規制のあり方によっても決定される。金融機関では，こうした環境リスクを管理するため，融資契約書（環境条項），環境保険，環境法制度，そしてフェーズⅠ，フェーズⅡ等の環境デュー・デリジェンスを用いている。AAI新基準は，この環境デュー・デリジェンスの実施標準を定めるものとして注目される。

② 土壌汚染対策と温暖化対策

　近年，地球環境問題の中でも温暖化対策の重要性が世界的に高まり，国際会議においても，温暖化ガス排出量削減の数値目標が提示されている。このような状況の中で，従来の土壌汚染対策，及びブラウンフィールド対策においても，温暖化対策を踏まえた取り組みが求められるようになっている。具体的には，グリーン浄化と呼ばれるCO_2排出量の少ない土壌汚染浄化手法の採用，ブラウンフィールドの再利用の促進，再利用後に建設される環境配慮型建物の構築等があげられる。かつて工場などが操業されていたブラウンフィールドは，交通の利便性に優れ，市場の発達した大きな都市部に近いため，再利用することによってコンパクトな都市形成が可能となり，社会資本コストの低減につながる。また郊外化による自然環境の破壊を食い止め，新たな開発に伴う温暖化ガス排出量の増大を防ぐ。今や土壌汚染問題は個別の浄化工事に止まらず，当該土地を含む地域全体の環境・経済・社会の再生という視点で対応することが求められ，地域との調和を重視した政策が進められている。

6 土壌汚染の会計処理
(1) 土壌汚染による環境リスク

　1980年のスーパーファンド法，1996年の会計基準AICPA SOP 96-1「環境修復負債」，2002年のブラウンフィールド法等，法律及び会計基準の制定を背景に，土壌汚染問題は企業にとって大きな環境リスクとして認識されるようになった。土壌汚染により想定されるリスクには次のようなものがある。①土壌汚染調査・対策費用の発生及び負債認識の要求。②土地の資産価値の下落―不動産価格は従来の価格から土壌汚染調査・対策費用を差し引き，さらに汚染発覚時のスティグマ（風評被害）コストを差し引く。これにより不動産の担保価値が減少し，金融機関の不良債権処理へのインパクトも懸念される。③企業イメージの低下―環境への関心が高まり，土壌汚染の対処法が企業イメージに影響を与える。これらの土壌汚染リスクにより，企業の財務は悪化する。

　土壌汚染によるリスクは環境的側面だけでなく，経済的側面・社会的側面からも重大な問題であり適切な会計的対応が求められる。企業にとって重大な土壌汚染による環境リスクを明らかにし，土壌汚染対策に伴うコストや負債，また土壌汚染による資産価値の低下等を財務諸表に適切にオンバランスするため，必要に応じて財務会計基準の整備・制定を行い，土壌汚染の影響を含めた企業の正しい経済実態を表す必要がある。

(2) 土壌汚染に対する負債認識

　土壌汚染確認時，当該土地の資産価値は一般的に低下していると考えられ，企業の正しい経済実態を表すためには，この土壌汚染による土地の資産価値の低下分を認識する必要がある。資産価値の減額に対しては，減損会計の適用が考えられる。減損とは資産の収益性の低下により投資額の回収が見込めなくなった状態であり，減損会計ではこの資産価値の低下を簿価に反映させ，損失として認識する。

　しかし土壌汚染に対して減損損失を認識すると，資産の簿価が直接切り下げられ，その後土壌の浄化・修復による資産価値の回復を認識しない。前項までに論じたように，米国では1980年にスーパーファンド法が制定され，企業の土壌汚染対策は法的義務となった。つまり土壌汚染は土地の資産価値を低下させるだけでなく，企業に土壌修復義務という多額の債務をもたらす

可能性がある。企業は土壌汚染対策を法的に強制され，それに伴い多額のコスト及び負債が発生する。それらを会計として適切に認識するためには，将来の土壌汚染対策コストを正確に測定する必要性がある。このような企業の土壌汚染対策義務を財務会計制度において認識すべく，十年以上にわたり会計基準の検討が行われてきた。しかし土壌の浄化・修復作業は通常長期に亘るため，浄化方法や浄化活動期間の変更，浄化技術の進歩などの影響を受け，将来コストの支払時期や金額に不確実性が伴う。従って，負債金額の合理的な見積りが可能かどうかが論点となる。

　本節第4項で論じた1996年 AICPA SOP 96-1「環境修復負債」は，環境負債の認識・測定・開示について包括的に扱った会計基準であるが，そこでは負債の認識要件を（1）発生の可能性（probable），及び（2）金額の合理的な見積り（reasonable estimate）とした。しかし2000年にFASB SFAC 第7号「会計測定におけるキャッシュフロー情報と現在価値の利用」（FASB [2000a]）が公表され，その後2000年代に入ってから公表された会計基準，SFAS 第143号「資産除去債務の会計」（FASB [2001a]）や同146号「撤退又は処分活動に関連するコストの会計」（FASB [2002b]）では，負債の認識要件を発生可能性ではなく測定可能性に置いた。つまりSFAC第7号を適用し，負債支払いのために必要な将来キャッシュフローを期待キャッシュフロー・アプローチによって算出し，これを現在価値に割り引いた金額を負債の公正価値と考え，この公正価値の測定が可能であれば財務諸表に負債を計上する。負債金額は企業の決済方法に関係なく客観的に評価された固有のものであり，それには公正価値が適切な属性を有する（Foster and Upton [2002] 邦訳120頁参照）。

　土壌汚染問題は個々の事例によって性質が異なり，その負債測定にあたっては事例ごとに不確定要因が異なるため個別対応しなければならない。このような複雑な測定上の問題を有する土壌汚染に対しては，伝統的な負債認識アプローチよりも期待キャッシュフロー・アプローチの方が有効性が高いと考える。つまり，すべての起こりうるシナリオごとの将来キャッシュフローに対し，それぞれの確率によって加重平均した期待キャッシュフローを算出し，それをリスクフリー・レートで現在価値に割り引く。こうして測定された土壌汚染修復債務に対する負債の公正価値が財務諸表に計上される。土壌

汚染に関する将来支出は現在の債務であるが，これまで不確実性により最善の見積りができないという測定上の問題から認識されないものが多かった。しかし期待キャッシュフロー・アプローチを適用することにより環境負債の測定が改善され，財務会計制度として確立するための有効性が高まるのではないだろうか。土壌汚染対策が企業にとっての現在の債務であり，かつ負債認識要件に適合するならば，基本的には負債認識すべきである。そしてその後，どのように浄化・修復を行っても完全には汚染前の土壌水準への回復が見込めない場合，汚染前の簿価と，浄化・修復により物理的改善がみられた水準において算定される簿価との差額部分についてのみ減損会計を適用する。

米国ではスーパーファンド法の制定に伴い企業の土壌汚染対策は法的債務となり，巨額な土壌汚染調査・修復費用や負債，損害賠償費用等が発生し，財務会計にも多大な影響を与えてきた。それらを財務諸表に適切にオンバランスし，企業の正しい経済実態を財務諸表に反映させる必要がある。企業が直面している土壌汚染問題に対する環境リスクを適切に把握し，環境コスト，環境負債及び減損等を扱う首尾一貫した包括的な財務会計基準を策定し，さらに国際的に統一された会計処理方法として確立させていくことが求められる。

7 年次報告書における開示要求

EPAは，企業の環境法遵守の状況を重要な投資情報として一般に開示するためSECと覚書を交わし，企業の環境上の遵法性に関する情報を共有する等の情報開示促進策を講じた。2001年に「SEC登録者の環境法上の情報公開に関する通達（EPA's Notice of SEC Registrants' Duty to Disclose Environmental Legal Proceedings）50」を出し，年次報告書における環境報告を呼びかけた。これによりスーパーファンドNPL企業は，具体的に以下の項目についての開示を求められる。

- SEC Regulation S-K, Item 101：「事業の記述（Description of Business）」において，環境法の遵守又は違反による企業の資本支出，収入及び競争状態に及ぼす重大な影響
- SEC Regulation S-K, Item 103：「訴訟（Legal Proceedings）」において，

(1) 財政状態にとって重要，(2) 金銭的制裁や資本支出等が資産の10％以上，(3) 政府機関が関係する訴訟で金銭的制裁が10万ドル以上，という条件のいずれかに当てはまる場合には，環境に関する紛争中の訴訟や決着した訴訟について，少なくとも四半期毎に開示
・ SEC Regulation S-K, Item 303：「財政状態及び経営成績についての経営者の討議と分析（Management's Discussion and Analysis of Financial Condition and Results of Operations）」において，将来の事業活動の純売上高，収益又は収入に重大な影響を与えると思われる環境問題

これら年次報告書における環境情報の開示義務は，SEC登録企業，すなわち株式を公開する全ての事業者に課せられる。

(1) 年次報告書における開示例 ― 2007年 Chevron

上記年次報告書における開示要求のうち，特に財務状況の開示内容をみるため，実際の企業の「財政状態及び経営成績についての経営者の討議と分析」を抜粋する。図表5-4は，2007年シェブロンの年次報告書における「財政状態及び経営成績についての経営者の討議と分析」からの抜粋である。

図表5-4で示すように，シェブロンでは，スーパーファンド法サイト及び他のさまざまな州法適用によるサイトの税引前環境修復負債額を，2005年から2007年までの経年比較で表にしている。2007年末の負債残高15億3,900万ドルの中には，スーパーファンド法などの環境法に基づきPRPとして認識している，又はEPAその他の規制当局に修復を要求されている240サイトに対する修復活動コストが含まれている。2007年末のこれらのスーパーファンドサイトに対する修復負債額は1億2,300万ドルである。また将来EPAその他の規制当局によって新たなPRPと認定され浄化を求められたとしても，その際の浄化コストは，企業の連結財務諸表に重要な影響を及ぼすものではないと考えられる。

このように企業は，年次報告書の「財政状態及び経営成績についての経営者の討議と分析」において，スーパーファンドサイト数及びその修復負債額を具体的に明記している。

8　今後の展望

米国では，土壌汚染問題に対して1980年にスーパーファンド法が成立し，

その後十数年かけて会計としての対応が検討され、1996年にAICPA SOP 96-1「環境修復負債」が公表された。しかし強力な環境規制がブラウンフィールド問題を引き起こし、官民合同でその対策に取り組んできた。このように米国の土壌汚染対策は、今日まで約30年に及ぶ経験が蓄積されてきている。

そして今日もなお、米国の連邦政府や州政府にとって、土壌汚染の再開発は重要な政策課題として位置付けられ、多くの支援制度が策定されている。土壌汚染の再開発は、人間の健康、環境問題、地域の活性化、雇用創出、税源増加、既存の社会資本の活用、都市景観の改善等の効果をもたらす。さらに近年、米国では汚染土壌だけを対象に支援を行うのではなく、より広範囲を対象とし、地域全体の開発の中に土壌汚染の再開発を位置付けて支援を推進していく方法も採用されている。

こうした状況において、現行のAAI新基準、及びASTMフェーズⅠ（E1527-05）等の制度の有効性が測られ、さらに制度の新たな不備を認知し

図表5-4　2007年Chevronの年次報告書における開示例

Litigation and Other Contingencies
(omit)
　The following table displays the annual changes to the company's before-tax environmental remediation reserves, including those for federal Superfund sites and analogous sites under state laws.

Million of dollars	2007	2006	2005
Balance at January 1	$1,441	$1,469	$1,047
Net Additions	562	366	731
Expenditures	(464)	(394)	(309)
Balance at December 31	$1,539	$1,441	$1,469

　Included in the $1,539 million year-end 2007 reserve balance were remediation activities of 240 sites for which the company had been identified as a potentially responsible party or otherwise involved in the remediation by the U.S. Environmental Protection Agency (EPA) or other regulatory agencies under the provisions of the federal Superfund law or analogous state laws. The company's remediation reserve for these sites at year-end 2007 was $123 million. The federal Superfund law and analogous state laws provide for joint and several liability for all responsible parties. Any future actions by the EPA or other regulatory agencies to require Chevron to assume other potentially responsible parties' costs at designated hazardous waste sites are not expected to have a material effect on the company's consolidated financial position or liquidity.
　(omit)

（出典：Chevron［2007］p.45）

対応していくことにより一層の進化が期待される。米国の土壌汚染対策は官民合同で取り組んできた歴史があり、今後も更なる環境デュー・デリジェンスの質的向上を目指して発展していく分野であると思われる。そのような土壌汚染問題に対し、会計的な対応が行き泥むことなく、会計理論上及び実務的側面おいて有効性の高い方法が継続的に検討されていく必要があろう。

（植田　敦紀）

第3節　欧州における土壌汚染の会計

1　はじめに

　欧州においては、大気や水と同じく、環境を形成・維持する主要な媒体のひとつである土壌について、その汚染状況の調査や浄化、修復、さらには汚染予防の対策の必要性が、早くから認識されていた。しかしながら、土壌問題は、農業をはじめとする第一次産業はもとより、鉱工業、重化学工業、廃棄物処理業などのいわゆる静脈産業、その他の各国の産業構造などに直接関わる問題であるだけでなく、都市計画や地域開発、観光政策、景観や生物多様性の保護などの欧州各国の自然保護政策や環境保全政策、政治経済的ビジョンや課題に影響し、さらには人々の生命や身体、健康、安全な生活などの人権問題にも関わる問題である。そのため、土壌そのものを正面から取り上げた欧州全体での統一的な法制度や系統的な調査分析等を行うことはなかなか困難であった。必然的に、土壌問題は、各国ごとに、農業や森林等に関連する法規制の中で扱われたり、大気汚染問題や水質汚濁問題、廃棄物問題等に付随し、時に内在する問題として規制や保護の対象となり、さまざまな法規制や経済産業政策等が複雑に入り組む中に置かれてきたのであった。

　他方、ECを核とする欧州連合（EU）への統合が進展するにつれ、環境政策は着実に整備されてきた。EC構成国の間で1973年に始まった環境行動計画（第1次）も、2001年から第6次環境行動計画に伸展してきている。特に、この第6次環境行動計画は、それ以前の5次にわたる環境行動計画が宣言もしくは決議という加盟国に対して拘束力のないものであったのに対し、EC条約第251条に規定する共同体決定手続きによって決定（decision）され

た，文字通りに法的拘束力をもつ行動計画となった。

　土壌問題に関係する会計処理は，欧州に限ったことではないが，その多くは会計規準の理念や解釈に依存するというよりも，適用される土壌汚染関連法規制や関係諸制度のありかたに依拠する。そこで本節では，欧州の中でも土壌問題関連法制において先進的といわれているオランダとドイツの事例を概観し，ついで近時のEUにおける土壌戦略について考察していくこととする。

2　オランダの土壌問題
(1)　土壌保全法の制定

　オランダにおける土壌問題対策法制度は，1978年のレッカーケルク (Lekkerkerk) 事件[14]を契機として整備された。1983年制定の暫定土壌浄化法 (Interimwet Bodemsanering, IBS, Stb.) では，土壌汚染地の調査・把握を行政が計画的に行い，汚染浄化費用等については「原因者負担の原則[15]」に従って転嫁するシステムを導入した。しかしながら，行政主導のこの浄化システムは，その法的根拠を不法行為における民事責任に立脚すべきものとしたため，会計上は通常の損害賠償義務に対するものと同様に偶発債務として処理されるに過ぎなかった。

　その後，1986年に土壌保全法 (Wet bodembescherming, Stb.374) が制定され，1994年に両法が統合されて，全国に広がる汚染地を80年間で浄化することを基本とする土壌浄化計画が立案された。もともと広大な干拓地の上に成立するオランダの地歴は，大規模な国土開発計画と無関係ではありえない。そのため，例えば土地開発計画を立案・実施する際には，当初から土壌浄化プログラムを組み込むことで浄化を確実にし，そこで発生する浄化費用については開発後の不動産販売価格等に転嫁していく手法が導入された。この制度を開発者側からみれば，開発計画の基本予算計画の中で土壌浄化費用の支出が予定されていることになる。他方，住民・購入者の側からみると，開発・購入不動産の取得原価の中にすでに発生した浄化費用が織り込まれていることになる。土壌浄化費用と不動産取得原価とを，ともすれば別物と見てしまう日本の考え方との差異が，歴史的文化的背景を通して窺われる。

　さらに，同法は，人間のみならず動植物に対する機能低下やその危険をも

たらす恐れのある土壌の性状変更を防止，制限するとともに，飲用水の3分の2を地下水に依存するオランダの国情を踏まえて，地下水の保全も含めた法体系を構成している。従前の暫定法と比較すると，①土壌汚染予防（行為規制）と浄化の双方を目的としている点，②暫定法が行政主導の，公的資金による土壌汚染把握・浄化システムを基本とする浄化を行い，その浄化費用は私法上の償還請求として汚染者に請求することを内容としたのに対して，現行法では，土壌汚染の調査・浄化等に関する汚染原因者・土地所有者等の公法上の義務をより明確にしている点に特徴があるとされている（松村［2001］p. 225）。

(2) 石油業界の自主規制

オランダの石油業界は，1991年，土壌浄化を目的とする自主規制 (Stichting Uitvoering Bodemsanering Amonering Tankatations : SUBAT) について，政府機関と協定を結んだ。これは，1986年に提案され1993年に成立した石油販売用地下タンク規制を内容とする地下タンク備蓄令（Besluit opslaan in ondergrondse tanks, Stb. 46）の施行にともなうもので，既存の地下タンク施設は土壌汚染を浄化するか，もしくは施設の操業を停止するか，という厳しい選択を石油業界が迫られたことに起因する。この法規制強化を前に，石油業界が自主的に浄化基金制度を設立し，土壌汚染地の浄化を進めることを約束することで法規制の適用を回避することを狙ったものであった。

この基金によって浄化措置を希望する石油地下タンク保有者は，SUBATとの契約により，汚染地の浄化について基金からの資金を用いて行うことができた。このSUBAT自主規制では，汚染地に対する浄化措置に伴う資産価値の増分（増価利得）が始めから認識されていた。そこで，その増分を拠出金として浄化基金に組み入れることとしたのである。これによって浄化措置の実施を促進しつつも，基金の縮小を防いで基金の安定的な運用に資する仕組みが構築されたのである。この点は，米国会計基準等でいう資産除去債務の適用対象とならない土壌汚染に対して，浄化措置を促すインセンティブを与えるモデル・ケースを提供するとともに，資産評価手法の確立が適正な浄化制度を運用するために大きな役割を果たす可能性があることを示唆している。

（3） 会計手法へのインプリケーション

　国際財務報告基準に従う欧州においては，資産除去債務に関する会計処理について個別の基準書を有してはいない。しかしながら，国際会計基準 (IAS) 第16号では，有形固定資産の取得原価の中には当該資産項目の解体や撤去費用，敷地の原状回復費用の当初見積額も含むとする会計処理がなされており，実質的には資産除去債務の会計処理と同様の結果が得られている。この資産除去債務という概念を用いるか否か，この点が米国会計基準と形式的にはもっとも異なる点である。この違いはいったいどこからくるのか。

　この点につき，会計観という論点に立脚してみると，「資産負債アプローチ」と「収益費用アプローチ」という会計方法もしくは会計理念の差の現れとして説明されることになるが，他方，社会・経済政策的な観点からすると，費用負担の帰属の問題，すなわち誰がその費用を支出し，誰にその支出を負担させたならば社会的公平，ひいては経済秩序が保たれるのか，といった論点になる。オランダの土壌汚染対策は，この点に関する法社会学的変遷を説明している。

　1978年のレッカーケルク事件のような重大な土壌汚染に対処するために最初にとられた対策は，行政が中心となった汚染把握・調査・浄化システム構築と導入であった。汚染地の速やかな修復と汚染による健康被害や経済的損失のさらなる拡大を食い止めるためには，もっとも迅速かつ効果的な対策である。しかしながら，行政が主導する以上，公的資金の投入が避けられない。すると，その財源と求償が問題となる。当初制定された暫定土壌浄化法 (1983年) では，原因行為者に対する請求権の根拠を民事法上の不法行為に置いたため，被害の予見可能性や，違法性に関する認識の違いなど，不法行為の要件事実そのものの証明において限界が生じていた。

　これに対し，1986年土壌保全法では，浄化システムを国土開発計画と一体化させ，土壌保全を資産価値への投資とみなすことができるための社会的基盤を制度化した。これによって，土壌汚染浄化費用と資産評価との関係は緊密さを増すことになった。さらに，当初の汚染者負担の原則をさらに進めて，状態責任を負う土地所有者等に対して，免責要件としての善意無過失に関する証明責任を負わせることによって，浄化費用負担の支出態様を，行政から，土壌汚染に対する原因行為者もしくは土地所有者，長期賃借人等へ転

換することに成功した。これらの法的手法の帰結として，土壌汚染費用の有形固定資産取得原価への反映が容易になったものと考えられる。

他方，石油業界の地下タンク規制に対する自主規制では，法規制の強化に対応するための業界自主対策についてのケーススタディが提示されている。IAS第37号における「推定的義務」[16]が妥当する典型事例ということができよう。

当該自主規制では，基金の創設並びに拠出金の徴収が定められているが，それと同時に，浄化措置を実施した土地を浄化後10年以内に転売した場合には，浄化による資産価値の増分を増価利得として基金に返還することを自主規制に盛り込んでいる。すなわち，ここでは，浄化措置に係る支出額と資産価値の増分がパラレルに考えられており，両者の間の対応関係が想定されていることが明らかとなる。ともすれば，浄化措置は原状回復を図るための，マイナス状態からの回復とか，負の遺産の清算などと捉えがちになってしまうことを踏まえれば，この視点は新しい。広大な干拓地の上に成立するオランダという国土ならではの視点であるのかもしれないが，この延長線上には，土壌のもつ機能分析と用途別の土壌評価手法等の体系化があり，のちのEUの第6次環境行動計画の中にある土壌戦略に反映されるものである。

3 ドイツの土壌保全法制度
(1) 連邦土壌保全法における浄化措置義務者

会計処理に関係してもっとも議論を要する論点のひとつは，土壌汚染地の浄化費用に関する責任の帰属である。汚染土壌の把握，調査，浄化等の措置について，誰が責任を行い，誰がそれを実施し，それをどのように情報開示していくのか，さらには，第三者による汚染をめぐる加害・被害の責任関係の明確化，汚染地に関わる許認可等の行政行為を起点とする行政主体側の責任問題等，多岐にわたる責任関係の整理が必要となる。汚染地の浄化費用負担割合は，これら責任の割合に応じて割り当てられることが多いため，これらの責任関係についての基本原則を整理しておくことが不可欠である。

1998年3月制定のドイツ連邦土壌汚染法は，土壌の諸機能を持続的に保全することによって人の健康及び環境の質の向上を図るとともに，土地利用の持続性を高めることを目的としている。保全対象は有害な土壌変更，跡地汚

染及びその疑いがある土地とされている。

浄化措置義務者については，原因者及びその包括承継人を浄化措置義務者となることを規定している（同4条3項）。また，土地所有者，土地に対する事実上の支配を有する者は「状態責任」を負う（同3項）。ここでいう「状態責任（Zustandsverantwortlichkeit）」とは，物の危険な状態を理由とする状態違反者の責任のことである。これと対比される概念としては「行為責任（Handlungshaftung）」がある。こちらは危険行為（汚染原因行為）を理由とする行為違反者の責任をさす。土地所有者，土地に対する事実上の支配を有する者に状態責任を課すことの根拠は，私有財産制度の根底にある所有権に対する社会的義務，及びより具体的には所有権に内在する，所有物の利用可能性，収益可能性にある，とされている[17]。

このあたりの議論は，各国の法制，法慣習に依存せざるを得ないが，浄化措置義務を負うか否かによって会計処理が異なってくるため，重要な意味をもつ。すでにみたように，IAS第37号では，「法的義務」に加えて「推定的義務」を要求している。法律上の義務の存否が各国法制等によって異なる場合に，そのことが会計処理に大きく反映してくると，グローバル時代に要請される国際的に統一された財務報告はたちまち困難となってしまう。また，各国法制の違いを悪用した企業行動を，財務報告の側面から支援することもあってはならない。条文の文言解釈的な「法的義務」に拘束されることなく，その趣旨にのっとり，会計上の秩序性や社会的安定性を確保するためにも，「推定的義務」規定の意義を考えてみることが必要であろう。

(2) 会計手法へのインプリケーション

土壌汚染に関する会計処理を行う上でもっとも重要な論点は，土壌汚染を浄化する義務が当該企業にあるか否か，である。この点に関連して，次の諸点を指摘することができる。

① 浄化義務者の範囲

土壌汚染をめぐる法律上の浄化義務者については，原因行為者，土地所有者，占有者があげられている。これは，土壌汚染に対する原因行為責任と状態責任の両方を規定していることによる。また，状態責任については，単に土地登記上の所有者であるという事実にとどまらず，所有権放棄や土地譲渡による免責を認めず，さらには支配権者の支配責任を含むものに拡張されて

いる。これらのことから明らかなことは，ひとつの土壌汚染に対して複数の浄化措置義務者が並列的に存在するということである。法政策としては，浄化措置義務者間に優先序列をつけ，劣位順位者は自分より優先される順位者が不在の場合のみに法律上の浄化措置義務を負うとすることも可能であるはずだが，ドイツの土壌汚染法制では，浄化措置義務者は複数存在し，その義務者間に法規制上の優先序列はなく，汚染者負担（原因者負担）の原則の解釈として，優先関係が導かれたのであった。このため，汚染浄化措置費用の負担割合についても法規定による定めはなく，公的資金を用いた浄化措置に関してのみ，土地所有者に土地価格の増価分の清算を求めるものとなっていた。

汚染地の浄化措置を迅速かつ確実に実施するためには社会的妥当性を有するように思われるが，会計実務的にみると，法的義務の存否が明確にされた方がわかりやすい。ドイツ法規制にしたがうと，個々の会計主体における浄化義務は必ずしも法律上明記されたものとはならず，法解釈によって導かれるものも生じる。また，各浄化措置義務者の負担割合も必ずしも明確にはならない。すると，IAS第37号負債概念における「推定的義務」項目の「推定」が期待される。すなわち，負債概念の認識については，条文の文言上の「法的義務」の有無に限定されず，法解釈によって拡張され，企業側も承諾した浄化措置義務を含むものと考えられ，また，そうすることで，企業側に「法的義務」ではないことを理由とした会計責任回避行動を退ける役割を果たすことになる。

② 浄化義務の内容

複数の浄化措置義務者が併存するといっても，財務会計上の観点からすると「法的義務」の内容は大きく異なる。土壌汚染原因行為者として負うべき環境負債（行為責任）と，土地所有者として負うべき環境負債（状態責任）では，意味合いが異なるからである。なぜならば，前者においては，汚染地は必ずしも自己の所有であるとは限らないが，後者は自らの支配する資産についての責任（状態責任）だからである。いわば，「環境行為責任」は通常の法的債務として負債計上すれば十分であるが，「環境状態責任」としての環境債務は，資産評価との関係で議論されなければならない。

米国及び日本で導入された資産除去債務概念による会計処理は，土壌汚染

対策だけを念頭に置いたものではないし，またドイツの会計手法から生まれたものでもないが，強いて解するとしたならば，行為責任と状態責任との双方に立脚する概念ということができるかもしれない。資産・負債の両建て処理が必要となるのは状態責任に立脚するからである。通常の稼働に伴うものに限定されていることから，自らが行為責任を負うことが想定されている。ゆえに，遊休資産への適用は認められない。別の汚染原因行為による汚染及び当該原因行為者への求償そのものも別問題である。また，使用期間中に行われる汚染浄化措置や環境修復・修繕は対象とならないとされていることから，あくまでも，当該有形固定資産の増価分に相当する除去費用の会計処理問題を扱おうとしていることが分かる。このようにみてくると，土壌汚染問題への対策としての資産除去債務手法は，化学物質や重金属などを事業活動として用いている個別企業においては重要かつ重大な会計問題ではあっても，ブラウンフィールド問題や土地の有効利用などの土壌汚染問題を抱える社会全体の観点からみた場合には，かなり限定的な役割しか果たせないのではないかと考えられる。

他方，土壌汚染に関して特段の会計処理方法を規定していないEUの会計制度においては，財務報告の観点からみると，土壌汚染の浄化措置義務を，誰が，それほどの割合で負担するのかを，環境負債として明示できる可能性がある。特に，全くの第三者は別として，支配関係や影響を及ぼし得る関係にある企業グループ内での土壌汚染浄化措置義務に関しては，状態責任の拡張解釈等を通じて，かなりの程度まで情報開示を行い得るものと期待される。

③ 環境責任に対する担保制度・基金制度との連携

汚染者負担の原則や予防原則，あるいは社会的公正の観点からすれば，土壌汚染の浄化措置費用は，原因行為者にできるだけ負担させることが望ましい。そのためには，浄化措置費用負担そのものをあらかじめ制度化しておいた方がよい。環境責任担保制度や環境責任基金制度がそれである。浄化措置に係る費用負担を制度化することで，事前ないしは事後の浄化予防・浄化措置を支障なく行うことができるようになる。

ただし，環境責任担保・基金制度を用いた場合，その支出形態は，拠出金，目的税，課徴金，免許料等，さまざまな形態をとることになる。そのた

め，特定の土壌汚染に対する経済的流出額は必ずしも明示されるとは限らない可能性がある。また，かかる制度が存在することによる企業側のモラル・ハザードやフリーライダー問題なども懸念される。しかしながら，事業者には事業活動に伴うリスクを開示し，万が一危険が現実のものとなったときでも十分な対応がとれることを明らかにする責任があると考えられるし，またそうすることによって社会的な不安を解消させる責任があると思われる。ドイツでは，「連帯社会（Solidargemeinschaft）の責任」という概念で説明されるところである[18]。

　米国のように，スーパーファンド法（CERCLA）に基づく基金制度との連携によって土壌汚染対策が包括的に制度化され，それに伴う会計処理が一元的に会計基準化されれば，それはもっとも望ましい。しかしながら，環境責任に対する自主的な担保・基金制度の創設，展開も無意味ではない。関係当事者による自主規制方式には，制度的な弾力性のほか，費用対効果，効率性があり，何より公的資金の投入を削減する効果が期待できるからである（松村［2001］p.256）。土壌汚染の浄化措置を行政裁量や公的資金の投入に依存することなく，企業活動や市民の経済活動の中に根付かせるためには，それに見合う会計処理も工夫されることが必要であろう。

4　EUの土壌保護戦略

　これまでオランダやドイツの土壌保全関連法制を取り上げて，土壌汚染対策法規制を通じて提起される会計処理上のインプリケーションについて考察してきたが，ここではEU全体の土壌保護戦略について検討を進める。

(1)　EU環境行動戦略の策定

　すでにみたように，オランダやドイツ，イギリスなどでは土壌保全に関する特別法が制定されているが，その他の多くのEU加盟国においては必ずしも立法による包括的な手立てが採られているわけではない。多くの国々では，特定の環境保護規制や農業関係法規制の中に土壌保護の条項が盛り込まれ，あるいは，廃棄物処理規制や大気・水・化学物質等による汚染防止のための法規制の中に内包されていた。そのため，加盟各国の政治・経済政策や，規制態様によって，土壌保護対策はまちまちである[19]。EUそのものの法制度においても事情は同じで，土壌保護に関する特別の保護政策を策定す

るのではなく，環境や農業，輸送，郊外開発，地域発展等に関する法規制や経済・社会政策の中で，土壌保護関係の規定を組み入れている[20]。

EUが独自の土壌保護戦略の策定に踏み切ったのは，2002年から始まった第6次環境行動計画 (The 6th Environmental Action Programme of EC)[21]からである。2006年9月に採択された土壌保護戦略は，次の3つの規制によって構成されている。

- 土壌保護に関するテーマ戦略 (Thematic Strategy for Soil Protection COM (2006) 231 final)
- 土壌保護のための枠組み構築と2004/35/EC修正指令に関する指令 (Establishing a Framework for the Protection of Soil and amending Directive 2004/35/EC COM (2006) 232 final 2006/0086 (COD))
- 土壌保護に関するテーマ戦略のための影響評価 (Impact Assessment of the Thematic Strategy on Soil Protection SEC (2006) 620)

土壌保護戦略においてもっとも特徴的なことは，次のような土壌の機能分析を行い，この土壌機能を保護・高度化する方向で土壌戦略が環境面，経済面，社会面での重要性を加味しながら立案・展開されることを意図している点である。

〈土壌の機能〉

(a) 土壌は，人間活動と生態系の存続に多大な貢献をしている。
(b) 土壌は，人間に食料，バイオマス，原料を提供する。
(c) 土壌は，生息地と遺伝子プールとしての役割を果たしている。
(d) 土壌は，人間の活動，景観，遺産の基盤として中心的な役割を果たしている。
(e) 土壌は，水，栄養物，炭素を含む多くの物質を貯蔵，濾過，変換する。
(f) 土壌は，事実，世界最大の炭素貯蔵場所である (1,500ギガトン)。

また，土壌保護戦略の中では，次の8つの土壌リスクが明記された[22]。すなわち，土壌浸食 (erosion)，有機質の減少 (organic matter decline)，汚染 (contamination)，塩害 (salinination)，固結 (compaction)，土壌生物多様性の劣化 (soil biodiversity loss)，不浸透 (sealing)，地すべり及び洪水 (landslides and flooding)，である。

(2) 土壌戦略の概要

① 土壌保護に関するテーマ戦略 {COM (2006) 231 final} の骨子

ここでは戦略目標として土壌の持続可能な利用を確保することを掲げ，そのための行動計画と手法を例示している。例えば，法規制案，土壌機能についての調査，他の政策（農業，地域開発，輸送等）との統合などをあげている。汚染地の原状回復を図るだけではなく，本来あるべき土壌機能をいかに修復し，保護していくのかに力点が置かれている。

② 土壌保護のための枠組み構築と2004/35/EC修正指令に関する指令 {COM (2006) 232 final 2006/0086 (COD)} の骨子

ここでは，補完性原則（subsidiary principle）と比例原則（proportionality principle）に従った枠組みの構築と2004/35/EC指令の修正案が示されている。特に注目される点は，土壌汚染地の特定についてシステマテックなアプローチの必要性を主張している点と，「責任・義務者のいない土地（orphan site）」に対する新たな資金メカニズムを導入する必要があることを強調している点である。後者の資金メカニズムについては，オランダやドイツの土壌保全法制を考察した際に指摘した，環境責任担保・基金制度の必要性と共通するものと思われる。

具体的に構成各国への義務としてあげられているものは，リスク地域の特定，対策プランの採用，汚染地の目録の作成，修復戦略の策定，土壌状況報告書の作成，「責任・義務者のいないサイト」修復ファンドの開発，ブラウンフィールドの再生と治山建設技術の優先順位付け等である。

③ 土壌保護に関するテーマ戦略のための影響評価 {SEC (2006) 620} の骨子

ここでは，代替シナリオに基づく費用／便益分析手法に基づく影響評価の概要について説明されている。

土壌保護戦略が制定されたことで，今後，構成国での土壌保護法制度の整備がなされていくものと思われる。具体的には，8つの土壌リスク類型ごとに該当地域を特定し，それらの地域ごとのリスク削減目標を設定し，その目標達成のための具体的なプログラムを策定していくことになる。また，土壌汚染地の一覧表（inventory）を作成して，それぞれの地域にもっとも適した浄化措置を調査し，浄化措置をどのように推進していくのか，具体的な戦略

を明らかにしなければならない。

5　まとめ

　欧州の土壌問題について，オランダやドイツの土壌保全法制を踏まえ，近年のEU土壌保護戦略の策定の概要に至るまでを考察した。もとより，土壌汚染問題に焦点を当てた財務会計基準ないしは財務報告基準がない領域での検討であるため，法規制にのっとった解釈から導かれる会計手法へのインプリケーションを示唆するにとどまるものでしかないが，それでも，それぞれの項目において，IASに基づく欧州の会計処理が具体的に意味するところと，米国や日本が導入した資産除去債務概念に基づく会計処理との考え方の違いや，行為責任と状態責任の区別，責任承継問題や支配責任等に典型的な法的義務者の併存並びに拡張解釈から導かれる会計実務上の問題点，さらには環境責任担保・基金制度の必要性と財務報告上の課題など，さまざまな観点から独自の指摘ができたのではないかと思われる。

　今後，さらに注目すべき点としては，EU土壌保護戦略で明確にされた，土壌機能分析に基づく土壌機能の有効化・高度化に対して，どのような会計手法を適用するか，また，土壌リスクへの対処として用いられるリスク・アプローチ手法を，財務報告領域に展開したならばどのような枠組みが考えられるのか，等を検討することであろう。

　日本で土壌汚染対策として念頭に置くものは，環境修復，原状回復の観点からの議論である。そこには土壌の機能別戦略の立案・策定といった視点はない。土地利用の高度化や有効活用の議論となると，話は一気に国土開発や都市計画に飛んでしまい，資産運用や資産価値向上のための財政論議となってしまう。欧州と日本とでは，今日に至るまでの歴史的，文化的，社会的背景の相違があるにせよ，生命の礎である土壌のもつ戦略的価値を認識し測定するための会計手法と，汚染地の浄化措置に関する個別具体的な問題解決のための会計手法の実際に関する検討，それらを包括的にかつその意義や意味を損なうことなく報告する報告基準等に関する総合的な検討が，今後必要になると思われる。

（千葉　貴律）

第4節　日本における土壌汚染の会計

1　土壌汚染と法制度
(1)　土壌環境保全に係わる法制度の概要

　土壌汚染は，企業の資産価値を下落させると同時に，その浄化費用は企業に多額の経済的負担を強いるが，日本では，土壌汚染が財務会計の対象となることは少なかった。その背景には，土壌汚染が他の公害問題と比較して顕在化しにくいことや，土壌の回復・浄化義務に大きな影響を及ぼす法制度が未整備であったことがあげられる。ただし，近年，土壌保全に係わる法制度の整備に伴って，土壌汚染が顕在化しており，土壌汚染が財務会計の測定対象となる要件が整ってきた。そこで，本節では，まず，日本の土壌環境保全の法体系と土壌汚染の現状を概括する。

　日本における最初の法的な土壌汚染処理対策は，カドミウムを原因とする神通川流域の土壌汚染をきっかけとして，1970年に制定された「農用地の土壌の汚染防止等などに関する法律」である。ただし，70年代にクロム鉱滓を原因とした土壌・地下水汚染が東京，北海道，徳島などで発生したにもかかわらず，市街地の土壌汚染対策の制度化は進展しなかった。土壌汚染の未然防止対策に関わる法律のほとんどが，40年代から70年代に制定されて

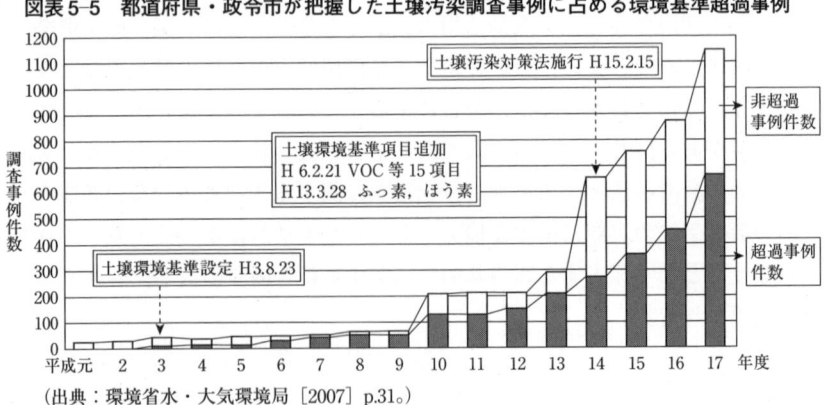

図表5-5　都道府県・政令市が把握した土壌汚染調査事例に占める環境基準超過事例

(出典：環境省水・大気環境局［2007］p.31。)

いるのに対し，市街地の土壌汚染の回復・浄化対策に係わる法制度は，90年代まで未整備の状態にあった。

　土壌汚染の回復・浄化対策の整備が始まったのは，工場跡地などの再開発によって多くの土壌汚染が顕在化してきた1980年代後半以降である。まず，91年に「土壌の汚染に係わる環境基準（以下，土壌環境基準）」が定められた。土壌環境基準には何回かの項目の追加を経て現在27項目に基準が設定されている。その後，水質環境基準の拡充と96年の「水質汚濁防止法」の改正によって地下水の浄化対策が，97年の「廃棄物の処理及び清掃に関する法律（以下，廃棄物処理法）」の改正によって最終処分場廃止の安全性向上が，99年の「ダイオキシン類対策特別措置法（以下，ダイオキシン法）」によって，ダイオキシンを対象とした市街地土壌汚染対策に係わる法制度が導入された。

　この間，図表5-5に示されるように，土壌環境基準を超過する土壌汚染事件件数が増加し続けたことから，土壌汚染に対する社会的関心が高まり，土壌汚染によるリスクを管理し，国民の安全と安心を確保することを目的として，2003年に土壌汚染対策法が施行された（茅［2002］pp.856-860，内藤［2002］pp.28-29）。なお，同法は2009年4月に改正され，改正された土壌汚染対策法は2010年4月までに施行される予定である。

（2）　土壌汚染対策法

　土壌汚染対策法は，土壌汚染の状況の把握に関する措置及びその汚染による人の健康被害の防止に関する措置を定めることにより，土壌汚染対策の実施を図り，もって国民の健康を保護することを目的とする（第1条）。その基本的仕組みは，図表5-6に示す通り，土壌汚染状況調査とこれに基づく土壌汚染区域の指定および管理から構成される。

　土壌汚染状況調査の対象となるものとしては，まず，水質汚濁防止法で特定されている，有害物質の製造，使用又は処理を行う施設に係わる工場又は事業所の敷地であった土地が挙げられる（第3条）。これらの土地は，住宅用地や商業用地に転用されることで一般市民の健康リスクを高める危険性をもっている。ただし，廃止後，工場などの敷地として使用し，こうしたリスクがない旨の確認を知事から受けた場合は調査を猶予される（第3条）。また，土壌汚染対策法が制定される前に廃止された工場又は事業所の敷地は対象とならない。次に調査対象となるものとしては，都道府県知事が，土壌汚染に

図表 5-6 土壌汚染対策法の概要

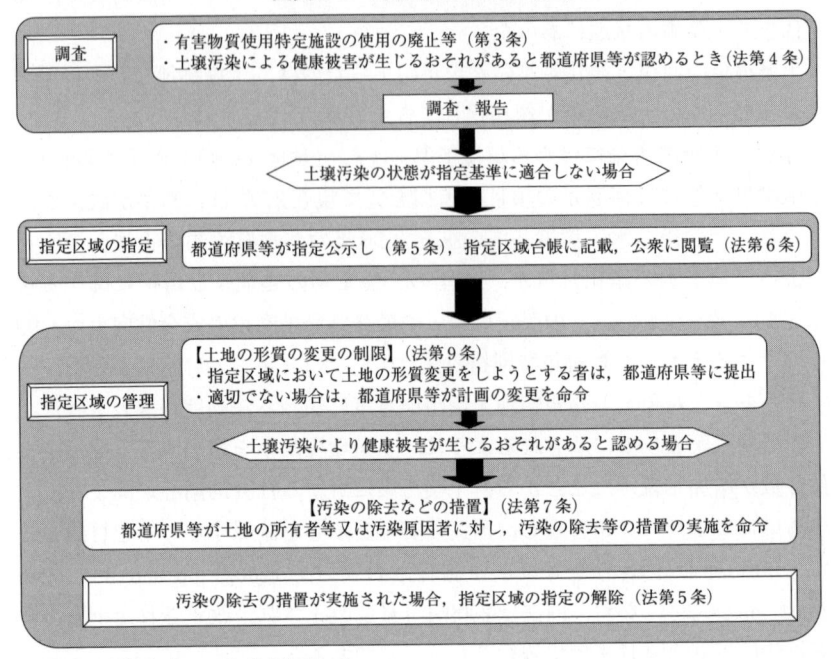

```
┌─────────┐ ・有害物質使用特定施設の使用の廃止等（第3条）
│  調査   │ ・土壌汚染による健康被害が生じるおそれがあると都道府県等が認めるとき（法第4条）
└─────────┘
              ┌──────────┐
              │ 調査・報告 │
              └──────────┘
                    ↓
        ＜土壌汚染の状態が指定基準に適合しない場合＞
                    ↓
┌──────────────┐
│ 指定区域の指定 │ 都道府県等が指定公示し（第5条），指定区域台帳に記載，公衆に閲覧（法第6条）
└──────────────┘
                    ↓
┌──────────────┐ 【土地の形質の変更の制限】（法第9条）
│ 指定区域の管理 │ ・指定区域において土地の形質変更をしようとする者は，都道府県等に提出
│              │ ・適切でない場合は，都道府県等が計画の変更を命令
└──────────────┘
        土壌汚染により健康被害が生じるおそれがあると認める場合
                    ↓
              【汚染の除去などの措置】（法第7条）
       都道府県等が土地の所有者等又は汚染原因者に対し，汚染の除去等の措置の実施を命令

       汚染の除去の措置が実施された場合，指定区域の指定の解除（法第5条）
```

（出典：環境省［2008b］参考資料 p.1）

よる健康被害が生じる恐れがあると認める土地が挙げられる。例えば，汚染が工場敷地内に止まらず，地下水汚染を引き起こしたりするケースや既に工場跡地から他用途に転用されている土地で，土壌汚染による健康リスクが生じている場合などがこれに該当する。いずれかのケースで調査対象となった土地の所有者（又は，管理者，占有者）は，環境大臣が指定する指定調査機関を通じて，土壌汚染調査を行い，その結果を都道府県知事に報告する義務を負う（第4条）。

土壌汚染調査で，土壌汚染対策法で定められた特定有害物質（26種類）が同様に定められた指定基準を上回った場合には，土地の所有者はその結果を都道府県知事に報告しなければならない。発見された土壌汚染は，土地の利用形態に応じて，完全浄化以外にも多様な対策が認められており，潜在的な土壌汚染リスクがすべてなくなるわけではない。従って，汚染が発見された土地については，都道府県知事が指定区域として指定し，公示するととも

に，指定区域台帳に，当該土地の位置，指定年月日，汚染状況，対策実施状況等が記載され，管理される（第5・6条）。指定区域台帳に記載された土地の所有者が，土地の形質を変更する際には，都道府県知事への届出が必要であり，その内容が基準に照らして不適切な場合は変更が命じられる。また，汚染が人の健康被害をもたらす恐れがある場合には，土地所有者や汚染原因者等に対して，汚染の除去が命じられる[23]。

土壌汚染対策法以外にも，東京都，神奈川県，大阪府，愛知県，埼玉県，横浜市，名古屋市，川崎市などの地方自治体では，土壌汚染に関する条例が制定され，土壌汚染対策が推進されている（環境省水・大気環境局［2007］pp. 57-62）。例えば，東京都では，2001年に施行された「都民の健康と安全を確保する環境に関する条例」において土壌汚染対策に関する規定を設けているが，有害物質使用工場などの廃止時の調査に加えて，3,000m^2以上の土地の改変を行うときには，地歴等の調査を行い，汚染の恐れがあると判断された土地は汚染状況の調査を行うことが義務付けられている（第117条）。

2 土壌汚染の状況

(1) 土壌汚染調査と対策の状況

環境省の調査では，土壌汚染対策法施行後5年間で同法に基づいた898件の土壌汚染の調査が実施された。このうち，汚染が判明し，指定地域に指定されたのは259件である。259件のうち，健康被害のおそれがあるために汚染除去等の対策を必要とするものは63件，そのうち対策済みのものが33件，対策実施中もしくは検討中のものが30件となっている。同様に，法的には対策を必要としない事例は196件であるが，そのうち，対策済みが111件，対策実施中もしくは検討中が62件，未対策が23件となっている。また，汚染の程度によってさまざまな汚染対策が認められているにもかかわらず，実際には，ほとんどのケースで汚染土壌を除去する掘削除去が選択されている。ただし，掘削除去は他の方法に比較して費用が高く，経済的合理性からの問題点が指摘されている（環境省水・大気環境局［2007］巻末iii-iv）。

土壌汚染対策法では，既述の通り，廃止後，工場などの敷地として使用し，リスクがないと判断された場合には調査が猶予される。例えば，2005年度に同法の対象となった有害物質使用特定施設の廃止件数が884件である

のに対し，調査結果報告は183件であり，調査猶予は731件に上っている[24]。一方，既述の都道府県・政令市を対象とした調査で示されている通り，自主的な調査を含む土壌汚染調査は急増しており，2005年度では，当年度の法定調査183件，指定区域指定48件に対し，総調査事例数は約6倍の1,149件，環境基準超過事例は約14倍の667件に上っている。

さらに，（社）土壌環境センターが同センター会員企業に対して行った土壌汚染調査・対策の受注に関する調査では，2006年度の土壌汚染の実地調査6,322件のうち，法定調査が約2%，条例・要項による調査が約9%であるのに対し，約89%を自主的調査が占めている。自主的調査を実施する契機となった主な理由としては，土地売買（約58%），土地資産評価（約16%），ISO等（約11%）があげられている。また，実施された対策2,356件のうち，法定対策は約3%，条例・要項による対策は約12%であり，残りの約85%が自主的対策となっている。自主的対策を実施する主な理由としては，土地売買（約40%），ISO等（約35%），土地改変（約11%），土地資産評価（約1%）があげられており，土地売買の他に，ISOなどの環境マネジメントの一貫として対策を行った事例が1／3を占めている点が注目される。なお，調査と対策の一件当たりの平均受注額は，調査が302万円，対策が7,649万円となっている（土壌環境センター［2007］pp.1-14）。

以上の調査から，日本では，土壌汚染対策法の対象となる土地以外でも土壌汚染が判明し，自主的に土壌汚染対策がなされていることがわかる。ただし，自主的な調査によって判明した土壌汚染の状況や管理体制，実施された対策の内容，結果などに関する情報を開示する社会的な制度は存在していない。

(2) ブラウンフィールド問題

日本では，既述の通り，土壌汚染対策の法制度の整備が最近であったことから，土壌汚染が引き起こすいわゆるブラウンフィールド問題は，まだ大きな社会問題とはなっていない。ただし，土壌汚染判明件数の急増は，土壌汚染の潜在的な大きさとこれに伴うブラウンフィールド問題の顕在化の可能性を示している。

環境省「土壌汚染をめぐるブラウンフィールド対策手法検討調査検討会」では，こうした顕在化の可能性を念頭に置き，ブラウンフィールドを「土壌

汚染の存在，あるいはその懸念から，本来，その土地が所有する潜在的な価値よりも著しく低い用途あるいは未使用となった土地のこと」（環境省［2007c］p.1）と定義し，日本における実態調査を行っている。

　（社）土壌環境センター会員企業を対象とした同調査では，55社から回答があり，168件の事例が寄せられている。報告されたブラウンフィールドの約69％が大都市圏，約64％が面積3,000m^{2}以上の土地である。ブラウンフィールドとなった要因としては，「土壌汚染対策に多額の費用を要する（おそれがある）こと」が約90％の事例で，「対策期間に長期間を要する（おそれがある）こと」と「汚染の発生を公表できないこと」がそれぞれ約23％の事例であげられており，そこでは，対策費用，対策期間，情報開示がキーワードとなっている。また，土壌汚染がないと想定した土地価格に対して，土壌汚染対策費用がどの程度の割合になったときに，土地売買が不成立になるかとの問いに対しては，約56％が20〜40％以上と回答している（環境省［2007c］巻末資料①）。

　さらに，同調査では，既述の東京都の条例に基づいた土壌汚染調査の実態を踏まえ，工場・倉庫用地で35％，その他の土地で5％の土壌汚染の発生確率を設定し，公共用地を除く，全国の企業及び個人の所有で，土壌汚染が存在する土地の面積を約11.3万haと推計している。これは東京23区の約2倍の面積となる。土壌汚染面積については，既述の対策費用と販売価格との関係等から25％の約2.8万haがブラウンフィールドになると推計している（環境省［2007c］pp.14-17）[25]。

　日本では，ブラウンフィールドの事例がまだ少ないため，サンプル数は十分ではないが，こうした推計は，土壌汚染対策法の対象となっている土地が，土壌汚染地全体のほんの一部であり，企業や一般市民が顕在化していない大きなマイナスの環境ストックを保有していると同時に，欧米で社会問題となっているブラウンフィールドが日本でも同様に発生する可能性が高いことを示唆している。

3　土壌汚染地の経済評価

　ブラウンフィールド問題の重要な発生原因としてあげられている土壌汚染処理費用は，必然的に土地の資産価値にも影響を与える。既述の環境省の調

査では，最も一般的に行われている汚染対策である掘削除去を前提として，土壌汚染対策単価を50,000円／m^3と仮定している。この金額と推計土壌汚染面積を掛け合わせると，日本では土壌汚染処理に約16.9兆円が必要であり，そのうちブラウンフィールドの土壌処理には約4.2兆円を要することになる。

　これらの土壌汚染処理費用は，例えば土壌汚染地の不動産評価額にも反映されることになる。2002年に改定された不動産鑑定評価基準では，不動産価格の形成要因として土壌汚染が明示され，「土壌汚染が存する場合には，汚染物質に係る除去等の費用の発生や土地利用上の制約により，価格形成に大きな影響を与える場合がある。」(国土交通省［2007b］p.2) ことが指摘されている。ここでは，土地の価格形成に大きな影響を与えることに主眼が置かれていることから，土壌汚染対策法の対象となる土地だけでなく，土壌汚染対策法制定以前に廃止された有害物質使用特定施設の跡地，自然由来による土壌汚染土なども対象となる。

　土壌汚染処理費用を考慮して具体的に土壌汚染地の価値もしくは経済的評価を行う際には，例えば以下の算定式が用いられる (環境省［2007c］pp.19-20参照)。

　　　土壌汚染地の不動産価値＝土壌汚染がない場合の価値－対策費用－スティグマ

　ここで，スティグマとは土壌汚染の存在に起因する心理的な嫌悪感による減価を意味する。スティグマは，個別の土地や評価時点によって評価値が異なる。例えば，郊外の住宅地に比べると，都心の商業地や事業地ではスティグマによる減価はほとんど考慮されない (環境省［2007c］pp.19-20参照)。

　土壌汚染地の不動産価格は，その担保価値にも大きな影響を及ぼす。金融機関においても，土壌汚染を評価する必要性が高まっている。例えば，金融庁の金融検査マニュアルでは，担保評価において土壌汚染，アスベスト等の環境条件にも留意すべきことを提示しており，融資を行う金融機関にとっても土地を担保として融資を受ける企業にとっても，土壌汚染の状況とその処理対策・費用を正確に把握することが重要な課題となってきている (金融庁［2008］p.172)。

4 土壌汚染に係わる環境財務会計情報の現状
(1) 開示状況

　日本における土壌汚染は，既に述べたように，法制度の整備や環境マネジメントシステムの普及によって次第に顕在化してきており，土壌汚染の判明件数の増加に伴って対策費用も増加してきている。ここでは，こうした状況が財務会計情報の開示状況にどのように反映されているかを明らかにするために，第7章の日本企業の有価証券報告書における環境会計情報調査に基づいた分析を行う。

　調査は2001年，2005年，2008年の各12月に，東京・大阪・名古屋証券取引所第1部上場企業を対象に実施された。環境財務会計情報開示企業数は，2001年33社，2005年76社，2008年219社，その内土壌汚染関連情報の開示企業数は，2001年0社，2005年9社，2008年31社であり，いずれも増加傾向にある。2008年では，PCB，アスベストなどに関する情報も増加しており，関連する法制度の整備が関連費用額とその開示に大きく影響している。

　費用計上の際には，環境マネジメントやREACH (Registration, Evaluation, Authorization and Restriction of Chemicals) 規制に代表される化学物質管理のように経常的に費用が発生する場合と異なり，土壌汚染は偶発的に判明するケースが多いことから，関連費用はほとんどが特別損失として計上されている。最も高額の負債及び損失が計上されているのは，三菱マテリアルの有価証券報告書（図表5-7）であり，汚染土壌処理損失引当金120億3,700万円と汚染土壌処理損失引当金繰入額87億3,000万円が計上されている。後者は同社の2007年度の経常利益（単体）の20％に相当する。また，土壌汚染対策法や土壌汚染に係わる条例と関連する勘定科目であることが注記などで明示されているケースは2件である。その内，三菱ケミカルホールディングスの調査・対策例を図表5-8に示す。

　有価証券報告書における土壌汚染処理に関する情報開示は進んできているが，既述の自主的調査数や対策数と比較すると，区分掲記されない多くの潜在的情報が存在する。ただし，土壌汚染の推計面積とその処理費用を考えると，今後も開示数が増加していくと同時に，土壌汚染リスク情報の重要性が高まっていくことが予想される。

図表5-7　土壌汚染に係わる開示例1：引当金の説明

(7) 汚染土壌処理損失引当金
総合研究所（埼玉県さいたま市）及びカイハツボード㈱（福島県会津若松市）敷地内における土壌汚染につき，今後発生が見込まれる汚染土壌処理に係る損失に備えるため，支払見込額を計上しております。なお，カイハツボード㈱は当社100％出資の関係会社でありましたが，平成19年4月10日付で当社が保有する全株式を売却しております。

（出典：三菱マテリアル［2007］p. 122）

図表5-8　土壌汚染に係わる開示例2：法制度との関連情報

当社の国内連結子会社である三菱ウェルファーマ㈱は，同社梅田工場（東京都足立区）を平成15年5月31日に閉鎖し，ウルソ原薬の生産を同社の連結子会社である㈱エーピーアイコーポレーションいわき工場（福島県いわき市）に集約統合しました。同工場跡地は，過去に水銀の使用履歴があったことから，平成13年3月より東京都環境確保条例及び土壌対策指針に則った調査及び汚染拡散防止対策を継続しておりましたが，平成16年9月に終了しました。この調査結果をまとめた「土壌汚染状況調査報告書」及び「汚染拡散防止計画書」を足立区に提出し，同年10月に受理されました。同年11月には，土壌調査結果の報告と土壌浄化工事の内容について周辺住民の皆様に対する説明会を開催しました。土壌浄化工事は，周辺環境に配慮した工法を取り，適切な情報開示のもと，当初の計画通り平成18年3月末に完了しました。なお，同工場跡地につきましては，浄化処理後の引渡しを前提に平成17年2月に売買契約が成立しており，当該土壌浄化工事の完了をもって引渡しを行っております。

（出典：三菱ケミカルホールディングス［2006］p. 76）

(2) 環境財務会計情報と環境報告書

　有価証券報告書における土壌汚染に関する情報は，企業が自主的に開示している環境報告書，CSR報告書，ホームページなどでより詳細な情報が開示されているケースも多い。有価証券報告書上で土壌汚染情報を開示している31社では，17社が自発的に土壌汚染に関する情報開示を行っており，その内の12社は汚染地，汚染状況，対応策，処理後の状況等について詳細な情報を開示している。例えば，キヤノンなどはすべての国内事業所について土壌汚染に関する自主的調査の結果と土壌・地下水の浄化状況を開示している（キヤノン［2007］p.50）。また，環境省環境会計ガイドラインに基づいた環境会計の中で土壌汚染対策コストを開示している企業は，大日本スクリーンなど6社であり，その多くは同ガイドラインの環境損傷対応コストの1項目

として開示されている（大日本スクリーン製造［2007］p. 42.）。

5　土壌汚染と環境財務会計
(1)　土壌汚染リスク

　土壌汚染対策法の制定によって，企業及び社会の間で，土壌汚染リスクに対する認識が高まってきている。土壌汚染は，調査・対策費用を発生させるだけでなく，資産価値もしくは担保価値を下落させ，その対応によってはブラウンフィールドを生み出し，企業ブランドを低下させる可能性をもっている。しかも，今後強化が予想される法制度と推計される土壌汚染面積から判断すると，企業が直面する土壌汚染リスクは極めて大きく，企業は，自社の保有する土壌汚染を正確に把握すると同時に，ステークホルダーに適切にその情報を提供していくことが企業経営に不可欠となってきている。

　ただし，土壌汚染についての有価証券報告書上での開示情報は，増加傾向にはあるものの，その数は土壌汚染判明件数や対策件数と比較すると必ずしも多くない。特に，土壌汚染リスクを示す環境負債として土壌汚染が計上されるケースは極めて少ない。そこで，次に，現行の会計制度の下で考えられる土壌汚染及び土壌汚染リスクに関する認識・測定・開示の可能性を考察する。

(2)　土壌汚染の測定と開示

　土壌汚染もしくは土壌汚染リスクを測定する際には2つの側面が考えられる。1つは土壌汚染地の資産としての側面であり，もう1つは土壌汚染処理がもつ負債としての側面である。

　まず，資産としての側面を議論する際には，減損会計がキーワードとなる。減損会計では，資産の減価によって，帳簿価格より回収可能価格が著しく下回った場合に適用される。当該資産の回収可能額とは，汚染地の正味売却価値と当該工場用地が生み出す将来キャッシュフロー総額の現在価値の高い方である。従って，汚染地を販売しようとする場合で，土壌汚染によって帳簿価格より不動産価値が大きく下回っているケースには減損会計が適用される。一方，工場として使用される場合で，汚染による減価が将来キャッシュフローによってカバーされるケースには，減損会計は適用されないことになる。ただし，減損会計が適用される場合には，工場の所有者が負担する汚

染処理費用が不明確になるという問題点も指摘される。この点を考慮すると，次に検討する，汚染処理費用の負債としての側面が重要になる。

　土壌汚染処理を負債として計上するには，いくつかの方法が考えられるが，まず，資産除去債務（第4章参照）があげられる。すなわち，当該資産に，通常の使用によって生じた土壌汚染の除去が義務づけられている場合には，土壌処理は資産除去債務の対象となる。ここでいう義務とは，法令又は契約で要求される法律上の義務及びそれに準ずるものであり，土壌汚染では，土壌汚染対策法，条例，公害防止協定などが考えられる。ただし，土壌汚染対策法では，稼働中の工場や同法制定以前に廃止となった工場は対象とならないことや，同法の対象施設の8割を占める，閉鎖時に用途変更等をしないケースでは，ほとんどが調査猶予を認められていることから，土壌汚染の資産除去債務としての計上は限定的なケースになることが予想される。

　土壌汚染処理の負債計上のもう1つの代表的ケースは，引当金である。第7章の調査では，延べ11社の企業が土壌汚染処理を引当金として計上している。引当金は，減損会計と比較すると企業が負うべき汚染処理を明示することができる。ただし，第2節で示されたAICPAの実務指針SOP96-1の前提となっているスーパーファンド法などと比較すると，土壌汚染対策法の適用範囲は限定的であり，同法対象外の土地の土壌汚染処理の引当計上が課題となる。そのためには，さまざまな条件が考えられるが，ここでは，2つの条件を提示する。すなわち，土壌汚染の調査・対策の進展と情報開示の進展である。

　まず，土壌汚染の調査・対策を進めていくためには，法律の対象範囲の拡大が有効である。一方，自主的な調査・対策の普及も必要不可欠である。自主的な取組みを拡大していくための条件としては，調査と対策に関する情報開示，調査手法と対策手法の開発，標準化，コストダウン，信頼性確保などを進めていくことがあげられる（環境省［2008b］pp.7-18）。

　次に，土壌汚染の情報開示を進めるためには，政府・自治体などで土壌汚染のデータベースを構築することが有効である。財務諸表においては，土壌汚染を引当金によってオンバランスすると同時に，保有する土地の土壌汚染に関する情報をオフバランス情報として開示することが考えられる。具体的には，土壌汚染の調査状況と調査内容（Phase1（資料等調査），Phase2（土壌・地

下水環境調査），Phase3（土壌浄化対策の設計と実施）），処理対策の実施状況・結果，マネジメント体制等である。さらに，環境報告書，CSR報告書，環境会計などでより詳細で網羅的な情報を提供することも考えられる。これらの情報の開示は，汚染処理の負債計上を促進すると同時に，その土地や土壌汚染に関する情報の信頼性を高める。併せて，ステークホルダーに対して，特定の土地に対する汚染処理のコミットメントが行われた場合には，第1章で考察された推定上の債務の条件が満たされることになる。また，企業とステークホルダーの土壌汚染リスクを減らし，土壌汚染情報の社会的共有に貢献することも期待される。

6 今後の展開

本節では，日本の土壌汚染について，法制度と汚染の実態，財務諸表上での関連情報の開示状況などを明らかにすると同時に，財務会計における測定・開示方法について検討してきた。

日本では，土壌汚染対策法などの土壌汚染に係わる法制度が整備されて，土壌汚染やブラウンフィールドの実態が明らかになってくると同時に，処理対策等が本格化し始めている。これに対応して，財務諸表上で企業が開示する土壌汚染に係わる情報も増加してきているが，本節で取り上げたデータが示すように，日本及び日本企業の土壌汚染への取り組みは緒に就いたばかりであり，土壌汚染が財務会計に及ぼす影響も今後さらに大きくなっていくことが予想される。

財務会計で土壌汚染を測定する際には，負債計上の要件に代表されるように，国や自治体等が定める土壌汚染に関連する法律等が大きな影響を及ぼしており，これらに対応して測定対象や測定範囲は異ったものになる。しかし，土壌汚染対策の強化は国際的な流れであり，財務会計で把握すべき範囲も拡大していくことが予測される。従って，土壌汚染リスクを適切に把握して開示していくためには，地球温暖化物質の排出量などと同様に，土壌汚染に関する情報は，オンバランス，オフバランス，環境報告書等を組み合わせて体系的に測定・報告していくことが重要となってくる。

（八木　裕之）

第5節 おわりに

　本章では，米国，EU，日本の土壌汚染の財務会計について考察し，それぞれの特長を明らかにした。

　米国については，スーパーファンド法の下で展開されている環境財務会計基準としてAICPA SOP 96-1に関する分析を行った。ここでは，当該土地の資産価値の減損ではなく，浄化のための正確なコストを環境負債として把握・計上する測定方法を提唱し，環境修復負債額については，不確実性を配慮した期待キャッシュフロー・アプローチによる測定の必要性を明らかにした。

　EUについては，2006年に策定された土壌保護戦略とEUの中でも早くから土壌汚染対策に取り組んできたオランダとドイツの土壌汚染に係わる法制度を対象とした分析から，IASに基づく欧州の会計処理と資産除去債務概念に基づく会計処理の比較，浄化義務者の範囲や浄化義務の内容の違いがもたらす財務会計への影響，環境責任担保・基金制度がもたらす財務会計への影響などを明らかにした。

　日本については，土壌環境保全に関わる法制度，土壌汚染対策法，土壌汚染の実態，財務諸表上での関連情報の開示状況などを明らかにすると同時に，財務会計における土壌汚染及び土壌汚染処理の認識・測定・開示方法について，減損会計，負債計上，オフバランス情報などを中心に検討した。

　土壌汚染の財務会計では，対象となる土地，処理責任の範囲，負担金額の大きさなどが国や地域の土壌汚染に係わる法制度や社会制度によって大きく異なる。企業の土壌汚染リスクをグローバルな環境の中で比較可能な形で認識・測定・開示していくためには，土壌汚染を取り扱った代表的会計基準であるAICPA SOP 96-1などを中心に，国際会計基準の中で土壌汚染情報のオンバランス化を検討すると同時に，土壌に関する体系的なオフバランス情報によってオンバランス化の推進と土壌汚染リスクの低減を図っていくことが重要である。

（八木　裕之）

注

(1) Environmental Information & Communication Network 環境用語集より。

(2) ブラウンフィールドとはグリーンフィールドに対比して使われる言葉であるが，本節第3項において詳述する。

(3) 商習慣に照らし合わせて合理的であり，一般に認められるような「あらゆる適正な調査（All Appropriate Inquiry: AAI）」の実施が，善意の土地所有者として認められる条件とされる。これについては本節第3項（2）①において詳述する。

(4) TRIは，1986年のスーパーファンド修正・再授権法（SARA）のタイトル「緊急計画及び地域社会の知る権利法」により制定された。大気・水質・土壌に排出される化学物質（300種類が指定されている）を製造，加工，利用している設備が対象となり，その設備は各指定物質ごとにEPAの作成標準様式（フォームR）を提出しなければならない。

(5) U.S. Environmental Protection Agency. July 23, 2008. Final National Priorities List（NPL）Sites（http://www.epa.gov/superfund/sites/npl/status.htm）参照。

(6) 2002年「小規模事業者の責任免除とブラウンフィールド再活性化法（通称ブラウンフィールド法）」による定義

(7) The U.S. Conference of Mayors［2000］より。

(8) フェーズⅠ調査とは不動産の履歴調査を中心とした汚染の蓋然性調査を指し，フェーズⅡ調査とは土壌サンプルを採取し，汚染濃度を計量測定する詳細調査で，土壌汚染対策法で規定された調査を指すことが多い。

(9) この時点では2000年に改訂された（E1527-00）が機能していた。

(10) デュー・デリジェンスとは一般に企業や不動産，プロジェクト等の詳細な実態調査のことを指すが，特に不動産に関わる「環境デュー・デリジェンス」という場合は，アスベストや土壌汚染，その他の有害物質等，環境規制の対象となる環境リスクに関する調査を指す。

(11) 1972年に成立。適切な監督体制が整備されないまま多くの諮問委員会が乱立し，特定の利益団体の過大な影響力が懸念される状況に対応すべく立法化された。

(12) 基本的にサンプリングを伴うフェーズⅡはAAIの対象外であるが，情報の欠如によって当該土地の正確な汚染状況を把握できなければ，土地所有者に義務付けられている汚染の予防・防止対策を実行することができないため，結果としてフェーズⅡが必要になることも想定しうる，とEPAは解説している。

(13) 正式には，ASTM E1527-05 Standard Practice for Environmental Site Assessments: Phase I Environmental Site Assessment Process　基準書はwww.astm.org/より購入可能。

（14） 土壌汚染が原因となって発生した有毒ガスにより，近隣住民の健康被害が生じた．

（15） 環境破壊を行った原因者（汚染者）が原状回復等の修復義務を負うとするもので，欧州共同体（EC）の環境政策の中でも採用されている．EC条約の条文の中に採用されたのは1987年の単一欧州議定書（Single European Act：SEA）が最初であるが，それにさきがけて1973年第一次環境行動計画の中でも採用された．

（16） IAS第37号では，推定的義務を，次の（a）（b）の要件を満たすような企業行動から発生した義務であると定義している；

　　(a) 確立されている過去の実務慣行，公表されている政策又はきわめて明確な最近の文書によって，企業が外部者に対しある責任を受諾することを表明しており，かつ，

　　(b) その結果，企業はこれらの責務を遂行することについての妥当な期待を外部者の側に惹起している．

（17） 所有権の内実に踏み込んでの解釈は多く，代表的なものとして次のものがあげられる（松村［2001］p.211）①M. Oerder, U. Numberger, T. Schonfeld, *Bundes-Bodenschutzgesetz,*（1999）74f.，②J. Sanden, S. Schoeneck, *Bundes-Bodenschutzgesetz,*（1998）345f.

（18） Hohlochは，基金制度による救済は私法上の損害賠償制度に救済を埋める機能をもち，環境損害に対しては連帯社会が負うべき責任とする（G. Hohloch, Entschdigungsfonds auf dem Gebiet des Umwelthaftungsrecht (1994), 8f., 松村［2001］pp.158-159参照）．

（19） 例えば，土壌保護に関する行動計画（action program）の策定国を見ても，イギリスでは「土壌戦略」とし，フランスでは「土壌管理に関する行動計画」，スロベニアでは「国家環境行動計画」の中の一項目，その他，ギリシャ，イタリア，スペイン，ポルトガル等の国々においては，国連（UN）の砂漠化対処条約を採択したことに伴って行動計画を立案したにすぎなかったといわれている．

（20） 例えば，EUの水質対策に関する枠組み指令Directive 2000/60/EC，農業廃水による硝酸カリ（化学肥料）汚染からの水質保護Council Directive 91/676/EEC，廃棄物処理枠組み指令Council Directive 75/442/EEC，下水沈殿物が農業用に使われる際の土壌に関する環境保護Council Directive 86/278/EEC，二酸化チタン産業廃棄物Council Directive 78//176/EEC等の命令規定の中に土壌保護条項をみることができる．

（21） 第6次環境行動計画は10年間（2002-2012）を対象としている．

（22） これは2002年に公表された「土壌保護に関するテーマ戦略に向けて」（COM

(2002) 179) の中で特定されたもので，そのまま引き継がれたものである．
(23) 2009年4月成立の「土壌汚染対策法の一部を改正する法律」によって現行の土壌汚染対策法に追加される主な内容は以下の通りである．
① 一定規模以上の土地の形質を変更する際は届出が義務化される．
② ①の土地が土壌汚染のおそれがあるときは，都道府県知事は土壌汚染の調査を命じることができる．
③ 指定区域は対策が必要な「要措置区域」と土地の形質変更時に届出が必要な「形質変更時要届出区域」に分類される．
④ 自主的調査で土壌汚染が判明した場合も③の区域指定を受けることができる．
⑤ 搬出された汚染土壌の適正処理の体系的整備．
以上については，環境省HP（http://www.env.go.jp/water/dojo/law/kaisei2009.html）参照．
(24) 調査報告件数，調査猶予件数とも前年度に手続き中だったものを含む．
(25) 保高［2007］参照．

第6章

排出量取引の会計

第1節　はじめに

　IPCC第4次評価報告書では，地球温暖化の要因が主として温室効果ガス（主としてCO_2）であると指摘している。地球温暖化の問題は，生物多様性の問題，食糧問題，さらには水問題，エネルギーセキュリティーと連鎖問題を引き起こしている根源的かつ非常に解決が難しい問題である。おそらく，人類史上，最大の難問であるといえよう。しかも，その影響が50年後，100年後という長期のため，具体的な目標や施策がとりにくい。さらに，先進国と途上国との利害が対立している。すでに2008年から京都議定書の第1次約束期間に入っているが，2013年以降のポスト京都の制度設計が固まっていない。本章では，この問題解決のための一施策である，排出量取引を取り上げる。排出量取引制度は，今日，欧州，北米，豪州等の先進国の国々で導入が進んでおり，日本においても2008年10月に試行的に導入された。これらの制度概要と動向，排出量取引に関する会計基準の概要と問題点，アニュアル・レポートにみられる会計実態，排出量取引に類似したグリーン電力証書のような個別問題等を検討しながら，排出量取引会計基準の今後の方向性を考える。

（村井　秀樹）

第2節　排出量取引に関する制度

　排出量取引は，温室効果ガスの排出許容量を総枠として設定し，個々の主体ごとに一定の排出可能な量を割り当て，市場における取引を認めるもので

ある。この仕組みは京都議定書で認められた京都メカニズムといわれる仕組みの中のひとつである。

EUにおいては，EU排出量取引制度[1] (scheme for greenhouse gas emission allowance trading: EU-ETS) がEU25カ国を対象に大規模エネルギー集約型設備を対象に2005年からスタートしている。2005年から2007年の開始期間と2008年から2012年を京都議定書第1約束期間の2期間に分けて制度が構築されており，EUにおけるCO_2総排出量の半分に当たる約20億t-CO_2をカバーしている。

EU以外にも排出量取引制度は実施・計画されているが，ほとんどがEU-ETSとのリンクを念頭においており，将来的にはEU-ETSを核に国際的な統合が図られると考えられている。なお，排出量取引制度が構築されるに従い，アニュアル・レポートにおいてリスク情報を開示する企業が増えてきており，企業の財務業績にも大きな影響を与えてきていることがうかがえる。

1 京都議定書と京都メカニズム

京都議定書は，気候変動枠組条約に基づき，1997年12月11日に京都で開催された「気候変動枠組条約第3回締約国会議」(COP3) で議決された議定書である。京都議定書では，先進国の温室効果ガス[2]排出量について削減目標[3]が設定され，京都メカニズム[4]が導入された。京都メカニズムは，各国単独の削減活動だけでは目標達成が困難であるという考えから，国際的に協調して削減目標を達成するための仕組みであり，「共同実施」，「クリーン開発メカニズム」，「国際排出量取引」及び「吸収源活動」の4つのメカニズムのことを指す。

「共同実施」(JI: Joint Implementation：京都議定書第6条) とは，先進国[5]同士が協力して，先進国内における温室効果ガスの排出削減（又は吸収増大）プロジェクトを実施し，それによって削減された温室効果ガス排出量又は増大した温室効果ガス吸収量に対応するERU (Emission Reduction Unit) と呼ばれるクレジットが発行される仕組みである（IGES［2008］p. 5）。

「クリーン開発メカニズム」(CDM: Clan Development Mechanism：京都議定書第12条) とは，先進国が，途上国において温室効果ガスの排出削減（又は吸収増大）プロジェクトを実施し，それによって削減された温室効果ガス排出

量又は増大した温室効果ガス吸収量に対応するCER（Certified Emission Reduction）と呼ばれるクレジットが発行される仕組みである（IGES［2008］p. 4）。

「国際排出量取引」(IET: International Emission Trading：京都議定書第17条）とは，先進国間で排出枠やクレジット（上記，ERUやCER）の取得・移転を行う仕組みであり（IGES［2008］p. 6），これにより先進各国における排出量の削減目標の達成を促進する狙いがある。

最後に，「吸収源活動」とは，上記のCDMやクリーン開発メカニズムにおいて，温室効果ガスの吸収量の増大によって排出クレジットの取得が可能となることであり，主として植林活動等を指す。

2　排出量取引の概要
(1)　排出量取引の分類

排出量取引は，温室効果ガスの排出許容量を総枠として設定し，個々の主体ごとに一定の排出可能な量を割り当て，市場における取引を認めるものである。市場等における価格の調整メカニズムを通じ，排出削減限界費用が安い事業者から排出量が削減され，結果として，地球全体として効率的な削減ができるとされている（環境省国内排出量取引制度検討会［2008］pp. 1, 5）。しかし，初期割当の配分について合意を得ることが困難であること，及び市場創設のための整備・運営費用が必要となる点などの問題点もある。

排出量取引は，以下の4つの制度に分類される（中央青山サステナビリティ認証機構編［2003］）。

① 国際排出量取引

世界レベルでの各国が規制の対象となり，国際間で排出量の取引が行われるもので，京都メカニズムのひとつであるIETがこれに該当する。

② 域内排出量取引

ある特定の地域内の各国・企業等が規制対象となり，その域内で排出量の取引が行われるもので，2005年から開始されたEU-ETSがこれに該当する。

③ 国内排出量取引

特定国内のみの企業等を規制対象とし，その国内での排出量の取引が行

われるもので，日本で実施されている自主参加型排出量取引制度がこれに該当する。

④　社内排出量取引

特定の企業内の各部門・部署を規制対象とし，その企業内で排出量の取引が行われるものである。

(2) 排出量取引の種類

排出量取引には，キャップ・アンド・トレード (Cap & Trade: C&T) とベースライン・アンド・クレジット (Baseline & Credit: B&C) の2つの種類がある（中央青山サステナビリティ認証機構 [2003]）。

C&Tは，温室効果ガスの総排出量を設定した上で，個々の主体 (entity) に排出枠を配分し，排出枠の一部を他の主体に移転することを認める排出量取引である。排出枠の配分方法には，グランドファザリング，ベンチマーク及びオークションという3種類がある。グランドファザリングとは，政府が，各主体の過去の排出実績をもとに排出枠を交付する方法であり，また，ベンチマークとは，産業ごとの標準排出原単位（ベンチマーク）（生産量当たりの排出量等）に基づいて排出枠を割り当てる方法である。さらに，オークションとは，政府が排出枠を公開入札等の方法により販売する一方，各主体が競売によって排出枠を取得する方法である（環境省国内排出量取引制度検討会 [2008] p.23）。

他方，B&Cは，温室効果ガスの総排出削減事業（プロジェクト）を実施した場合と実施しなかった場合と比べた温室効果ガスの排出削減量をクレジットとして認定し，このクレジットを取引する排出量取引である。京都メカニズムのひとつであるCDMは，B&Cの代表例のひとつである。以上を図解したのが図表6-1である。

3　EU排出量取引制度（EU-ETS）の概要

現在，排出量取引が実際に行われているものの中で代表的な制度は，EU域内に導入されているEU-ETSである。EU-ETSは，EU25カ国を対象として2005年からスタートしている。同制度は大きく2つの期間に分けられており，2005年から2007年を開始期間（以下，第1期間）として，また，2008年から2012年を京都議定書第1約束期間（以下，第2期間）として実施されてい

図表6-1　C&TとB&Cの図解

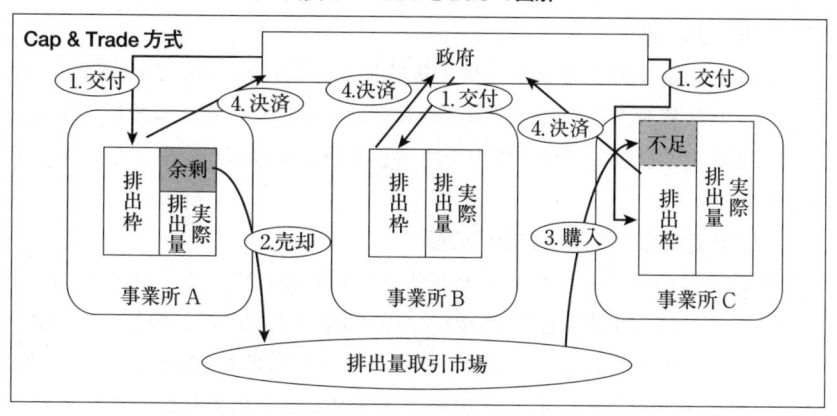

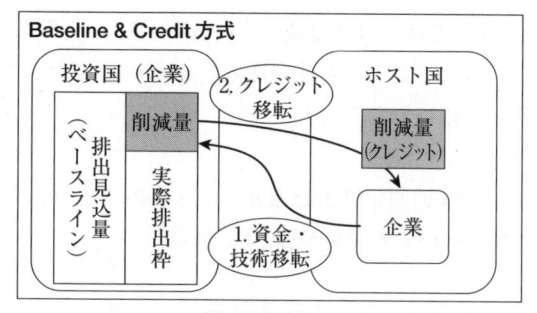

る（なお，2013年から2020年までを第3期間として実施予定である）。

同制度の概要は以下のとおりである。

(1) 対象施設

EU-ETSは全ての施設を対象としているのではなく，主として大規模エネルギー集約型設備を対象としている。さらに，第1期間と第2期間では対象施設が異なり，第1期間では，エネルギー（燃焼施設・石油精製・コークス炉），金属（鉄鋼業〈粗鋼以降〉・焼結等），鉱業（セメント・ガラス・セラミックス・レンガ等），紙・パルプの施設（約11,500事業所）が対象であり，また，第2期間は，これに加えて2012年から航空部門が対象に含まれ，2013年以降では，アルミや化学などの分野も対象になる予定である。

(2) 対象ガス

対象となる温室効果ガスは，第1期間，第2期間ともにCO_2のみであるが，

一部の国では他の温室効果ガスにも拡大する予定である。

(3) 排出源

排出源とは温室効果ガスが発生する場所のことであるが，EU-ETSにおいては，対象施設からの直接排出量のみを対象としている。つまり，外部から購入する電力については，電力を生産している施設側が対象となる点に留意されたい。

(4) 排出量取引の種類と排出枠の配分

排出量取引の種類としては，C&T方式が採用されている。排出枠の配分については，第1期間は配分総量のうち95％を無償配分で，残りの5％はオークションで配分されることになっており，第2期間は，配分総量のうち無償配分が中心となるが，最大で10％がオークションにより配分される。また，対象施設においては，目標達成においてCDM／JIからのクレジット（CERとERU）を利用することが可能である。なお，第1期間においては利用した実績はなかった模様である。

(5) ペナルティー

EU-ETSでは，第1期間で排出超過分につき€40/t-CO_2，第2期間で排出超過分につき€100/t-CO_2の罰金が課されている。

4 EU以外の諸外国の排出量取引制度

EU-ETS以外でも，米国，オーストラリア，ニュージーランド，カナダなどで具体的に実施あるいは計画されている排出量取引制度がある。ここでは，米国における排出量取引制度について紹介する。

(1) 米国における排出量取引制度

米国では，連邦議会レベル，州レベル，民間レベルのそれぞれで排出量取引制度に向けた動きがある。連邦議会レベルでは，オバマ大統領が就任してから，グリーン・ニューディール政策のもと，排出量取引制度の導入にも積極的な動きが出てきており，関連法案が2009年中にも議会に提出される予定である。

州レベルでは，北東部地域温室効果ガスイニシアティブ（The Regional Greenhouse Gas Initiative: RGGI），西部気候イニシアティブ（The Western Climate Initiative WCI），中西部地域温室効果ガス削減アコード（Midwestern

Greenhouse Gas Accord: MGGA) が主なものとして挙げられる。

　RGGI[6]は米国北東部7州（コネティカット・メーン・ニューハンプシャー・バーモント・デラウエア・ニュージャージー・ニューヨークの各州）において，対象州内の25MW以上の発電を行っている発電所が対象の排出量取引制度である。現在はマサチューセッツ，ロードアイランド，メリーランドを加えて10州が参加している。実施期間は2009年から2018年の10年間で，2018年までに現在のレベルから10％の温室効果ガスを段階的に削減することが求められている。排出量取引制度の種類はC&T方式で，キャップの配分方法は，各発電所の2000年から2004年の平均排出量をベースに行われることになっている。初期配分の方法は，毎年最低25％分の排出枠を州が留保しオークションされ，最大75％分を無償で配布することになっている（但し，ニューヨーク州は100％を州が留保し全量オークションされる）。ペナルティーについては期末に許容排出量と同じ排出枠を保持していない場合，次年度の初期配分より超過した排出量の3倍の排出枠が没収されることになっている。

　WCI[7]は米国西部7州（ワシントン，オレゴン，カリフォルニア，モンタナ，ユタ，アリゾナ，ニューメキシコ）とカナダ3州（ブリティッシュコロンビア，マニトバ，ケベック）が参加し，2020年までに参加各州の合計で温室効果ガス排出を2005年比15％削減することとし，各州がそれぞれ目標設定を行うこととした。そして，排出削減対策として，複数セクターを対象とする市場ベースのメカニズムを開発することを目指している。

　MGGA[8]は米国中西部州6州（イリノイ，アイオワ，カンサス，ミシガン，ミネソタ，ウィスコンシン），カナダ1州（マニトバ）が参加したイニシアティブである。市場ベース・複数セクターを対象とするC&T制度を開発し，活用することを目指している。

　民間レベルでは，シカゴ気候取引所（CCX）において，自主参加型の排出量取引制度が実施されている。1998年〜2001年の平均排出量を基準に，フェーズⅠ（2003年〜2006年）で4％減，フェーズⅡ（2007年〜2010年）で6％削減が義務付けられた。参加企業は民間企業や自治体等300を超える主体が参加し，2006年1年間で約1,000万t-CO_2が取引された（環境省［2008c］）。

（2）国際的な動き

　国際的なC&T市場の構築に向けた動きとして，2007年10月に国際炭素行

動パートナーシップ（International Carbon Action Partnership: ICAP[9]）が発足し，地域炭素市場の設計，互換性，リンク可能性を議論している。メンバーとしては，前述のEUメンバー，RGGIメンバー，WCIメンバーに加え，その他にオーストラリア，ニュージーランド等が参加している。また，日本からは環境省と東京都がオブザーバー参加をしている。

5　日本における排出量取引制度の動向
(1)　環境省の自主参加型排出量取引制度

日本においては環境省が主体となって「自主参加型排出量取引制度[10]」が2005年度からスタートし，現在第5期（2009年度開始）がスタートしている。この制度は目標保有参加者と取引参加者の2通りの参加方法がある。目標保有参加者は主にCO_2排出抑制設備への補助金交付とセットとなっている点が特徴であり，第1期では目標保有参加者が31社，取引参加者が7社の参加があった。制度の概要であるが，対象範囲は，CO_2排出抑制設備が導入される予定の工場・事業所であり，過去3年間の排出量実績の平均値を初期割当量として配布される。対象期間は削減対策実施年のみで，実際排出量が初期割当量を上回った場合は支払われた補助金を返還しなければならないものである。この制度の中では，排出量取引市場で排出量を売買することができ，それにより実際排出量が初期割当量を上回る工場・事業所は目標を達成することができる仕組みになっている。

第1期については，全目標保有参加者が目標を達成し，基準年度からCO_2削減量は377,056t-CO_2に達し，当初の排出削減約束量である273,076t-CO_2を大幅に超過して達成した。なお，排出量取引を通じた排出枠の売買は24件行われ，合計82,624t-CO_2が取引された。うち，取引仲介システム（GHG-TRADE.com）を活用した取引の平均価格は1,212円/t-CO_2であった（環境省[2007a]）。

(2)　試行排出量取引制度と東京都の動き

世界的な排出量取引制度の導入の機運が高まる中，日本においても2008年6月に福田首相がスピーチ「『低炭素社会・日本』をめざして」（「福田ビジョン」）において，「今秋からの排出量取引の国内統合市場の試行的実施（実験）」を開始することを発表するなど，排出量取引制度導入に向けた本格的

な検討が始まった。そして，平成20年10月21日，政府の地球温暖化対策推進本部は，排出量取引の国内統合市場の試行的実施の具体的内容について決定し，同日から参加者の募集を開始し，2009年度から試行排出量取引がスタートした。また，東京都では2010年4月から温室効果ガスの排出量が相当程度大きい事業所に対して，CO_2排出量の削減義務を課すとともに，排出量取引制度を導入する予定である。

（齋尾　浩一朗）

第3節　排出量取引会計基準に関する動向

1　米　国

　1960年代後半から70年代にかけて，世界的に公害問題が論じられるようになり，各国で環境対策がとられるようになった。そのさきがけとして，米国では1967年に「大気浄化法」が制定されている。その後，数度の改正を繰り返したのち，1990年の改正（EPA [2000]）により，酸性雨の原因となっている二酸化硫黄（SO_2）の発電所からの排出を，2000年までに1980年を基準として1,000万トン削減するために，排出量取引を導入することとなった。この決定により，シカゴの商品取引所において排出量取引が開始されたのである。これは公益事業（火力発電所を持つ電力会社）を対象としたC&T方式のものであり，過去の実績に基づいて，排出枠が政府から無償で割り当てられる。その結果，排出枠に余裕がある企業が排出枠を超える企業に市場を通じて排出量を売ることができ，排出枠を超えそうな企業は，市場を通じて排出枠をみたす排出量を購入することができる。具体的な方法としては，企業同士で直接相対取引をする方法と，取引を媒介する業者による方法の2種類があげられる。

　このように，市場メカニズムのもとで取引されるようになった排出量（枠）に関して，一定の会計基準が必要となってきたことから，米国では，排出量取引に関して1993年3月に「米国連邦エネルギー規制委員会（FERC）SO_2（二酸化硫黄）排出量取引会計処理コミッション・ペーパー　18CFR Parts 101 and 102 1990年大気浄化法修正に基づく排出量会計に対する会計

の統一的体系及び規制によって発生する資産及び負債，及びフォームNo.1, 1-F, 2, 2-Aの改訂」が公表されている[11]。

排出権の評価について，コミッション・ペーパーでは，①価値評価に関する一般ルール，②排出権がパッケージ購入されたときの評価，③系列企業間で行われた取引における排出権の評価，④排出権派生商品，⑤取引によって取得された際の排出権の評価，について議論している。

なお，コミッション・ペーパーにおいては，排出権を（電気事業者等による）料金設定にどのように盛り込むかについては中立（rate neutral）の立場であるとしつつも，議論の中には，排出権を料金設定に組み込むといった前提でなされている部分もあることに留意する必要がある[12]。

(2) コミッション・ペーパーの論点

以下において，コミッション・ペーパーの各項目の論点を示したい。

① コミッション・ペーパーの目的 (FERC pp.2-5, GISPRI仮訳pp.1-2)

コミッション・ペーパーの目的は，以下の3点である。

a) 1990年のCAAAに基づくSO_2排出権取引の統一的な会計基準を定める。

b) 規制当局の料金設定行為に関わる資産・負債の記帳を確立する。

c) 各種のステークホルダーに有用な財務データの開示をする。

② 料金設定に対する影響 (FERC pp.5-9, GISPRI仮訳pp.2-4)

コミッション・ペーパーでは，排出権をどのように料金設定に盛り込むかについては，中立的立場を取るとしている。これは，遵守をするために，例えば燃料転換をする方がよいのか，排出権を購入する方がよいのかといった点は経営判断によるものであり，遵守のためのコスト回収に不確実性があることも理由の1つであるという。これに対する各企業からのコメントには，排出権を棚卸資産として考える，あるいは排出権の経済価値を考えれば，操業のために購入された排出権は料金設定ベースに組み込むべきであると主張している企業も数多い。

しかし，排出権を料金設定の中にどう含めていくのかは，会計処理基準によって大きく左右される可能性がある。従って，「料金に対して中立」とはいえない。これに関して，GISPRI会計報告書のなかでは，1つの考え方として排出権を原材料と考えることもできるとの見解が示されている（GISPRI

[2003] p. 46脚注)。原材料として排出権の性格を考えれば，当然ながら料金価格にも反映されてくると考えられる。このGISPRIの考え方は，コミッション・ペーパーの「棚卸資産」としてのSO_2排出権を踏襲しているといえよう。

③　**排出権の分類**（FERC pp. 10-30, GISPRI 仮訳 pp. 4-13）

　排出権の勘定は，流動資産，見越資産の中に排出権棚卸資産（allowance inventory）と留保排出権（allowance withheld）という2つに勘定を設け，基本的には，その性質により，これらのいずれかに分類される。後者には，1990年の改正大気浄化法（CAAA）によって定められたEPAによる留保分（オークションによって割り当てられる2.8％分）が相当する。

　排出権を「燃料在庫」のサブ（補助）勘定で表示する方法もあるが，本来排出権は「燃料」ではないと考えられる。仮にそのような考え方に立脚すれば，プラント・コスト（建設費）としての分類も考えられ，会計上，「資本的支出」（資産計上）として認識できるという。

　また，排出権を工事進行基準のようなとらえかたでみる考えも提示されている。しかし，その一方で，実際に排出権の総額がわずかであると「重要性の基準」から簿外資産となる可能性がある[13]。さらに，投機目的によって実現した損益は非営業雑収入又はその他の控除科目で処理することとしている。

④　**排出権の価値評価**（FERC pp. 30-60, GISPRI 仮訳 pp. 13-26）

　これらはいずれも取得原価で評価することとする。すなわち，無償で割り当てられたものはゼロで評価し，購入された排出権は取得原価で評価する。公正価値で無償取得したものを評価するということも考えられるが，不当な水増し計上も起こり得る。コミッションの考えでは，注記でその対処が可能であると考えている。

　また，期末での評価において，現在は低価法が適用されており，排出権棚卸においてもこれを適用すべきである。低価法においては，正味実現可能価格（net realizable value）で評価するのが適切である。従って，当初認識は取得原価，その後は時価評価することになる。また，排出権の価格には，ブローカーフィーなどは含めない。

パッケージ購入　　基本的には公正価値で評価し，公正価値が決定できない

場合には，リース会計で用いられている追加借入率（incremental borrowing rate）を用いて現在価値計算する。

さて，これに類する取引が，日本でも行われている。例えば，出光興産がオーストラリアでユーカリの植林事業を行い，それによるCO_2吸収効果を権利化し，石炭に付与して販売するといったケースである（『日本経済新聞社』2002年5月12日付）。このように，燃料にあらかじめCO_2排出権をつけることで，化石燃料の需要家が特別な環境対策を取る必要がなくなるというメリットがある。会計的に考えれば，排出権を「原材料」あるいは「棚卸資産」の一部として，貸借対照表上の資産項目として排出権を捉えることができる。

系列企業間での取引　系列企業間での排出権の評価は公正価値，すなわち時価で行う。これは，系列企業間における取引においては，価格シグナル（排出権の市場価格の動向）が作為的に引き上げられる，又は引き下げられる可能性があるため，このような作為を排除するために公正価値で評価を行うのである。

ヘッジ会計　ヘッジ会計が適用できるものについては，ヘッジ会計を適用する。ただし，ヘッジ会計の適用によって利益が発生した場合，この利益を株主に還元すべきか，公共料金の納付者に還元すべきか，という点については，検討すべき課題となっている[14]。

⑤　**棚卸法**（FERC pp.61-71, GISPRI仮訳 pp.26-31）

棚卸方法には総平均原価法を用いる。これは，単純に金額を重さで割る計算方法である。仮に排出権を原材料として用いるのであれば，石炭等と同じようにLIFO（Last In First Out：後入先出法）を適用するという考え方もある。しかし，排出権には，無償で割り当てられたもの（ゼロコスト）と有償で購入されたもの（市場価値）が存在する。この結果，他の棚卸資産にはない取得原価の二元的性質があり，そのため経営者の裁量による利益操作を招きやすいのである。従って，このような利益操作を回避し客観性を保つために，総平均原価法が採用されている。

なお，棚卸にあたっては，当該年に使用する排出権とビンテージ物（6年物先渡し，7年物先渡し）を分離することとする。これは，今期使用する排出権は費用となるものであることや，これらを分けて考えることで，排出権のストックを把握するのに役立つためである。

⑥ **排出権の費用認識**（FERC pp. 71-80, GISPRI仮訳 pp. 31-35）

排出権は費用として認識し，排出権棚卸及び留保排出権は資産として認識する。また，①で述べたように，規制によって発生する資産と負債 (regulatory assets and liabilities) は貸借対照表上，それぞれ繰延資産と繰延負債として扱われる。損益計算書上では，規制上の借方項目と規制上の貸方項目として仕訳をする。

排出したSO_2に相当する排出権は，毎月，費用計上する。つまり，毎月，排出したSO_2に相当する量の排出権を「棚卸排出権」勘定から削除していくことになる。その際の棚卸計算には，上記の⑤で述べられているように，総平均原価法を用いる。ここでは，排出権のインベントリー管理が，特に重要である。

棚卸資産勘定内の排出権以上にSO_2を排出する場合には，必要な排出権を入手するための見積りコストを借方計上し，適切な債務勘定に貸方計上する必要がある。なお，違約金（1トンあたり2,000ドル）は連邦所得税の控除対象とはならない。また，違約金を料金に転嫁してはいけないとしている。これは，当然のことではあるが，料金に転嫁されているか否かは，さらに厳密な調査が必要である。

⑦ **排出権処分による損益認識**（FERC pp. 80-85, GISPRI仮訳 pp. 35-37）

排出権処分益はシングル・ステップで処理する。このシングル・ステップとは利益が上がった場合に，すぐに利益として認識するのではなく，不確実性が解消されるまでは規制上の負債 (regulatory liabilities) 勘定で繰り延べる会計処理方法である。そして，規制当局が料金還元を決定した際には，所得として認識せず，料金を引き下げた時点ではじめて損益が認識されるのである。なお，regulatory assets としての排出権処分損は，損益計算書上の費用となり「その他の regulatory assets」に借方計上される。

⑧ **繰延規制排出権資産と負債** (regulatory assets and liabilities)（FERC pp. 85-94, GISPRI仮訳 pp. 37-42）

規制上の資産は貸借対照表上の繰延借方科目，規制上の負債は貸借対照表上の繰延貸方科目として記載する。これは，いわば税効果会計における，「繰延税金資産」，「繰延税金負債」のような経過勘定項目の一種である。

⑨ **報告要件**（FERC pp.95-102, GISPRI仮訳pp.42-45）

開示・報告内容として，排出権の年初・年末の残高，EPAによる発行と返還による取得，購入と移転による取得，費用計上による放棄，販売及び移転による放棄，損益の開示が要求されている。これらは，通し番号（シリアルナンバー）で管理されることになっている。価格情報等については，1件1件の取引について公開されているわけではなく，一覧をまとめての公開となっている。

また，排出権棚卸勘定をキャッシュ・フロー計算書の中に加えるよう提案している。これは，正味のキャッシュ・フローの動きを把握する上でも重要である。

さて，以上の内容の要点をまとめると，下記のとおりである（GISPRI編[2003]）。

㋐ 排出枠は保有目的によって下記のように分類される。
・ 法令遵守目的の場合：貸借対照表の流動資産・見越資産の中に「排出枠棚卸資産」という分類を新たに設ける。これらは，取得原価によって評価される。
・ 取引目的の場合：「投資」として計上する。

㋑ 排出したSO_2に相当する量の排出枠コストを，総平均原価法で毎月費用計上する。排出したSO_2に相当する排出枠を保有していない場合には，必要な排出枠のコストを即座に費用化すること。

前述のFERCの会計規則が，現在米国において，排出権に関する唯一の会計のガイドラインとして存在しており，多くの企業がこの規則に従って会計処理をしている。この会計規則は，排出枠（emission allowances）を取得原価で計上することを要求しているが，FASBメンバーの調査によると，実際にはいくつかの企業では，排出枠を無形資産として処理している。2004年12月にFASB Statement No.153「非貨幣資産の交換」が公表されると，排出枠（年代ものに関して）は，公正価値で評価されるべきなのか，取得原価で評価されるべきなのかの議論がクローズアップされることになった。The Technical Application and Implementation Activities Committeeなどで，排出枠に関する包括的な会計原則を策定すべきだ，との議論もあがっており，その結果，2007年2月のFASB Board Meetingにおいて，排出枠の会計

に関するガイダンスに関するプロジェクトが開始されることとなった。FASBのProject Update（FASB [2007]）によれば，「このプロジェクトは，排出枠に関して，各企業の実際の排出量の測定と，それにともなう負債の認識に関するガイダンスを与えることになるであろう」としている。これにより，近い将来に新しい基準が設定されることが予想され，今後の動向が注目される。

（村井　秀樹）

2　欧　州

第2節で概説したように，EU域内では，すでに2005年1月よりEU-ETSが開始されている。同年に欧州排出量取引市場が開設されて以降，京都議定書で導入されたCDM，JI，排出量取引を合わせた世界の排出クレジット市場は飛躍的に拡大している。2008年の取引額は約1,263億ドル（前年比約2倍），取引量は約48億トン（前年比約1.6倍）に達しており，市場全体の約64％，C&T型市場全体の約94％がEU-ETSによるものである（World Bank [2009]）。

EU-ETSの導入に伴い，2004年12月にIASBからIFRIC解釈指針（Interpretations）第3号「排出権」（Emission Rights）（以下，IFRIC3）（IASB [2004b]）が公表された。同指針は，2005年3月の発効間もなく撤回（withdrawal）されているが，本項では，IFRIC3の内容と特徴を明らかにするとともに，その撤回後の動向にも触れながら，排出量取引における会計処理の展開の方向性を検討する。

(1)　IFRIC3の概要

IFRIC3として公表される以前，2003年5月にIFRICから「指針草案D1排出権」（IFRIC Draft Interpretation D1 Emission Rights）（以下，D1）（IASB [2003a]）が公表されている。D1に対して多くの批判が寄せられたが，結果的にD1から多くの修正を施すことなくIFRIC3の公表に至った[15]。

IFRIC3では，EU-ETSを想定した際に生ずる会計問題に対して，既存の国際財務報告基準・国際会計基準（IFRS/IAS）をどのように当該問題に適用するかという指針を提供しており，その会計処理の特徴は，以下のようにま

とめられる (IASB [2004b] paras. 6-9, BC12)。
(a) 政府から割り当てられた排出枠及び購入した排出枠はともに過去の事象の結果として企業が管理し，将来の経済的便益が流入するような資源であることから，無形資産として位置づけられ，IAS第38号「無形資産」の規定により処理される。
(b) 公正価値よりも低い価額で割り当てられた排出枠は公正価値で当初測定される。
(c) 排出枠が公正価値よりも低い価額で割り当てられた場合，支払金額と公正価値との差額は政府補助金たる性質を有し，IAS第20号「政府補助金及び政府からの援助の開示」に準拠して処理される。政府補助金は繰延収益として当初測定されて貸借対照表に計上され，その後，排出枠を保有又は売却しているかに関わらず，遵守期間にわたり規則的な方法で収益へ振り替えられる。
(d) 実際の排出が行われるにつれ，排出量と等しい排出枠を引き渡すための負債を認識する。
(e) この負債は，IAS第37号「引当金，偶発負債及び偶発資産」の範疇に入る引当金である。この負債は，貸借対照表日において現在の義務を決済するのに要求される支出の最善の見積額で測定される。これは通常，排出枠の現在の市場価格で測定される。
(f) 排出枠に減損の兆候がある場合，IAS第36号「資産の減損」に準拠して減損テストに付されることが要求される。

以上，IFRIC3の処理は，（ⅰ）排出枠の無形資産としての認識，（ⅱ）割当排出枠の政府補助金としての認識及び（ⅲ）企業活動に伴う温室効果ガス排出による排出量の負債認識，という3点に要約できる。特に最大の特徴は，割当又は購入による排出枠を（無形）資産として，また，排出に伴って発生する排出枠を引き渡す義務について負債として，計上する点であろう。この根拠としてIFRIC3では，「排出枠と排出枠引渡義務とは独立して存在する。この制度の参加者は，保有している排出枠を，課された義務の履行のために使用することを意図しているかもしれないが，それは強制されるものではない。その代わり，排出量を削減して余剰排出枠を売却することを選択するかもしれないし，又は，将来排出枠を購入するかもしれない。このよう

に，多くの参加者が課された義務を履行するために排出枠を保有していると
しても，資産と負債の間に契約上のつながりはない」(IASB [2004b] para.
BC12) と指摘し，資産と負債の両建て計上は，別々の独立した取引である点
を強調している。

(2) IFRIC3の問題点

IFRIC3は，D1段階から指摘されている批判の原因となる処理や取扱いの
多くが残されたままとなった[16]。

第一の問題は，IAS第38号の原価モデルを採用した場合の資産（排出枠）
と負債（排出枠の引渡義務）の測定基礎の違いに起因する。IFRIC3では，
制度開始時に政府から企業に対して無償又は有償で割り当てられた排出枠
は，IAS38の原価モデルに基づくと，取得原価で当初測定されるのに対し，
排出枠に対応するその後の排出負債（排出を行うつど発生）は，その時々の
公正価値で測定される。この点に資産と負債の測定基礎が異なるというミス
マッチが生じる。

第二の問題点は，繰延収益（政府補助金）と費用（排出費用）の測定基礎
の違いに起因する。政府からの割当排出枠は無償又は市場価格よりも低い価
格で提供されることから政府補助金の性質を有する。この政府補助金（繰延
収益）は，割当時の公正価値（取得原価）で測定され，実際排出量に応じて
遵守期間にわたって収益計上される。他方，上述のとおり排出負債は割当時
の公正価値で測定されるため，借方側の排出費用も当該公正価値で測定され
る。従って，政府補助金の償却による収益が取得原価を基礎として計上され
るのに対し，排出費用がその時々の公正価値を基礎として計上されるため，
収益と費用との間でミスマッチが生ずる。

第三の問題点は，IAS第38号の再評価モデルを採用した場合に生ずる収
益と費用のミスマッチである。再評価モデルの場合，上述した一番目の排出
枠の問題は生じないが，当初割り当てられた排出枠が期末に再評価される
際，評価損は損益計算書で認識するのに対し，評価益は資本直入されるとい
う問題が生ずる。特に資本直入される評価益（評価差額）に対応する排出費
用は，損益計算書で認識されるため，収益と費用のミスマッチが生ずるので
ある。

また，EU-ETSの遵守期間（1月1日～12月31日）が終了した後も，上記の

資産と負債の測定基礎の違いに起因する会計上のミスマッチが存続し，排出枠を政府に引き渡す義務（負債）を決済するとき（翌年の4月末日）までもたらされると指摘される。そのため企業は，遵守期間終了時に結果を計算できず，損益計算書にもたらす純額の影響を表すことができない点が疑問視されている（EFRAG［2005］Basis for Conclusions, para.5）。

そのほか，繰延収益である政府補助金が償却を通じて収益に振り替えられていくというIAS第20号の処理が，一時に収益認識する方式へと改訂される見込みであるにも関わらず，現行の処理を採用していることへの疑問や（ASBJ国際対応専門委員会［2003］para. 2），排出枠の初期割当時に，本来は排出抑制が義務付けられたという経済的な実態があるにも関わらず，繰延収益を計上することに対する違和感ないし企業側の認識との相違等が指摘されている（環境省［2007b］p. 9）。

以上の様々な問題点を抱えたままとなったIFRIC3に対しては，欧州委員会に対してIFRS/IASの承認に対する助言を行う欧州財務報告アドバイザリー・グループ（EFRAG）によるIFRIC3を受け入れないという提言（EFARG［2005］）を踏まえ，IFRIC3の実施延期が要請された。また，IFRIC3が対象としていたEU-ETS市場が当時まだ十分に機能していなかったこと，及びこうした状況下において緊急性が当初の想定よりも低下したことを踏まえ，IFRIC3は撤回されることになったのである（IASB, 2007b, paras. 17-19）。

(3) IFRIC3撤回後の会計処理の現状

IFRIC3が撤回された一方で，EU-ETSの制度は進行し，現実に企業では，排出枠が割り当てられるとともにそれが市場で売買されている状況にある。この事実は多様な会計処理が行われている現状を招いた。このことは，PwC & IETA［2007］でも明らかにされていることであるが，次節でも実例に基づいて明らかにする。

IASBでは，2007年12月に開催されたIASB会議のアジェンダ・ペーパーにおいて，PwC & IETA［2007］によって提示された3種類の主要な会計処理方法を取り上げ，排出量取引に関わる会計基準設定に向けた議論に着手している（IASB［2007a］pp. 4-6）。これらの処理方法を要約したものが以下の図表6-2である。

図表6-2に示した3つのアプローチの相違を明らかにするために，以下に

設例に基づく仕訳例と開示例を示すことにしたい[17]。

設　例

□ 期首：EU-ETS参加企業が，法令遵守期間開始時に排出枠を150トンと定められ，政府より排出枠150トンの無償交付を受けた（交付時の排出枠の公正価値＝20EUR／トン）。

□ 決算日（期末）：実際の排出量が与えられた排出枠を超過したため，法令遵守期間終了時に政府に排出枠200トンを供出しなければならない義務が生じると判明した（決算日の排出枠の公正価値＝25EUR／トン）。

図表6-2　排出量取引に関わる会計処理の3つのアプローチ

	IFRIC3	アプローチ1	アプローチ2
期首	無償取得の排出枠は交付日の市場価格で資産計上し，政府補助金として繰延収益を計上		無償取得分に関しては計上しない
	有償取得の排出枠は取得価格で計上		
期中	実際にCO$_2$を発生させた時点で排出費用と引当金（負債）を計上		実際の排出量が排出枠を超えるまで記帳なし
	実際の排出量の割合に応じて交付時に計上した繰延収益を実現利益として償却		適用外
期末	資産：有償，無償に関わらず無形資産の原価モデルか再評価モデルで評価	資産：有償，無償に関わらず無形資産の原価モデルか再評価モデルで評価	資産：有償取得分のみを取得価格で評価
	負債：実際排出量に相当する排出枠を保有しているか否かに関わらず，期末日の実際排出量相当分を引当金として市場価格で再評価	負債：保有している排出枠分までは無形資産と同額 排出枠が不足する分は市場価格で費用と引当金を計上	負債：割当排出枠に相当する排出枠の保有分までは取得価格で評価 排出枠が不足する分は市場価格で費用と引当金を計上

（出典：PwC & IETA ［2007］p. 27及びIASB ［2007a］p. 5に基づいて整理した遠藤［2008］p. 27を一部修正）

　IFRIC3とアプローチ1では排出枠の当初割当時の処理は同一だが，前者は，全排出量に起因して発生する費用・負債を排出時の公正価値で測定しているのに対し，後者は，割当排出枠内（150トン）は割当時の公正価値で，超過排出量（50トン）は排出時（又は期末）の公正価値で測定している点で異なる。両アプローチはともに上述したIFRIC3の問題点を抱えるが，アプロー

仕訳例

IFRIC3	アプローチ1	アプローチ2
【期首（取引開始日）】 （借）排出枠　　　3,000 　　　（無形資産） 　　（貸）国庫補助金　　3,000 　　　　　（繰延収益）	（借）排出枠　　　3,000 　　　（無形資産） 　　（貸）国庫補助金　　3,000 　　　　　（繰延収益）	仕訳なし
【期末（決算日）】 ①実際排出量を負債として認識(注) （借）排出費用　　5,000 　　　（費用） 　　（貸）排出枠　　　5,000 　　　　　引渡義務 　　　　　（引当金） ※25EUR×200t	（借）排出費用　　4,250 　　　（費用） 　　（貸）排出枠　　　4,250 　　　　　引渡義務 　　　　　（引当金） ※20EUR×150t＋25EUR×50t	（借）排出費用　　1,250 　　　（費用） 　　（貸）排出枠　　　1,250 　　　　　引渡義務 　　　　　（引当金） ※25EUR×50t
②繰延収益（国庫補助金）のうち実現分の収益認識 （借）国庫補助金　　3,000 　　　（繰延収益） 　　（貸）補助金受贈益　3,000 　　　　　（収益） ※20EUR×150t	（借）国庫補助金　　3,000 　　　（繰延収益） 　　（貸）補助金受贈益　3,000 　　　　　（収益） ※20EUR×150t	仕訳なし

（注：実際には，CO_2を排出するたびに排出費用と実現収益を排出時点の公正価値で計上し，期末に評価替えすることになるが，ここでは便宜上，期末にすべての排出が行われたと仮定する）
（出典：遠藤［2008］pp. 26-28 の設例を加筆・修正して作成）

開示例

貸借対照表	IFRIC3	アプローチ1	アプローチ2
無形資産	3,000	3,000	n.a.
引当金（負債）	△5,000	△4,250	△1,250
差し引き	△2,000	△1,250	△1,250

損益計算書	IFRIC3	アプローチ1	アプローチ2
実現収益	3,000	3,000	n.a.
排出費用	△5,000	△4,250	△1,250
差し引き	△2,000	△1,250	△1,250

チ1の方が，排出枠が不足する分のみを排出時の公正価値で測定することになるため，決算日における排出費用と実現収益の測定のミスマッチという問題は，不足排出量分の排出枠の公正価値の影響に限定される（設例の仕訳中

の，25EUR×不足分50t=1,250EUR）（遠藤［2008］p. 28）。

　他方，アプローチ2は，排出枠の割当時点では資産も負債も認識せず，排出枠を有償取得したときのみ計上され[18]，割当排出枠を上回る排出が行われた部分に対してのみ費用と負債を認識している。従って，割当排出枠で実際排出量が賄える限り会計処理は行われず，損益計算書に影響しない。ただし，同アプローチは，割当又は購入による排出枠がともに企業に対して同枠内で活動を遂行する権利を与えることを通じて企業に対して経済的な便益を提供しているにも関わらず，割当と購入で別々の処理が行われてしまうという問題を有する（黒川［2003］p. 86）。また，政府補助金という現実を無視し，負債の過小評価をもたらすとも指摘される（Cook［2009］p. 460）。さらに，排出枠に余剰が出た場合，排出枠が資産として計上されていないにも関わらず，売却時に排出枠売却益が突如損益計算書に出現することも問題となる。このことは，期末時点で売却可能な排出枠を保有していてもオフバランスとなっている状態が招いている（環境省［2007b］p. 8）。

(4) IFRIC3撤回後のIASBの動向

　IFRIC3撤回以降，EU-ETSはその第1期間が終了し第2期間に入っている。この間，排出量取引に関わる経済事象が増大していく中で多様な会計処理が行われている現状をみてきた。このような状況を危惧し，IASBにおいて「排出量取引制度」（Emission Trading Scheme）というプロジェクトが2007年から開始されているとともに，FASBにおいても，同じ名称のプロジェクトがIASBより先行して同年2月から開始されている（FASB［2007］para. 14）。

　例えばIASBのプロジェクトにおいては，以下の点を明らかにすべく，排出量取引制度の会計に関する包括的な指針の開発を目的とし（IASB［2008］para. 1），既存の会計基準の制約の中で新たな経済事象に対する指針を提供していたIFRIC3とは異なる対応を表明している。

　ⅰ．排出枠（emission allowances）の本質，資産性及び認識の問題。
　ⅱ．排出枠の政府からの無償交付という取引に用いる勘定科目，負債性及び当初・事後の測定の問題。
　ⅲ．排出枠の期中処理の問題（他の基準との関連性も含む）。
　ⅳ．排出量取引制度における負債の認識，測定問題。
　ⅴ．上記の決定が財務報告全体に及ぼす影響は何か？

以上のように，IASBでは，IFRIC3の段階と異なり，排出量取引に関わる会計問題を包括的に取り上げる体系的な会計基準の設定を企図していると考えられる。このプロジェクトは，FASBとIASBの共同プロジェクトとして取り組まれており，次のFASB会議までに考えられる会計モデルを提案すると表明されている[19]。またIASBとしては，2009年下半期に公開草案を公表し，2010年中のIFRS化を予定している[20]。

（大森　明）

3　日　本

　日本においてはASBJが，2004年11月に実務対応報告第15号『排出量取引の会計処理に関する当面の取扱い』（以下，旧報告15号）を公表し，現行の会計基準等の枠内で当面必要と考えられる実務上の取り扱いを明らかにした（ASBJ [2004]）。これは，主として，京都議定書に定められた京都メカニズムにおけるクレジットを獲得し，これを排出量削減に充てることを想定した取引や，第三者へ販売するためにクレジットの獲得を図る取引などを想定したものである。2006年7月には企業会計基準第7号『事業分離等に関する会計基準』や企業会計基準第9号『棚卸資産の評価に関する会計基準』が公表されたことに伴い，旧報告15号は改正された。それにより，旧報告15号では対象外とされたトレーディング目的で取引が行われる場合も対象とされるようになった。以下，実務対応報告第15号改正版（以下，改正版）（ASBJ [2006]）をもとに，現在の日本における排出量取引に関する会計基準を概観する。

　改正版では，排出クレジットの性格を，①京都議定書における国際的な約束を各締約国が履行するために用いられる数値であること，②国別登録簿においてのみ存在すること，③所有権の対象となる有体物ではなく，法定された無体財産権ではないと規定している。また，取得及び売却した場合には有償で取引されることから，排出クレジットは財産的価値を有しているとされる。このように，改正版では排出クレジットを，無形固定資産に近い性格を有していると規定している（ASBJ [2006] p. 2）。

　排出クレジットを金融商品とみなすことができるかどうかに関しては，『金融商品に係る会計基準』において例示された資産の形態と類似性がない

ことやクレジットを保有するものは現金を受け取る契約上（国際登録簿利用規程上）の権利がないことから金融資産には該当しないとしている。その一方，排出クレジットを基礎数値とする契約が，デリバティブ取引として金融商品に該当する場合には，金融商品会計基準に従って会計処理される（ASBJ [2006] p. 2）。

改正版では，企業の投資を「金融投資[21]」と「事業投資[22]」に分類し，排出クレジットに関わる投資については，現状では活発に取引がなされる市場が整備されているとは言い難いので，時価の変動により利益を得ることを目的としていても金融投資には該当せず，むしろ，企業自らが買い手を見つけ，価格交渉の上で排出クレジットを引き渡すことによって利益が得られる事業投資に該当するものとして扱うこととした。その上で，今後，排出クレジットの活発な取引市場が整備され，企業が金融投資としての取引を行う場合には，トレーディング目的で保有する棚卸資産として市場価格に基づく価額をもって貸借対照表価額とし，帳簿価額との差額（評価差額）は当期の損益として処理することとなると追記している（企業会計基準第9号「棚卸資産の評価に関する会計基準」第15項）。

事業投資としての排出クレジットは，さらに（a）専ら第三者に販売する目的で取得する場合と，（b）将来の自社使用を見込んで取得する場合の2つに分けられるとしており，それぞれについて他者から購入する場合と出資を通じて取得する場合の会計処理を提示している（ASBJ [2006] paras. 3-4）。（a）と（b）の両者の場合の会計処理が，改正版の付録においてまとめられているので，以下の（a）の場合を図表6-3に，（b）の場合を図表6-4に掲載する。

図表6-3は，商社のケースが該当し，図表6-4は，メーカーのケースが該当すると想定される。以上，改正版は，排出クレジットを事業投資と位置づけ，販売目的と使用目的という排出クレジットの保有目的に応じて別々の会計処理方法を規定している点に特徴がみられる。その一方，排出クレジットを金融資産としては位置づけていない。

ところで，本章第2節5で述べたように，日本における試行的排出量取引制度の導入を機に，上記の実務対応報告第15号をさらに改正するために，実務対応報告公開草案第31号『排出量取引の会計処理に関する当面の取り

図表6-3　改正版における「専ら第三者に販売する目的で排出クレジットを取得する場合の会計処理の概要」

	(1) 他者から購入する場合	(2) 出資を通じて取得する場合
①契約締結時	仕訳なし	同　左
②支出時	「前渡金」とする。ただし，取得前に売却できる場合には「棚卸資産」とすることができる。	個別財務諸表上，金融商品会計基準に従って会計処理し，「投資有価証券」，「関係会社株式」，「(関係会社)出資金」とする。なお，当該出資が排出クレジットの長期購入契約の締結及び前渡金支出と経済実質的には同じと考えられるものである場合には，(1)に同じ。
③排出クレジット取得前の期末評価	取得原価による。ただし，明らかに回収可能である場合を除き，評価減の要否の検討を行う。	市場価格のない株式に該当する場合，個別財務諸表上，取得原価による。ただし，減損処理の適用を検討する。なお，当該出資が排出クレジットの長期購入契約の締結及び前渡金支出と経済実質的には同じと考えられるものである場合には，通常の商品等の購入と同様に「前渡金」として会計処理するため，(1)に同じ。
④排出クレジット取得時	「棚卸資産」の取得として処理する。	
⑤排出クレジット取得後の期末評価	取得原価による。ただし，期末における正味売却価額が取得原価よりも下落している場合には，当該正味売却価額をもって貸借対照表価額とし，取得原価との差額は当期の費用として処理する。	
⑥販売時	「棚卸資産」の販売として処理する。	

(出典：ASBJ［2006］p. 15［付録1］)

扱い（案）』（以下，ED31）(ASBJ［2009a］) が2009年4月10日に公表された。ED31では，試行的制度がC&T的な性格を有していることを踏まえ，新たな指針を提供している。

　会計処理の概略を示せば，上記制度の下，主として政府から無償で割り当てられた排出枠について処理を示している。ED31では，当該排出枠について，①事後清算と②事前交付の2種類の取得方法を識別しているが，両方法ともオフバランス処理となる。その理由として，ED31では，排出枠の繰り延べ（及びボローイング）が認められていることや，当該制度終了時の排出枠の取り扱いが未確定であることをあげ，排出枠の取得時は取引を認識しないと規定している。排出枠の第三者への売却に関しても，当該制度の完了時

図表6-4　改正版における「将来の自社使用を見込んで排出クレジットを取得する場合の会計処理の概要」

	(1) 他者から購入する場合	(2) 出資を通じて取得する場合
①契約締結時	仕訳なし	同　左
②支出時	無形固定資産を取得する前渡金であることから，「無形固定資産」又は「投資その他の資産」の区分に当該前渡金を示す適当な科目で計上する。	個別財務諸表上，金融商品会計基準に従って会計処理し，「投資有価証券」，「関係会社株式」，「（関係会社）出資金」とする。 なお，当該出資が排出クレジットの長期購入契約の締結及び前渡金支出と経済実質的には同じと考えられるものである場合には，(1) に同じ。
③排出クレジット取得前の期末評価	取得原価による。ただし，固定資産の減損会計が適用される。減損処理にあたっては，他の資産とのグルーピングは適当でないと考えられる。	市場価格のない株式に該当する場合，個別財務諸表上，取得原価による。ただし，減損処理の適用を検討する。 なお，当該出資が排出クレジットの長期購入契約の締結及び前渡金支出と経済実質的には同じと考えられるものである場合には，(1) に同じ。
④排出クレジット取得時	「無形固定資産」又は「投資その他の資産」の取得として処理する。	
⑤排出クレジット取得後の期末評価	取得原価による。（減価償却はしない）。ただし，固定資産の減損会計が適用される。減損処理にあたっては，他の資産とのグルーピングは適当でないと考えられる。	
⑥第三者への売却時	「無形固定資産」又は「投資その他の資産」の取得として処理する。	
⑦自社使用（償却目的による政府保有口座への排出クレジット移転）時	原則として「販売費及び一般管理費」の区分に適当な科目で計上する。	

（出典：ASBJ［2006］p. 6［付録2］）

に清算すればよいとの考え方から，未決算勘定として処理し，最終的に制度完了（見込み）時に利益（損失）に振り替える処理を規定している。

なお，上記図表6-3および4に関してED31では，試行制度における排出枠を他社から購入するケースを追加している点を付記しておく。

ASBJは，試行制度の成り行きが不明瞭であることから，「当面の取り扱い」を微調整し，さらにオフバランス処理を採用するという，実務に影響の最も少ない方法を選択したといえる。しかし，東京都において本格的な

C&T型制度が導入されることが決定し，また，IASBとFASBにおいて共同プロジェクトが進行している現状を鑑みると，ASBJに対し，このような動向をすばやく検知し，IASB/FASBの共同プロジェクトの進行を見据えつつ，排出量取引にかかわる包括的な基準設定への努力を期待したい[23]。

（村井　秀樹）

第4節　排出量取引の会計処理及び開示に関する実態調査

本節では，財務報告書における排出量取引に関わる会計情報の開示に関する実態調査の結果を示し，そこから排出量取引の会計処理及び開示の動向を明らかにする。

1　排出量取引に関する開示実態の調査

本章第2節で紹介した排出量取引制度は，すでに企業活動に関わる経済事象として存在していることから，その制度の対象となる企業にとっては，会計上，認識，測定及び開示すべきものとなっている。そこで，われわれは，特にEU-ETSの対象業種（鉱物・ガラス，化学，エネルギー，森林・紙製品，鉄鋼，鉱物資源・原油生産，石油精製及び電気・ガス・水道）に属する企業の財務報告書において，排出量取引に伴って必然的に生ずる排出枠（emission allowances）ないし排出権（emission rights）がどのように処理され，開示されているかということを明らかにするための調査を行った。

(1)　調査概要

米国の経済誌"FORTUNE"が実施している「フォーチュン・グローバル500社（以下，GL500）」（FORTUNE GLOBAL 500[24]）の2007年リストの中から，上述のEU-ETS対象業種に属する80社[25]の年次報告書又はSEC提出書類のForm 10-K又はForm 20-Kを原資料とした。調査実施時期は，2008年7月から8月にかけての約2ヵ月間である。調査対象企業の属性は，図表6-5及び6の表側に示した。

調査方法としては，GL500のウェブサイト[26]から該当企業のウェブサイ

トへ移動し，そこで入手可能な財務報告書を対象とした。主として2007年度の会計情報が掲載されている財務報告書が対象としている。なお，対象企業のウェブサイトから財務報告書が入手できなかった場合[27]は，情報開示していないのと同じであると考え，80社全体を本報告における調査対象企業として確定した。本調査では，財務報告書において排出量取引に関わる記述[28]があるものを調べ，特に「連結財務諸表及び注記」において開示しているものを取り上げて分析することにした。

図表6-5　排出量取引に関わる情報を開示している企業数（業種別）（N＝80）

業種（調査対象企業数）	F/S・注記	その他箇所	開示なし 〔　〕内入手不可（内数）
鉱業・ガラス（5社）	5社	0	0
化学（11社）	3社	5社	3社〔1社〕
エネルギー（6社）	4社	0	2社
森林・紙製品（3社）	1社	2社	0
金属（13社）	4社	7社	2社〔1社〕
鉱物資源・原油生産（11社）	0	7社	4社〔3社〕
石油精製（10社）	2社	7社	1社
電気・ガス・水道（21社）	12社	6社	3社〔3社〕
合計（80社）	31社（38.8%）	34社（42.5%）	15社（18.8%）〔8社〕

図表6-6　排出量取引に関わる情報を開示している企業数（地域別）（N＝80）

地域（調査対象企業数）[29]	F/S・注記	その他箇所	開示なし 〔　〕内入手不可（内数）
欧州（34社）	22社	10社	2社〔1社〕
北米（19社）	8社	9社	2社
東アジア（19社）	0	11社	8社〔5社〕
アジア・中東・ロシア（4社）	0	2社	2社〔1社〕
中南米（4社）	1社	2社	1社〔1社〕
合計（80社）	31社（38.8%）	34社（42.5%）	15社（18.8%）〔8社〕

(2) 調査結果

　ここでは，財務報告書において排出量取引に関連する情報を開示しているか否か，またその場所はどこか，という点について，主として業種別及び地域別の観点から全体的な結果を概観する。調査の結果，財務報告書のうち，「連結財務諸表本体」又は「連結財務諸表注記」(以下，「F/S・注記」)において排出量取引に関わる情報が開示されていた企業と，当該報告書のうちこれらのセクション以外で情報が開示されていた企業 (以下，「その他箇所」) 及び全く開示されていない企業は，業種別では図表6-5，地域別では図表6-6のとおりであった。

　まず全体について標本数は80社と少ないものの，そのうちの31社 (38.8%) が，排出量取引に関わる何らかの情報を「F/S・注記」において開示している。他方，ほぼ同数の34社 (42.5%) は，財務報告書における「F/S・注記」以外の箇所[30]において排出量取引に関連する情報を開示している。そのうち，「その他箇所」部分が非常に充実していた企業もあった。一方，15社 (18.8%) は，排出量取引に関して全く記述がないか，情報が取れない状況にあった。

　次に業種別に示した図表6-5によると，業種としては「鉱業・ガラス」，「エネルギー」及び「電気・ガス・水道」において，「F/S・注記」において開示する企業が比較的多い。これらの業種は，主な環境規制の対象となっている業種であるとともに，温室効果ガス排出量の多い業種と推察されることから，このような結果になったといえよう。

　地域別に示した図表6-6をみると，「F/S・注記」で開示している企業が欧州と北米の企業において圧倒的に多いのに対し，他の地域は，中南米の1社 (メキシコ企業) を除き，開示されていない。欧州と北米は，「その他箇所」での開示も含めると大半の企業において排出量取引に関する情報が開示されている一方，他の地域は，開示なし又は入手不可というのが多い。これは，欧州においてEU-ETSが，また北米において米国のSO_2等の排出量取引制度が導入されていることと関係していると考えられる。他方，東アジアに区分した日本企業 (8社) では，「その他箇所」で開示するケースが6社であったが，開示なしと入手不可がそれぞれ1社ずつあった。これは，欧州や米国の企業とは逆に，当時，排出量取引自体が存在せず，従って会計処理及

図表6-7 「F/S・注記」における排出量取引に関わる情報の開示状況

No.	企業名	業種	国名	連結F/S本体			連結財務諸表注記							監査報告書
				連結B/S	連結CFS	会計方針	無形資産	棚卸資産	金融商品	引当金	営業収益・費用	その他	リスク情報	
1	Saint-Gobain	鉱業・ガラス	フランス			○	明細表							
2	CRH	鉱業・ガラス	アイルランド			○								
3	Lafarge	鉱業・ガラス	フランス			○						排出権		
4	Holcim	鉱業・ガラス	スイス			○								
5	Cemex	鉱業・ガラス	メキシコ			○			記述					
6	BASF	化学	ドイツ			○	記述	明細表						
7	Lyondell Chemical	化学	米国			○	明細表							
8	Akzo Nobel	化学	オランダ			○								
9	E.ON	エネルギー	ドイツ			○	記述		明細表	記述			○	
10	RWE	エネルギー	ドイツ			○				明細表				
11	Plains All American Pipeline	エネルギー	米国			○	明細表							
12	Constellation Energy	エネルギー	米国			○	明細表	記述	記述					
13	Stora Enso	森林・紙パルプ	フィンランド	○		○						明細表		
14	Arecelolmittal	鉄鋼	オランダ						明細表					
15	ThyssenKrupp	鉄鋼	ドイツ									排出権		
16	Norsk Hydro	鉄鋼	ノルウェー			○							○	
17	United States Steel Corporation	鉄鋼	米国										○	
18	Total	石油精製	フランス			○			記述			排出権		
19	Eni	石油精製	イタリア			○			記述			排出量取引	○	
20	Electricite de France	電気・ガス・水道	フランス			○	明細表		記述	記述		GHG排出枠		○
21	Enel	電気・ガス・水道	イタリア							明細表	明細表			
22	Centrica	電気・ガス・水道	イギリス			○			明細表			EU-ETS	○	
23	Endesa	電気・ガス・水道	スペイン			○	明細表			記述	明細表	繰延収益明細表		
24	Scottish and Southern Energy	電気・ガス・水道	イギリス			○	記述		明細表				○	
25	Vattenfall	電気・ガス・水道	スウェーデン			○	明細表			明細表				
26	National Grid	電気・ガス・水道	イギリス			○	明細表			明細表				
27	Energie Baden-Württemberg	電気・ガス・水道	ドイツ			○		記述	明細表	明細表			○	
28	Dominion	電気・ガス・水道	米国		○	○	明細表	記述						
29	Duke Energy	電気・ガス・水道	米国		○		明細表					規制資産・規制負債		
30	FPL Group and Florida Power & Light Company	電気・ガス・水道	米国			○								
31	Exelon	電気・ガス・水道	米国			○		記述				法人税明細表		
			合計	1	2	28	13	4	11	7	4	9	7	1

び開示の問題もまだ存在していないことが開示度の低さに影響していると考えられる(31)。

　以上から，極めて限定的な調査ではあるが，総じて，環境法規制の下にある業種（エネルギーや電気・ガス・水道）と排出量取引が制度化されている地域に本拠を置く企業は，排出量取引に関わる情報開示が進んでいるという傾向をうかがい知ることができる。

2　調査結果における開示事例の分析
(1)　開示企業の排出量取引関連情報の開示場所

　ここでは，財務報告書の「F/S・注記」において，排出量取引に関わる情報を開示している31社に絞り，その開示場所を概観する（図表6-7参照）。

　図表6-7によれば，F/S本体で開示する企業は，連結貸借対照表（連結B/S）において開示しているStora Enso社，連結キャッシュ・フロー計算書（連結CFS）において開示しているDominion社及びDuke Energy社の合計3社のみであった。よって，大半は注記において開示していることが分かるが，中でも「会計方針」において排出枠に関する記述をしているものが多く，開示企業31社中28社を占めている。後述するように，排出量取引に起因する会計問題としては，排出枠の資産認識及び排出費用と排出負債の認識があげられるが，会計方針を掲げている28社のうち27社ではその処理方法が記述されている。

　また，無形資産として排出枠を処理した場合に，注記における無形資産の詳細を説明している部分で明細表や記述情報によって排出枠に関わる情報を開示したり，また排出に伴って引当金を設定した場合は，注記における引当金の箇所においてその内容を明細表や記述によって明らかにしている企業が多い。さらに，排出枠は，金融商品としての性格ももちうることから，金融商品やヘッジ手段の一つとして説明している企業も11社ある。これらの企業は市場リスクにさらされることから，リスク情報の一環として開示するケースが多い。

　そのほか，注記の他の箇所において「排出権」などの排出量取引に関わる独自の項目を設けて詳しく説明する企業も6社ある。

(2) 財務諸表本体での開示例

　Stora Enso社では連結B/Sの資産項目「固定資産及び長期投資」において，「排出権」という表示科目を設けて開示している。同社では，政府からの無償割当排出枠を無形資産として当初認識時の公正価値で測定し，同額を政府補助金（繰延収益）として記録している。その上で，期中における実際排出量に応じて引当金を設定している。これは，第3節で検討したIFRIC3とほぼ同様の処理であるが，後述する通り，引当金（負債）の測定において若干異なる処理が行われている（第3節図表6-2におけるアプローチ1に類似）。

　表示されている「排出権」の金額は，2005年12月末日〜2007年12月末日の3期で，順に43.7百万EUR，98.1百万EUR，5.2百万EURとなっており，同社の総資産規模（2007年12月末日で15,310.8百万EUR）と比較すると小さい。しかし，相対的に金額が小さい「排出権」をあえてオンバランスしていることは，同社にとって「排出権」の重要性が高いと判断していると推察でき，排出量取引に対する同社の位置づけを外部者として判断できる情報になっているように思われる。

　また「排出権」の毎期の金額変動は，期中における排出枠の購入・売却や期末の公正価値による再測定（ただし，排出量が保有排出枠を超過する部分に対してのみ）の結果に起因する。これらの期中変動等は，同社の注記における連結P/Lに関わる「その他の営業収益・費用」の明細によって明らかにされている。注記に関しては，次項で取り上げる。

　次に，連結CFSで開示している2社はともに米国の企業であるため，そこに記載されている排出枠は，米国の大気浄化法（Clean Air Act）に基づくSO_2等の排出量取引に起因して生じたものと推察される。Dominion社の連結CFSでは，「営業活動によるキャッシュ・フロー」（以下，「営業活動CF」）の区分に「消費目的で保有する排出枠の売却による利得」が，また，「投資活動によるキャッシュ・フロー」（以下，「投資活動CF」）の区分に「消費目的で保有する排出枠の売却収入」が表示されている。ただし，次項において指摘するように，同社は，排出枠を消費目的と販売目的に区分し，前者の売却によるキャッシュ・フローについて連結CFSの「投資活動CF」の区分において，また，後者の売却によるものを連結CFSの「営業活動CF」の区分において報告するという旨を会計方針で表明しているため（Dominion [2007] p.

74），連結CFSの「営業活動CF」の区分に記載されている「排出枠の売却利得」は，消費目的ではなく販売目的ではないかと推察される。このような誤りの可能性があるにせよ，排出枠の売却が企業の主要な活動として行われている実態が，連結CFSにおいて明らかにされている点で有意義といえよう。

他方，Duke Energy社の連結CFSでは，「投資活動CF」の区分で「排出枠の購入」によるキャッシュ・アウトフローと「排出枠の売却」によるキャッシュ・インフローとに分けて表示している。同社の連結CFSでは，どの程度の排出枠が実際に購入・売却されたのか，という点が明らかにされる点で，有意味な情報を提供するものといえる。2007年度（12月末決算）の連結CFSでは，売却によるキャッシュ・インフロー（52百万ドル）よりも購入によるキャッシュ・アウトフロー（△103百万ドル）が多くなっており，排出枠が不足がちであることが推察される。

以上，F/S本体において排出枠を独立開示している3社の事例を紹介した。次は，多くの企業が行っている開示方法である連結F/S注記における開示例を紹介し，若干の検討を行う。

(3) 財務諸表注記での開示例

排出量取引に関わる情報を「F/S・注記」において開示している31社のうち，28社は「会計方針」において開示している。また，会計方針以外の箇所においても，無形資産，金融商品，引当金及び営業収益・費用等の内訳を詳述した部分において，排出枠の処理方法やそれに関わって生ずる引当金や収益・費用の詳細が明らかにされている。

まず「会計方針」は，注記情報として重要な部分であり，F/S本体に表示されている各表示項目及び金額の根拠となる会計処理方法が論じられている。具体的には，「無形資産」，「繰延収益」，「引当金」などの主要項目ごとに会計方針が記述されており，その中で，排出枠の処理に言及している。

例えばStora Enso社の「会計方針」では，EU-ETSに起因して生ずる排出枠の処理に関して，排出枠を無形資産として処理すること，当初割当排出枠に対応して政府補助金という繰延収益を認識すること，将来政府に引き渡す義務を有する排出枠を引当金として認識することなどを明らかにするとともに，その測定方法や開示方法について記述している（Stora Enso [2008] p. 123）。他の企業の「会計方針」を概観しても，類似の事項が記述されてお

り，これにより，同社の排出枠とその会計処理が明らかにされる。

「会計方針」以外の情報は，同注記の別の箇所で行われている。例えば，無形資産として排出枠を処理しているEndesa社では，注記項目の「無形資産」において無形資産明細表を掲載し，その中で排出枠の前期末及び当期末残高と，期中の変動の詳細を明らかにしている（Endesa［2008］p. 45）。さらに，続けて「CO_2排出権」の項を設け，同社グループが各国で割り当てられている排出枠の量と実際の排出量を開示している。その上で，割当排出枠，引渡排出枠及び購入排出枠の詳細を金額情報とともに開示し，当初の各期末における排出枠取得の期待支出額も明らかにしている（Endesa［2008］pp. 45-46）。こうした詳細な情報が伝達されることによって，どれだけの排出枠が存在し，そのうちどの程度使用し，どれくらい不足しているのか，さらには，そのためにどの程度の費用を要したのか等の排出枠に関わる詳細な情報を把握することができる。これほどまで詳細な情報を開示している企業は同社だけであり，他の企業では，無形資産の中にどの程度の排出枠が含まれるかという旨の情報を開示する傾向にある。

そのほか，注記において明細表や詳細情報を開示する例として，National Grid社とStora Enso社について言及する。

National Grid社の引当金明細表では，排出枠に関わる引当金について2期間分の期首と期末の残高，及び期中変動が表示されている。また，Stora Enso社の営業収益・費用の注記では，損益計算書の「その他の営業収益・費用」に含まれている排出枠（排出権）に関わる収益・費用がどの部分に表示されているかを，記述情報と内訳を示す明細表の双方を示すことで明らかにしている。詳しくは，「その他の営業収益」項目における「排出権」（8.0百万EUR）と「原材料及びサービス」項目に含まれる「実際排出費用及び排出権の公正価値損失」（6.6百万EUR）の具体的内容を明らかにし，両者の関連を明らかにしている。なお，他の調査対象企業ではこれほど詳細な情報は開示されていない。よって，この事例は，調査対象企業の中で最も詳しい情報が開示されており，充実した内容となっている。また，当該事例は，すでに紹介した連結B/Sで「排出権」を開示しているStora Enso社によるものであり，同社の開示水準は非常に高い。

さらに，注記項目の一つとして，環境問題に関連する事象を取り扱う項を

設け，その一つとして排出量取引に関わる情報を掲載している事例もある。そこでは，EU-ETSと当該企業との関わりが論じられるとともに，実際排出量と割当排出枠の物量データが開示されている。同様の情報は，財務報告書の「F/S・注記」以外の箇所で開示している企業が多く，本調査では開示場所が「その他箇所」の企業34社という結果が得られている（図表6-5又は6-6参照）。

　以上概観してきた情報を丹念にみていけば，企業と排出量取引の関わりを比較的詳細に把握することが可能になるといえよう。特に，Stora Enso社のようにF/S本体において開示するだけでなく，注記においても充実した情報を開示することで，当該企業の温室効果ガス排出リスクに関心を有する情報利用者にとっては，企業と排出量取引の関係を理解する一助になるであろう。

3　調査結果における会計処理の相違に関する分析

　本項では，「会計方針」等で明らかにされた排出枠の会計処理方法に焦点を当てて分析する。第3節で述べたように，IFRIC3が撤回されたため，実務では多様な処理が存在しているといわれている（PwC and IETA［2007］p. 25）。以下では，「F/S・注記」において排出量取引に関する情報を開示している31社を対象に，多様な会計処理の実態を明らかにする。

　まず，IFRIC3と同様の会計処理を行っていると考えられる企業はBASF社（ドイツ）1社のみであった。資産側についてはIFRIC3と同様の処理をするが，負債（引当金）に関して処理が異なるアプローチ1を採用していると考えられる企業は9社であった。また，無償割当排出枠を計上せず，実際排出量が割当排出枠を超過する部分についてのみ，排出費用と引当金を計上するという点に特徴があるアプローチ2を採用している企業は9社であった。そのほか，これら3つの分類に該当しない処理方法を行っている企業が8社であった。なお，会計方針等の記載から会計処理を類推できなかった企業は4社であった。

　3種類の会計処理方法は，すでに第3節で詳述したため，ここでは，それ以外の処理を行っている企業の例を示すことにしたい。その他の会計処理を採用していたのは8社だが，（1）では，特徴的な処理を行っている6社の例

を（「その他1」～「その他6」），また，(2)では，残りの2社を含め，棚卸資産や金融商品として開示している企業の例を示すことにする。

(1) 3つのアプローチ以外の処理方法

① 「**その他1**」（CRH社：アイルランド）（CRH［2008］p. F-21.）

この処理方法は，保有排出枠が引渡排出枠を下回る場合のみ負債（引当金）を認識するが，余剰排出枠又は不足排出枠から生ずる資産と負債を互いに相殺して計上するという点に，主要な3つのアプローチと異なる特徴を有している。

② 「**その他2**」（Plains All American Pipeline社：米国）（Plains All American Pipeline［2008］pp. F-18-19, F-24.）

「会計方針」の記述だけでは，上記3つのアプローチのいずれを採用しているかは明確ではないが，排出枠（「排出削減クレジット」（emission reduction credits））を利用した日から償却するという点に他のアプローチと異なる特徴を有している。

③ 「**その他3**」（Enel社：イタリア）（Enel［2008］pp. 176, 206.）

同社の注記情報からは，無償取得排出枠及び購入排出枠の処理方法は明確にされていないが，連結P/Lの「その他の営業費用」明細表において開示されている「CO_2排出費用」（Charges for CO_2 emissions）が，不足排出枠の購入費用と注意書きされている点から，排出枠自体は資産処理せず当期に費用処理していると推察できる。なお，同社の「引当金明細表」においても「CO_2排出費用」が掲載されていることから，「CO_2排出費用」は引当金設定に伴う費用計上と考えられる。

④ 「**その他4**」（Dominion社：米国）（Dominion［2008］p. 74.）

同社の処理の特徴は，排出枠を消費目的と売却目的という保有目的で分類している点に表れている。消費目的に分類した排出枠の処理は，図表6-2の「アプローチ2」に類似する方法がとられていると位置づけることができる。他方，売却目的の排出枠は，次項で具体的に取り上げるが，棚卸資産として処理している点に特徴を有する。

⑤ 「**その他5**」（Duke Energy社：米国）（Duke Energy［2008］pp. 89-90, 102.）

同社は米国のSFAS第71号「ある種の規制の影響のための会計」に準拠している点から特徴が引き出される。同社では，排出枠をその取得・売却に

関わる事業ごとに異なる処理を採用している。「事業」は，「非規制事業」と「規制事業」に大別され，後者は，さらに，費用捕捉システムを通じた排出枠の直接的な回収を意図するかしないかによって，表示箇所が異なっている。顧客に課す料金から排出枠の直接的な回収を意図する規制事業に関しては，排出枠の売却に伴う利得・損失が営業収益において認識され，連結P/Lの「発電に使用した燃料及び購入した電力」という表示科目の一要素として表示される。これに対し，排出枠の直接的な回収を伴わない「規制事業」における排出枠の売却による利得・損失は，連結P/Lの「その他の資産及びその他の売却による利得（損失）（純額）」という表示科目に含まれるか，又は規制上の確実性の水準によっては繰り延べられる。

　繰り延べられる排出枠売却による収益は，連結B/Sの「支払債務」に含まれるが，同社の「規制資産・負債明細表」の「規制負債」において「繰り延べられた排出枠益」として，開示されている。

⑥　「その他6」（Exelon社：米国）（Exelon［2007］pp. 209, 260.）

　同社の「会計方針」によれば，排出枠を棚卸資産及び「その他の繰延債務」として計上しているとしている。特に特徴的な点としては，繰延税金資産（負債）の明細表において，排出枠に起因する繰延税金負債を，同社グループ傘下の企業セグメントごとに表示している点である。

　以上，排出枠に関わる会計処理のうち，「IFRIC3」，「アプローチ1」及び「アプローチ2」に該当しない処理を「その他」として紹介してきた。6種類の特徴的な処理方法を概説したが，その中でも，米国企業の例が4社を占めており，米国において特徴的な処理が行われている傾向にあるといえよう。

　次に，これら3アプローチとは別に，排出枠を棚卸資産や金融商品として処理している企業も多いため，次項以降では，両者の処理について紹介する。

(2)　棚卸資産としての排出枠及び金融商品としての排出枠

　棚卸資産として排出枠を処理している企業は，会計処理方法が判明した27社中4社であった。Constellation Energy社，Dominion社及びExelon社はともに米国の企業であるが，これら3社では，棚卸資産として排出枠を処理し[32]，その後，低価法で評価替えを行っている。もう1社は，ドイツ企業のEnergie Baden-Württemberg社であり，棚卸資産として認識する旨のみ

が開示されている（Energie Baden-Württemberg［2008］p. 142）。欧州企業の多くは棚卸資産として処理していない中での同社の処理は特徴的といえよう。

次に金融商品として排出枠を処理している企業も多い。本調査では11社が金融商品として（も）排出枠を取得・処理していると開示されていた。これらの企業では，ヘッジ目的やトレーディング目的で排出枠のフォワード，先物，オプション又はスワップ取引を行っており，IAS第39号「金融商品：認識及び測定」に従って処理しているところが多い。また，金融商品として排出枠を扱う企業では，注記においてリスク要因を明らかにする記述情報を開示しているところが多く，例えばScottish and Southern Energy社（イギリス）では，「金融商品とリスク」の「商品リスク」の一つとして排出枠の先渡契約をあげ，その明細表を開示している。同明細表の「UK emissions」において排出枠の基本価格とその増減の可能性（感度分析）に関わる情報が明らかにされている。

以上，排出枠を無形資産ではなく，もしくは無形資産としてだけではなく，棚卸資産や金融商品として処理する企業があることを示してきた。

上記（1）及び（2）項において，上述した3種類のアプローチ以外の処理方法が行われている実態が明らかになったであろう。排出枠それ自体は，政府等による当初割当や購入によって取得され，その保有目的が，期中消費目的であるか売却目的であるかによって処理方法が無形資産か，棚卸資産又は金融商品として処理されていた。このように排出枠それ自体が有する多様な用途によって，多様な処理がもたらされていることが指摘できよう。

4　当該調査のまとめ

本節では，GL500掲載企業の中からEU-ETS対象業種80社の財務報告書を取り上げて，その会計処理方法や開示の実態を概観してきた。

開示状況としては，F/S本体での開示は3社にとどまったが，多くの企業（27社）では「F/S・注記」において会計処理方法を開示していた。

会計処理・開示方法の実態から，IFRIC3の撤回以降，統一的な基準の欠如という状況が招いた会計処理と開示の多様性という現状を改めて認識できたであろう。また，排出量取引の歴史が長い米国企業と，EU-ETSの直接的な影響を受ける欧州企業，さらには，その他の地域の企業とで，会計処理

や開示の方法に差異が認められた。

　さらに，財務報告書全体にわたり詳細な情報を開示していたのは，フィンランドのStora Enso社とスペインのEndesa社であったという印象を受けたことを付記しておきたい。前者の企業は，連結B/Sで排出枠に関わる情報を開示しているばかりでなく，「会計方針」の記述が明確であるとともに，排出量取引にかかわり生じた収益・費用に関して詳細な記述を行っていた。後者の企業は，F/S本体への記述こそないが，「会計方針」の記述と明細表（記述を含む）において，CO_2の排出枠（権）の割当分と使用量や今後の予定等が明らかにされていた。このように，詳細な情報開示を行うという姿勢は，投資家が今後，炭素リスクという名の下にますます関心が増大しつつある状況において，多国籍企業にとって必須なこととなるであろう。

　第3節で指摘したように，現在，IASB/FASBによって排出量の会計に関わる統一的な基準作りが始まっており，日本でも，平成21年6月に「排出量取引の会計処理に関する当面の取扱い」（実務対応報告第15号）が改正された。今後は，開示の在り方も含めて更なる検討を行い，日本としてIASB等に積極的に発信していくことが望まれる。

（齋尾　浩一朗・大森　明）

第5節　排出量取引と会計処理の新展開

1　海外植林の炭素権の会計処理
(1)　国際会計基準第41号「農業」の会計処理

　ここでは，海外植林における排出権（クレジットあるいは炭素権ともいう）の会計処理に関して，IAS第41号『農業』に準拠して検討を行う[33]。

　IAS第41号では農業活動にかかわる会計上の認識・測定・開示を定めている。概説すれば，通常植林は初期コストを投入して30年間ほどかけて成木になり，伐採・収穫する。収穫時には，見積販売時費用を控除する。この際には，公正価値で測定し工事進行基準の計算方法を採る。この計算方法を採用する理由は，農業会計において取得原価主義・実現主義を採用した場合には，収穫まで全く収益が計上されないからである。一方，公正価値を用い

た場合には樹木の生物的成長を認識・測定するため，植林から収穫にいたる期間全体を通じて公正価値の変動が報告される。植林の成長過程を公正価値によって求めることにより，伐採した植林自体の価値の他に，植林が吸収したCO_2-1トンあたりの排出権価格を算出することができるのである。

　IAS第41号の範囲は，農業活動に関連する無形資産には適用されない。また，IAS第41号のパラグラフ3では，ブドウを育てた業者がブドウからワインを作る過程のような収穫後の農産物の加工処理（この場合はワイン）は本基準では取り扱わないという（IASB［2003b］para. 3）。パラグラフ4では，生物資産として，プランテーション林の樹木，農産物として丸太，収穫後の加工の結果としての製品としての材木が挙げられている（IASB［2003b］para. 4）。以上のように考えれば，炭素権あるいは排出権を農業活動に関する無形資産として捉えることができると思われる。例えば，第3節で詳述したIFRIC3では，排出権を無形資産として捉えていた。IAS第41号の規定にやや外れるが，炭素権を「植林によって収穫された産物」として考えることができる。

　ここでいう公正価値とは，「取引の知識がある自発的な当事者間で，独立第三者間取引において資産が交換され，又は負債が決済される価額をいう」（IASB［2003b］para. 8）と定義されている。さらにパラグラフ10では，農産物を3つの条件の場合のみに限り，資産として認識するとしている。すなわち，(a) 当該企業の支配下にあり，(b) 将来の経済的便益があり，(c) 公正価値又は原価での測定可能性である（IASB［2003b］para. 10）。要するに，生物資産も農産物も資産概念に合致するかどうかが求められているのである。

　パラグラフ14では，ブローカー及びディーラーに対する手数料のような販売時費用に関して述べられている（IASB［2003b］para. 14）。ここでは，当然ながら排出権の売買を仲介するブローカーの取引費用も販売時費用に含まれることになる。

　また，キャッシュ・フローの現在割引計算によって，現時点での森林の公正価値を見積ることができるという（IASB［2003b］para. 21）。海外植林の最も大きなリスクは火災による森林消滅である。このリスクをどのように割引率の中に見積るかは，これまでの山火事の発生率に基づいた経験則で判断す

るしかないのである。この点に関して，IAS第41号では，農業活動による財務リスク管理方針の開示を求めている（IASB［2003b］para. 49）。同様に，害虫や気候変動，病害等の自然リスクに関しては，IAS第1号『財務諸表の表示』に従って開示することを要請している（IASB［2003b］para. 53）。

パラグラフ25では，「生物資産は，（例えば，植林地における樹木など）土地に物質的に付随していることが多い。土地に付随する生物資産に別途の市場は存在しないものの，資産の組み合わせ，すなわち生物資産，更地及び敷地の造成の一括したものとして活発な市場が存在することがある。（一部省略）生物資産の公正価値を求めるために，更地及び敷地造成の公正価値を資産の組み合わせの公正価値から差し引くことがある。」と述べている。植林に関しては，図表6-8に示したように，土地，樹木，排出権の3つがパッケージになって構成されている場合があると考える。

次に開示に関しては，旧IAS第41号のパラグラフ39において，生物資源の帳簿価額を独立項目として，貸借対照表に表示することが要請されていたが，同規定はIAS第1号に集約されている（IASB［2003d］para. 68[(34)]）。さらに，IAS第41号では，消費型の生物資源と果実生成型の生物資産とに区分して開示することが要請されている（IASB［2003b］para. 43）。前者の消費型は産業植林であり，後者の果実生成型は排出権に該当するであろう。

(2) 3つのパターンでの提案

以上のように考えていくと，海外植林の目的に準拠した3つのパターンの会計処理があるように思われる。以下，3つのパターンの会計処理を提案したい。

① 【パターン1】産業植林の場合

これはあくまでもチップ等の主要原料を確保するための植林である。排出権（炭素権）は植林から生み出される付加価値（俗な言葉でいうと「おまけ」のようなもの）である。そこではIAS第41号の適用範囲はあくまでも植林そのものである。この場合，そこから生み出される産業植林を公正価値で現在価値に引きなおして収益を算定する。この場合，排出権も公正価値で評価される。

② 【パターン2】ボランティア植林（環境植林）の場合

これに関しては，上記【パターン1】の産業植林と同じような会計処理に

なると思われるが，NPOやNGOが土地を購入あるいはリース契約を結んでいるとは考えにくい。すなわち，NPOやNGOが意図していることは基本的には排出権を獲得するというものではない。たとえ経済性が低くとも，地域住民のため地域環境のため，ひいては地球環境保全の一助のために植林を行っていると思われる。従って，可能ならばNPOやNGOの財務諸表の中にIAS第41号の会計処理を反映させるべきである。なお，排出権が生じ，後にその排出権を市場で売却する際には，この排出権も公正価値で評価すべきであると考える。

③ 【パターン3】排出権獲得のための植林の場合

当初から排出権獲得のために植林活動を行うことを表明している企業は，おそらく皆無であろう。なぜなら，このようなことを外部に表明すれば，当然ながら企業イメージが悪くなるからである。この場合，土地，樹木の会計処理に主眼を置くのではなく，排出権を公正価値で評価することが重要なのである。

上記の3つのケースをまとめると，図表6-8のようになる。

図表6-8 各植林目的による土地，樹木，排出権とIAS第41号の適用

	土　地	樹　木	排　出　権
産業植林	△(1)	○	○
ボランティア植林		○	○
排出権獲得目的の植林			○

注）○：IAS第41号の適用を受けるもの。
　　△(1)：土地を購入する場合もあるが，土地のリース契約の場合も考えられる。

また土地を借りた場合，オペレーティング・リースの考え方が適用される。IAS第41号が発効された際に，IAS第17号『リース』の基準も一部変更された。すなわち，リースの会計処理の範囲に，ファイナンス・リースにより生物資産を保有する借手，オペレーティング・リースにより生物資産を賃貸する貸手がその範囲に追加されたのである（IASB [2003c] para. 2）。これに関しては，図表6-8の「注）△（1）：土地を購入する場合もあるが，土地のリース契約の場合も考えられる」箇所に該当する。

なお，ユーカリの植林では，10年周期で，植林，若木，成長，成木，伐

採を繰り返すように同円心上に植林を行う。このような植林の副産物として排出権として考えると、排出権それ自体で収益を獲得するというよりも当該企業の棚卸資産として排出権を留保しておくと考えるのが妥当である。また、政府から補助金を支給されて植林事業を行った場合には、IAS第20号『政府補助金の会計処理及び政府援助の開示』の処理も考慮しなければならない。

2　排出量取引の拡張と会計基準—再生エネルギー証書の会計 —(35)

現在、日本では再生可能エネルギー導入として、4つの施策が稼動している。すなわち、①余剰電力買取制度、②グリーン電力基金、③グリーン電力証書システム、④電気事業者による新エネルギー等の利用に関する特別措置法上の制度（RPS法制度）である。そこで、まず、これらの施策相互間の関連性と位置づけを行い、その制度上の問題点ならびに財務会計の分析視角から問題提起を行う。次に、2005年2月の京都議定書発効以降、急速にその制度設計が高まっている日本のグリーン電力証書とRPS法制度、欧米の再生可能エネルギー制度の比較検討を行う。最後に、排出権取引との連動を含めた流通市場の現状と課題を踏まえながら、「グリーン電力証書又はRPSクレジット」を「環境付加価値財（すなわち電子証書）」としてどのように会計上認識すればよいかを考察する。

(1)　需要者側からの新エネルギー導入と会計問題

需要者側からの新エネルギー導入支援のツールとしては、「グリーン電力

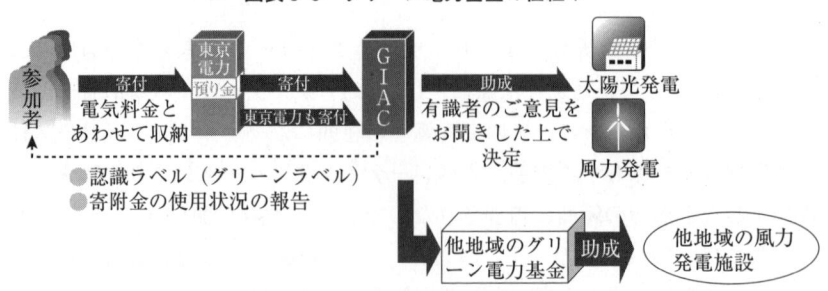

図表6-9　グリーン電力基金の仕組み

（出所：(財)広域関東圏産業活性化センターのWebサイト (http://www.giac.or.jp/green/gr001.html：アクセス日、2008年8月18日) を参考に作成。

基金」と「グリーン電力証書システム」から成る2種類のグリーン電力制度がある。

① 「グリーン電力基金」の概要と会計問題

「グリーン電力基金」とは，一般電力消費者から寄付を募り，自然エネルギーの普及支援活動を行うためのものである。2000年10月に設立され，具体的な仕組みは，図表6-9のとおりである。

まず，参加者（一般消費者）は，地域の電力会社に一口500円/月（関西電力のみ一口100円/月）の寄付をする。電力会社は，参加者からの拠出金と同額程度を拠出して，基金運用主体に寄付をする。この基金運用主体が，地域の風力発電事業者や太陽光発電事業者に助成する。電力会社は，その地域の自然エネルギーの普及に助成金を拠出し，貢献することを意図したものである。さらに，電力会社はその自然エネルギー発電事業者からの電力を有償（公表しているメニュー価格の場合が多い）で購入する。従って，発電事業者は電力会社から助成金を受け，さらに売電することによって売電収入を確保することができるのである。

このように，この制度は一般消費者と地域電力会社が一体となった寄付金方式での自然エネルギー振興手段であるといえよう。従って，参加者からの寄付金ならびに電力会社の寄付金は，当然ながら税務上「寄付金」として取り扱われ，所得控除の対象にはならないのである。参加者の寄付金は，月々の電力料金と合わせて各電力会社から請求される。

具体的には東京電力では，消費者から一口500円/月の寄付を募り，東京電力もその同額を拠出する。それを，GIAC（（財）広域関東圏産業活性化センター）で預かり，入札方式で地域の自然エネルギー発電業者に助成する。このGIACは，基金の透明性や公平性を担保するために，各電力会社から独立した公益法人である。寄付金の使途に関しては，GIAC内部に設置されたグリーン電力基金委員会の審議を経て決定されるのである。電力会社から発電事業者には，認証ラベルを与え，また基金に拠出した消費者には年1回，寄付金の使用状況の報告・開示を行っている。

このような，消費者による個人レベルの自主的参加型制度のため，2009年5月現在，14,627件，参加口数17,039件[36]のみである。また最近の傾向として，加入口数は2003年をピークに漸減傾向にある[37]。さらに，消費者の

寄付金がベースのため，自然エネルギーによる発電電力量が保障されていないことが難点である。

② 「グリーン電力証書システム」の概要と会計問題

2000年11月に，電力会社7社（東北，北陸，東京，中部，関西，四国，九州）と総合商社2社（住友商事，三井物産），日本風力開発㈱，㈱三井住友銀行の計11社によって，日本自然エネルギー㈱（資本金3億円）が設立された。現在は，日本自然エネルギー㈱の他に㈱自然エネルギー・コム等複数の事業者も参入している。この日本自然エネルギー㈱が仲介者（より正確にいうならば，グリーン電力証書発行企業）となり，一般企業が約4円/kWhのプレミアム料金を支払いグリーン電力証書の発行を委託することによって，使用している電気を自然エネルギーによる電気に転換した．と．み．な．す．制度である（傍点は筆者）[38]。そして，この証明書としてグリーン電力証書が企業に発行される。この制度を，以下の図表6-10を用いて説明する。

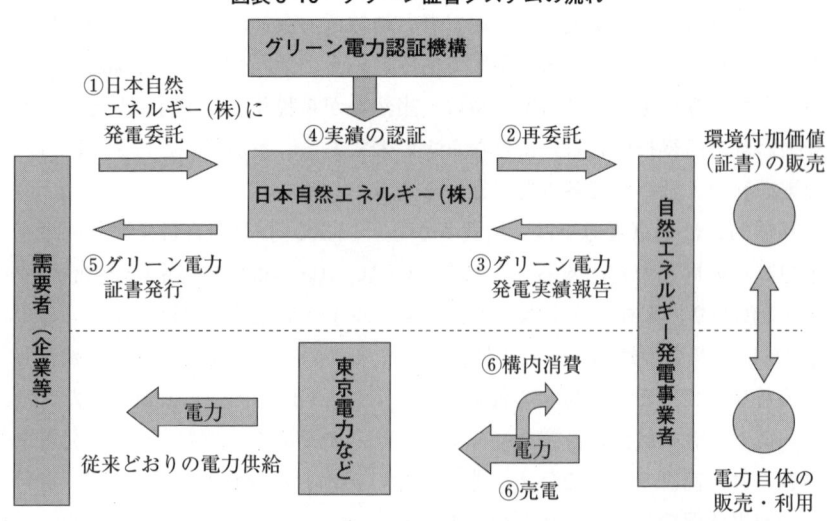

図表6-10　グリーン証書システムの流れ

① 日本自然エネルギー(株)に発電委託
② 再委託
③ グリーン電力発電実績報告
④ 実績の認証
⑤ グリーン電力証書発行
⑥ 構内消費
⑥ 売電

グリーン電力認証機構
日本自然エネルギー(株)
自然エネルギー発電事業者
需要者（企業等）
東京電力など
従来どおりの電力供給
環境付加価値（証書）の販売
電力自体の販売・利用

（出所：日本自然エネルギー(株)のWebサイト（http://www.natural-e.co.jp/green/how_about.html: アクセス日，2008年8月18日）を参考に修正・作成。）

まず，①需要者が風力発電の委託をするために，約4円/kWhのプレミア

ムを日本自然エネルギー㈱に支払う。②委託を受けた日本自然エネルギー㈱は，風力発電事業者に3.5円/kWhで再委託を行う。③風力発電事業者は，グリーン電力認証機構（（財）日本エネルギー経済研究所が事務局を行っている中立的な第三者認証機関）が設備認定をした風車で発電を行い，その実績（認証機構によって設備認定された際に指定されたエビデンス）を日本自然エネルギー㈱に報告する。④グリーン電力認証機構が，発電量を認証する。⑤日本自然エネルギー㈱は，認証された発電実績を基にして需要者に「グリーン電力証書」として発行する。⑥風力発電事業者は，別途，発電した電力をその地域の電力会社に5~6円/kWh[39]で売電し，売電収益を得るというスキームである。

ここで注意しなければならない点は，上記で述べたように，需要者が消費する物理的な電力は必ずしも風車で発電されたグリーン電力ではなく，需要者の地域の電力会社又はPPS（特定規模電気事業者）が販売した電力が多く占められている。すなわち，「グリーン電力と見なした電力を消費する」のである。このことは，後で述べる税務上の処理とも非常に関連してくる。

それでは，現在契約実績を公表している最大手の日本自然エネルギー㈱の2006年10月末の契約状況を見よう[40]。年間契約量でもっとも多いのは，野村ホールディングス㈱である。年間契約量は590万kWhであり，それはバイオマス発電から得たものである。第2はソニー㈱であり，風力発電によって550万kWhをまかなっている。営利企業のみならず，NGO，NPO，さらには自治体や大学までも契約をしている。合計では，96団体6,611.5万kWhにのぼる。また，2005年夏から証書つきTシャツ等の形態で個人向けグリーン電力証書の販売が開始されている。従って，一個人でも自主的にグリーン電力証書を購入することができるのである。

さて，需要者の導入理由又は購入動機として，どのようなことが考えられるのであろうか。この点に関して，日本自然エネルギー㈱は，①環境対策，②環境コミュニケーション，③環境マーケティングの3つのメリットを挙げている[41]。

まず，①環境対策として，グリーン電力証書には自然エネルギーによって発電された電力量が記載されている。風力やバイオマスによる発電量を石油換算に直し，化石燃料の削減量とCO_2の削減効果を求めることができるので

ある。このように，需要者自らが風車を設置して発電を行うよりも，低コストで経済的・効率的に環境対策が可能となるのである。この点について付言するならば，平成18年度から施行されている「温室効果ガス排出量算定・報告・公表制度」においては，このCO_2削減効果を認められていない。従って，このグリーン電力証書は，今後よりPR的色彩が強くなると思われる。

次に，②環境コミュニケーションであるが，これは③環境マーケティングとも関連している。すなわち，グリーン電力証書システムの導入は，当該企業の環境報告書等で開示することは当然のこと，企業のパンフレット，名刺，商品，サービスに至るまでこのログマークを付け，積極的にステークホルダーにその存在を社会的にアピールしようとする。その結果，当該企業の企業ブランドを高めることができるのである。要するに，自然エネルギーで発電された電力だけではなく，化石燃料削減という省エネルギーを達成し，CO_2削減にもつながる「環境付加価値」が「グリーン電力証書」という形で具現化，可視化されるのである。ただし，この点は，省エネ法上での報告では付記事項（参考数値）扱いであり，後述する省エネ法の理念との整合性が取れていないのである。

③ 「グリーン電力証書システム」の法・会計問題と排出量取引の関連性

このグリーン電力証書に関する会計問題として，図表6-10の①需要者が風力発電の委託をするため，約4円/kWhのプレミアムを日本自然エネルギー㈱に支払う際の委託金の取り扱いがある。この委託金が税務上，需要者にとって費用とは認められず，損金算入できず寄付金扱いになっている。従って，企業のグリーン電力証書を購入するインセンティブは小さくなるのである。需要者が通常の電力料金よりも割高な料金を支払うのであれば，これを環境に対する投資として考え，費用計上できるような制度設計を形成する必要があると考える。ただし，CO_2削減効果という意味では，現物が出てくる京都クレジット（2008年4月以降）が，温暖化対策法（温対法）や経団連の自主行動計画に使える可能性の高さと価格面で，このグリーン電力証書よりも圧倒的に劣っていることを認識すべきである。このように制度を少し変更さえすれば，需要者のグリーン電力証書へ投資するインセンティブを大きくすることができると思われる。ただし，グリーン電力証書のCO_2削減効果については，温対法等のバウンダリー外での発電に起因するものや，バウンダリ

ー内でも発電事業者がCO_2削減効果を放棄したことを完全に確認することを担保できないという問題がある。

　また，これまで説明してきたように，グリーン電力証書のスキームは非常に排出量取引制度と類似している。この寄付金を排出権取得のためのプロジェクト・ファイナンスへの拠出金として認識すれば，その見返りであるグリーン電力証書はまさに「排出権証明書」そのものであると捉えることができる。しかし，グリーン電力証書は，省エネ法上の削減努力として認められていない。なぜならば，前述したように，これは使用している電気を自然エネルギーによる電気に転換したと見なしているからである（筆者傍点）。

　要するに，需要者の消費する場所と発電する場所が違うということのみならず，グリーン電力証書にはシリアルナンバー，発電電気量，発電期間，発電方法が記載されているだけであり，肝心の排出権取得量（1t-CO_2換算）が表示されていないのである。従って，現時点では，グリーン電力証書と排出権との互換性はないことになる。

　それゆえ，グリーン電力証書制度は，グリーン電力証書自体が行政政策から明確な位置づけが与えられたものではなく，あくまでも需要者の自主的投資にしか過ぎないことから，日本自然エネルギー㈱は，①グリーン購入法の特定調達品目としてグリーン電力証書を指定する，②グリーン電力証書を省エネルギー法上の省エネルギーとして取り扱うことを，行政に提案している[42]。このような提案が受け入れられるならば，需要者にとっても発電事業者にとってもメリットがあり，投資インセンティブが向上するであろう。とはいえ，この点は，次に考察するRPS法制度での排出量取引との連動性を考える上でも，重要な論点である。

　小括として，需要者側からの制度設計であるグリーン電力基金とグリーン電力証書を整理すれば，図表6-11のようになる。

（2）　供給者側からの新エネルギー導入と会計問題

①　余剰電力買取制度とRPS法制度

　次に供給者側からの新エネルギー導入支援には，先に述べた需要者側と同様な制度がある。すなわち，「余剰電力買取制度」と，「電気事業者による新エネルギー等の利用に関する特別措置法（通称，Renewable Portfolio Standard法）上の制度」（以下，RPS法制度）の2種類である。

図表 6-11　グリーン電力基金とグリーン電力証書の対比

	対　象	目　的	実施主体	特　徴	欠　点
グリーン電力基金	一般消費者	個人レベルでの環境への自主貢献	GIAC等の各地の財団と電力会社	入札と助成方式	寄付金のため，電力量が保証されない
グリーン電力証書	企業，NGO，NPO，自治体	企業・団体による省エネルギーや環境対策への参加	日本自然エネルギー（株），（株）自然エネルギー・コム等	委託契約と証書販売	相対で取引単価を決定するので，電力量が保証されるが，非常に安い単価にシフトしやすい

　まず，前者の「余剰電力買取制度」について説明を行いたい。この制度は，自然エネルギーの普及支援策として，1992年度から電力会社に導入されたものである。すなわち，東京電力を例に取ると，電力会社がピーク時（昼間）の電力を，太陽光発電の余剰電力の場合には電力量単価を約22-25円/kWhで，また事業用風力発電の場合にはそれを11.70円/kWhで，任意に買い取るものである。家庭用太陽光発電では，一般消費者は昼の売電収入と夜の買電料金を相殺することになる。この制度の特徴は，電力会社が事業者や一般消費者から電力を購入する際の買取価格に上限が付されていることである。

　後者のRPS法制度は，2003年4月から施行された「電気事業者による新エネルギー等の利用に関する特別措置法」のもとでの制度である。これは，前者の余剰電力買取制度に強制力を付加させたものである。すなわち，電気事業者に毎年，販売電力量に応じて一定割合以上の新エネルギーの供給を義務付ける。この義務の履行にあたって，電気事業者は，3つのオプション，すなわち①自らが発電，②他から新エネルギー等電気を購入（電気＋証書），③他から新エネルギー等電気相当量（証書）の中から一つを選択することになる。③の新エネルギー等電気相当量（RPSクレジット又は証書の部分）とは，義務遵守がある環境付加価値と見なされており，前章で検討した義務遵守がないグリーン電力証書と類似している。以下では，RPS法制度に関してその制度設計と問題点を，会計と排出量取引の観点から考察したい。

② RPS法制度の概要

 RPS法は，2002年6月5日に交付されたものであり，第17条ならびに附則第6条からなる。第1条において，RPS法の目的が次のように述べられている。

> 第1条　この法律は，内外の経済的社会的環境に応じたエネルギーの安定的かつ適切な供給の確保に資するため，電気事業者による新エネルギー等の利用に関する必要な措置を講ずることとし，もって環境の保全に寄与し，及び国民経済の健全な発展に資することを目的とする。

 第2条においては，電気事業者の定義（電気を小売りする者）ならびに「新エネルギー等」の範囲が記載されている。「新エネルギー等」とは，①風力，②太陽光，③地熱，④水力，⑤バイオマス，⑥このほかに石油（原油及び揮発油，重油その他の石油製品）を熱源とする熱以外のエネルギーとある。④の水力発電の規模であるが，これは水路式の1000kW以下の中小水力発電である。この「新エネルギー等」から生み出される電気を，「新エネルギー等電気」と規定している[43]。

 このRPS法の特徴点は，前述したように，電気事業者に毎年，販売電力量に応じて一定割合以上の新エネルギーの供給を義務付けたことである。図表6-12は，電気事業者の義務履行について，平成15年（2003年）から平成26年（2014年）までの全国の利用目標量である[44]。なお，ここでいう電気事業者とは，一般電気事業者（東京電力㈱等），特定電気事業者（諏訪エネルギーサービス㈱等），特定規模電気事業者（ダイヤモンドパワー㈱等）の3つに分かれる。

 図表6-12からわかることは，新エネルギー等電気の普及目標値（2010年度の目標値は，1.35%）は後述する諸外国の状況と比較すると極めて低く[45]，かつその義務履行量も2007年度から急激に増加させる必要があるということ

図表6-12　電気事業者の義務履行（億kWh／年）

15年度	16年度	17年度	18年度	19年度	20年度	21年度	22年度	23年度	24年度	25年度	26年度
73.2	76.6	80.0	83.4	86.7	92.7	103.3	122.0	131.5	141.0	150.5	160.0

（出所：経済産業省告示第15号，平成15年1月27日，ならびに経済産業省総合資源エネルギー調査会新エネルギー部会『RPS法小委員会報告書（案）』2007年2月，p.12から作成）

である。

さて、この義務の履行にあたり、前述したように電気事業者は3つのオプションを持っている。ただし、RPS証書は義務遵守に用いることができるが、グリーン電力証書は義務遵守にはなんら関係がない。

さらに、義務履行が未達成の場合には、RPS法第15条に基づいて罰則（最高100万円）が適用となるが、未達成の場合の「正当な理由」を設けている。この正当な理由として、①バンキング（新エネルギー等電気が余った場合は翌年度まで繰り越すことができる）、②上限価格（需給の関係で上限価格11円/kWhを超えて購入しなければならなかった場合）、③住宅用等太陽光発電等（電気事業者が住宅用の小規模な太陽光発電等を購入している場合、設備認定申請の代行の同意を取りつけるための努力を行っても、相手が同意をしなかった場合）、④ボローイング（未達成量が上記①から③を引いてもまだ余剰がある場合、翌年度にその量を繰り越すことができる。ただし、その上限は届出年度義務量の20％である）[46]の4つをあげている。

このように、RPS法制度は2008年度までは義務履行の目標値が低く、しかも未達成時の「正当な理由」もある。さらに、風力発電事業者は、自らが系統に連系しなければならない。従って、電気事業者にとって非常に好都合なスキームになっているといえよう[47]。現在、電力事業者は、風力や太陽光よりも発電コストが安く、補助金を受けた廃棄物発電を新エネルギーとして増やしている。これでは、新エネルギーを推進しようというRPS法の制度設計自体が問題であると指摘できよう。

③　RPSの諸外国の現状概観

次に、諸外国のRPS制度について若干概説をする。ここでは、代表的にオランダ、ドイツ、米国、英国の事例を採り上げてみたい。ただしこれまで述べてきたように、そもそも再生可能エネルギーの概念と範囲、施策方針、税制、天候条件の相違があり単純な比較はできないが、今後の日本の制度設計を考える上で有益であろう[48]。

㋐オランダ　2001年7月にグリーン電力市場が完全自由化され、グリーンエネルギーの消費者が供給者を選択できるようになった。政府は、グリーンエネルギーの生産目標を設定し、1MWhごとにグリーン証書を発行する。この基盤となっているのは、グリーン電力の生産者や消費者に対する税制優遇

措置である。生産者は1MWhあたり20ユーロを受け取り，消費者は電力消費に対する環境税を免除（7.15ユーロ/kWh）される。2010年のグリーン電力の発電量の目標値は，17％である。

㋑ドイツ　連邦レベルでは，1991年に施行された自然エネルギー買取義務法，2000年に改正された再生可能エネルギー法によって，電力会社は自然エネルギーを固定価格・全量購入が義務付けられた。自治体レベルでは，電力会社が自然エネルギーを20年間固定価格で買い取り義務があることから，市民の安定的な投資対象となっている。これに対して，電力市場の自由化の観点から欠陥があるとの主張もある。

㋒米　国　2003年2月現在，13州が導入目標値，未達成時の罰則事項を盛り込んだRPS法を採択している。ただし，各州とも対象となる再生可能エネルギーの定義ならびに目標値は異なっている。例えば，アリゾナ州では，砂漠地帯が多いという地域事情を生かして再生可能エネルギーの最低50％は，太陽光・太陽熱発電から得ることを義務付けている。また，再生可能エネルギー取引を確立しており，バンキング制度も導入されている。ニューメキシコ州では，再生可能エネルギー源の種類によって1kWhあたりに与えられるポイントが異なっている。カリフォルニア州とテキサス州は，この制度の成功例である。

㋓英　国　再生可能エネルギー義務制度は，2002年4月からスタートした。このエネルギー源として認められないのは，廃棄物発電である。Ofgem（ガス・電力市場監督局）が，再生可能エネルギー義務証書（ROC：Renewable Obligation Certificate）を発行する。バンキングは認められるが，ボローイングは認められない。また，ROCは，排出量取引市場で売却することができる。しかし，再生可能エネルギー義務履行のために排出量市場から排出権を購入することは認められていない。ここに，一方方向ではあるが，ROCと排出量取引市場との連動性を見ることができる。なお，2010年のグリーン電力の目標値は，10.4％である。

　以上，日本と諸外国の再生可能エネルギーの普及ならびにRPS証書を比較すれば，日本よりも諸外国のほうが様々な施策を展開しているといえる。特に，ドイツを代表とする固定価格買取制度の導入は，電気事業者にとっては負担になるかもしれないが，その負担分を電力料金に転嫁できるので，電

力事業者にとっても消費者にとっても望ましい制度であろう。

④ RPS証書の会計問題と排出量取引との連動性

これまで検討したように、グリーン電力証書とRPS証書が排出量取引のアナロジーに利用できると考えられる。特に、義務遵守に用いることが可能なRPS証書は、C&T型の排出量取引の一形態として捉えることができる。

前述した英国の例からわかるように、英国では一次エネルギーに占める再生可能エネルギーのシェアを2010年までに10.4％までに引き上げるための目標達成手段として、再生可能エネルギーによって発電された電力をグリーン電力証書として取引することをUK-ETS（英国排出量取引）市場において認めた。UK-ETS市場において発電事業者が義務量をこえて再生可能エネルギーを供給した場合には、UK-ETS市場で再生可能エネルギー義務証明書（ROC）を売却することができる。しかし、逆に再生可能エネルギー供給義務遵守に、UK-ETS市場から排出権を使用することはできないのである。ちなみに、再生可能エネルギー義務証明書からCO_2排出権への換算係数は、$0.43kgCO_2/kWh$である[49]。ではなぜ、再生可能エネルギー供給義務遵守に、UK-ETS市場（現在はEU-ETS市場）から排出権を補填し使用することはできないのであろうか。

これを検討する前に、日本のRPS法での新エネルギー等電気等に係る取引価格の調査結果（図表6-13）をみてみたい。

図表6-13 新エネルギー等電気の取引価格 加重平均価格の推移（単位：円/kWh）

		平成15年度	平成16年度	平成18年度
「RPS相当量＋電気」	風力	11.8	11.6	11.0
	水力	8.1	8.5	8.4
	バイオマス	7.2	7.5	7.6
「RPS相当量のみ」		5.2	4.8	5.1

（出所：平成17年度実績 RPS法下における新エネルギー等電気等に係る取引価格調査結果について、H18年9月22日。http://www.rps.go.jp/RPS/new-contents/rps_move/kakaku.html（アクセス日：2007.2.20））

図表6-13からわかることは、年度間の取引価格には大きな変化はないということである。それでは、このRPSによる削減コストは、CO_2-1トンあ

たりでいくらになるのだろうか。RPS相当量価格が，5.1円/kWhであるので，上記のイギリスの換算係数（CO_2排出原単位）0.43$kgCO_2$/kWhをとれば，11,860円/$t-CO_2$と計算できる。ちなみに，最近のEU-ETSの排出量取引市場での排出権の現物価格は，1EUR/$t-CO_2$程度にまで下落している。また，先物である2008年物も13-14EUR/$t-CO_2$程度である[50]。このように，あまりにもRPSの価格が排出権の市場価格と比較して割高であるがゆえに，再生可能エネルギー供給義務遵守に，市場から廉価な排出権を購入し補填することを認めていないのである。

さて，IETAとイギリス排出権取引グループ，デロイト・トウシュ監査法人が作成した，Discussion Paper, *Accounting for carbon under the UK Emissions Trading Scheme* (May 2002) は，UK-ETS開始とほぼ同時期に公表された。この排出量取引会計基準書には，6つのディスカッション・ポイントが示されている。その最初のディスカッション・ポイントでは，排出者が排出するための権利として保有している排出枠 (allowance) が，英国の会計基準FRS第13号「デリバティブとその他の金融商品と開示」における金融商品の定義を満たしているかについて指摘を行っている。結論として，排出権は金融商品と非常に似ていると考えれば，FRS13号の基準を排出権に適用しても合理的であるとの意見を述べている[51]。

また，第3節で取り上げたIFRIC3では，再生可能エネルギー証書 (renewable energy certificates) がIFRICの基準に準拠するかどうかを明らかにせよという質問が寄せられている[52]。ただし，IFRIC3において再生可能エネルギー証書に関して触れている箇所は，この一箇所のみであり，具体的な説明や仕訳例は示されていない。

同じく第3節で取り上げた，『実務対応報告第15号』では，排出クレジットは金融資産に該当しないと述べている[53]。

このように，現状では，RPS証書に係る会計処理は明確なものではない。私見では，RPS証書は「有価証券」と同じ扱いにし，金融商品の会計基準の適用を受けるべきであると考えている。なぜならば，この考え方に基づく処理が，RPS証書の実態ならびに実務に即しているように思われるからである。これは，上記であげたASBJの実務対応報告の基本的な考え方と対立するが，厳密にいうならば，排出権とRPS証書とはその性格は違っている。

現在のところRPS証書の流動性が低く，その市場が確立していないため議論がほとんど出てきていないが，RPS証書は排出権取引同様に，口座の開設，クレジットの移転，システムの信頼性，口座情報の開示が求められている。おそらく，今後はRPS証書と排出量取引市場との連動を図ることが要求されてくるかもしれない[54]。

今後の再生可能エネルギーの進展によるRPS証書（環境付加価値部分）の流通市場の構築の必要性のためにも，RPS証書の会計処理のインフラ整備が必要不可欠である。

（村井　秀樹）

第6節　おわりに

本章では，昨今，国内外の注目を集めている排出量取引制度に関わる会計上の問題について，多面的に検討してきた。本章を結ぶに際し，排出量取引制度及びそれに関わる会計処理に関連する課題と展望を明らかにし，結論とする。

現在，ポスト京都議定書の目標設定に関わり，日本においても排出量取引をはじめとする様々な気候変動対策に関する議論が活発に行われている。本章で取り上げた排出量取引制度に関しては，日本では試行的制度が始まったばかりであるが，今後，本格的な制度導入に際しては，遵守期間と割当総量，割当方法としての上流割当と下流割当，及び，無償割当と有償割当など，解決すべき課題が山積している。

同制度に関連して，会計処理及び開示を規定するASBJの役割も看過できない。現在，ASBJでは，「当面の取り扱い」の改正という対症療法的な対応に終始しているが，欧州及び米国における同制度の進展を十分に検討しつつ，IASBとFASBの共同プロジェクトにおける排出量取引の会計基準設定の動向を注視する必要があろう。

世界の排出量取引の制度設計の動向を見る限り，無償割当から有償割当への流れにある。結果として，オークション方式による全量有償割当は，実質的には環境税と同様の効果をもつ。このような情勢をASBJにおいても正確

に把握することが重要である。

　排出量取引の市場規模から，おそらく，EU-ETSが国際排出量取引市場の主導権を握り，そこで決定されたIFRSがデファクト・スタンダードとなると予想されることから，今後，EU-ETSに基づく排出量取引制度並びに会計基準に収斂される可能性がある。このことは，将来的に日本の排出量取引制度[55]及び会計基準に大きな影響を及ぼすことになると考えられる。しかし，EU-ETSに代表されるC&Tの制度を対象とした会計基準について，ASBJにおいてまだ本格的な検討は始まっていない。従って，日本の対応としては，すでに実施している「自主参加型排出量取引制度」や試行的制度における適用事例を検証しつつ，適切な会計基準の再構築が求められるのである。

（村井　秀樹）

注

(1) EU-ETSを制度化する指令（Directive）は，EU［2003b］。
(2) 京都議定書で対象となっている温室効果ガスは，二酸化炭素（CO_2）・メタン・一酸化二窒素・HFC・PFC・SF_6の6ガスである（京都議定書「附属書A」p. 41）。
(3) 各国の削減目標は，2008年から2012年までの期間中に，1990年比で，日本△6％・米国△7％・EU全域△8％等である（京都議定書第三条1，同「附属書B」pp. 45-47）。
(4) 京都メカニズムに関しては，IGES［2008］を参照した。
(5) 京都議定書では，先進国を中心とするOECD諸国，市場経済移行国（中・東欧諸国，旧ソ連邦諸国）を「附属書Ⅰ国」と規定している。そのため，途上国等は，「非附属書Ⅰ国」と称されることが多い。ただし，本章では，便宜上「附属書Ⅰ国」を先進国，「非附属書Ⅰ国」を途上国と表記する。
(6) RGGIに関しては，次のWebサイトを参照（http://rggi.org/about.htm）。
(7) WCIに関しては，次のWebサイトを参照（http://www.westernclimateinitiative.org/Index.cfm）。
(8) MGGAに関しては，次のWebサイトを参照（http://www.midwesterngovernors.org/energysummit.htm）。
(9) ICAPに関しては，Webサイトを参照（http://www.icapcarbonaction.com/）。

(10) 同制度に関しては，Webサイトを参照（http://www.et.chikyukankyo.com/index.html）。
(11) 原典はUnited States of America Federal Energy Regulatory Commission [1993]。なお，訳に関しては，基本的には地球文化産業研究所（GISPRI）[2003]の仮訳を参考にしたが，一部，筆者が修正している箇所もある。なお，引用に関しては，本文中に原文のページ数とGISPRI仮訳のページ数の順で（FERC pp. xx, GISPRI仮訳pp. xx）と示す。
(12) 本節とは直接関連性はないが，これと同様な問題は，原子力発電の使用済み燃料のバックエンドコストの問題である。ちなみに，京都議定書では原子力発電から得られるCO_2クレジットを認めていない。いずれにせよ，原子力発電による発電単価がこのバックエンドコスト（概算19兆円といわれている）の算定いかんによって，大きく変わる可能性がある。
(13) この点に関しては，カナダのGERT（The Greenhouse Gas Emission Reduction Trading Pilot）システムの実態調査をした場合でも同じように，排出権取引の金額の僅少さゆえ，「重要性の原則」から簿外資産となり，アニュアル・レポートには記載されていなかった。この点に関しては，村井 [2001] で指摘している。
(14) ヘッジ会計の適用事例に関しては，村井 [2003] を参照されたい。
(15) IFRICでは，当時，EU-ETSの開始が目前に迫っており時間がないことをあげ，批判の多くが集中した既存のIAS第20号「政府補助金」や同第38号「無形資産」の規定が改正された後にIFRIC3も改正することを表明した上でIFRIC3を公表した（IASB [2004b] paras. BC3-5参照）。
(16) 批判については，EFRAG [2005]，IASB [2007b] para. 12，Cook [2009] pp. 460-463，企業会計基準委員会国際対応専門委員会 [2003]，村井 [2008] p. 71，赤塚 [2004] pp. 183-184，遠藤 [2008] pp. 23-26などを参照。本項におけるIFRIC3に対する批判は，とくにEFRAG [2005] の指摘に依拠している。なお，D1（IASB [2003a]）に寄せられた批判に対しては，IFRIC3（IASB [2004b]）"Basis for Conclusions" において批判への対応が述べられている。
(17) PwC & IETA [2007] p. 28の設例を加筆・修正した遠藤 [2008] pp. 26-28を参照した。
(18) この点は仕訳例では示されていない点に留意されたい。
(19) FASBの "Emission Trading Scheme" プロジェクトの次のWebサイトより（http://www.fasb.org/project/emissions_trading_schemes.shtml）（FASB [2008]）。
(20) IASBの "Work Plan" のWebサイト（http://www.iasb.org/Current+

Projects/IASB+Projects/IASB+Work+Plan.htm）で基準化の作業予定が提示されている。

(21) 「金融投資」とは「売買目的有価証券のように時価の変動により利益を得ることを目的としており，売買市場が整備され，また，売却することについて事業遂行上の制約がないもの」（ASBJ［2006］para. 3（1）。）と規定している。

(22) 同じく「事業投資」とは，「売却することについて事業遂行上の制約があり，また，事前に期待される成果が時価の変動よりもその後に生ずる資金の獲得であるため，その事実を待って投資の実績を把握することが適当である」（ASBJ［2006］para. 3（1）。）ものと規定している。

(23) 2009年6月23日に改正実務対応報告第15号「排出量取引の会計処理に関する当面の取り扱い」が公表された。基本的には，公開草案と同じ内容である。

(24) GL500は，全世界の企業の収益額の高い企業を順に並べたランキングであり，毎年公表されている。本報告では，2007年リストを用いた。なお，GL500の一覧表は，FORTUNEのWebサイト（http://money.cnn.com/magazines/fortune/global500/2007/full_list/）より入手。

(25) EU-ETS対象業種に属する企業は81社であったが，うち2社は合併のため1社となっているため，被買収企業を外し，調査対象は80社とした。

(26) http://money.cnn.com/magazines/fortune/global500/2007/full_list/

(27) 具体的には，サイトに財務報告書が掲載されていない場合，サイトが英語でない場合，サイトそのものにつながらない場合（日時，場所を変えても同じ），財務報告書がサイトに掲載されていてもダウンロードできない場合，及びダウンロードできてもPDFが非常に読みにくい場合を意味する。

(28) 原語としては，"emission allowance," "emission rights", "emission credits" 又は "emission quotas" を調べた。

(29) 各地域の国別の詳細は以下のとおりである。
・「欧州」：ドイツ（9社），フランス（6社），イギリス（6社），オランダ（4社），イタリア・スイス（各2社），アイルランド・スウェーデン・スペイン・ノルウェー・フィンランド（各1社）。
・「北米」：米国（17社），カナダ（2社）
・「東アジア」：日本（8社），中国（7社），韓国（3社），オーストラリア（1社）
・「アジア・中東・ロシア」：ロシア（2社），インド・サウジアラビア（各1社）
・「中南米」：メキシコ（3社），ブラジル（1社）

(30) 財務報告書における「経営者による討議と分析」（MD&A），「経営者報告」（Management Report），「環境報告」（Environmental Report）又は「社会的責任

269

報告」(Corporate Social Responsibility Report) を指す。

(31) ただし，日本企業においても，EU-ETSの対象となる事業所を在外の連結子会社の形で有しているとも考えられるため，連結子会社における排出量取引に関わる情報を今よりも積極的に開示しても良いであろう。また，第2節で述べたとおり，日本においても試行的な排出量取引制度が開始されたため，今後，排出量取引に関わる情報を開示する日本企業は増えると思われる。

(32) ただし，Dominion社は，上述したように排出枠を保有目的別に分類しており，「売却目的で保有する排出枠」に対してのみ棚卸資産（「原材料及び貯蔵品在庫」という表示項目で連結B/Sに表示）として処理している。

(33) IAS第41号に関する仕訳例は，中央サステナビリティ認証機構編［2003］pp. 156-158を参照されたい。

(34) IAS第1号は2007年9月に改訂されているが，入手できていないため，2003年改訂のIAS第1号のパラグラフに依拠した。なお，2007年改訂IAS第1号の元になった公開草案（IASB［2006］）では，パラグラフ54に記載されている。

(35) 本項は，村井［2007］を元に加筆・修正したものである。

(36) GIACのホームページ，「グリーン電力基金加入状況」を参照。同団体のWebサイトより入手（http://www.giac.or.jp/green/situation/index.html）（アクセス日：2009.6.15）

(37) 経済産業省総合資源エネルギー調査会新エネルギー部会RPS法小委員会（第3回）平成18年12月13日開催「資料3」p. 6参照。同省のWebサイト参照（http://www.meti.go.jp/committee/gizi_0000008.html）（アクセス日：2007.3.1）

(38) 事業化当初の風力発電については，3円50銭で「グリーンな価値」を仕入れ，それを証書化し4円で売却していた。しかし，現在は電源や規模によって多種多様である。たとえば，バイオマスは1円台での購入であり，イベント用の少量の電力は10円以上で販売されている。この価格については，経済産業省総合資源エネルギー調査会新エネルギー部会RPS法小委員会（第6回）平成19年2月6日開催「資料2」を参照されたい。

(39) 現状は「焚き減らし」が行われ，3～4円/kWh程度である。

(40) 日本自然エネルギー㈱のWebサイト「ご契約者団体リスト」を参照。http://www.natural-e.co.jp/green/clientlist.html（アクセス日：2009.6.15）。

(41) 日本自然エネルギー㈱のWebサイト「グリーン電力証書システムとは」を参照。http://www.natural-e.co.jp/green/how_about.html（アクセス日：2009.6.15）。

(42) 日本自然エネルギー㈱のWebサイト「グリーン電力証書システムFAQ―よくある質問」を参照。http://www.natural-e.co.jp/green/introduction.html（アクセス

日：2009.6.15)。

(43) 以下においては，RPS法ならびに資源エネルギー庁新エネルギー等電気利用推進室が平成15年に実施した「『電気事業者による新エネルギー等の利用に関する特別措置法』の届出方法等に関する説明会」の資料を参考にまとめた。なお，2007年3月13日に，「RPS法小委員会報告書」が公表されている。この中で，2007年度以降，中小水力発電に関しては，河川維持用水利用発電や利水放流水発電等の1,000kW以下のもの，地熱発電に関しては，温泉水を活用した発電でも熱水を著しく減少させないと認められるものについては，新たにRPS法の対象設備として含めることを提案している。以上，経済産業省のWebサイト（http://www.meti.go.jp/report/downloadfiles/g70329a01j.pdf，アクセス日：2009.6.15）参照。

(44) 上記の「RPS法小委員会報告書（案）」（経済産業省総合資源エネルギー調査会新エネルギー部会［2007］）に2011年から2014年までの義務量が記載されており，そのまま施行される予定である。

(45) 日本のRPSの定義は極めて狭義であり，諸外国とRPS制度上の対象範囲が異なることを考慮しなければ，比較可能ではない。日本と諸外国の目標設定状況をまとめたものとして以下が参考になる。経済産業省総合資源エネルギー調査会新エネルギー部会RPS法小委員会（第1回）平成18年11月6日開催「資料5」，「資料8」及びp.17を参照。経済産業省のWebサイト（http://www.meti.go.jp/committee/gizi_0000008.html）（アクセス日：2007.3.1）。

(46) 経済産業省総合資源エネルギー調査会新エネルギー部会［2007］には，普及促進という施策上の観点から，特に2011-14年度の太陽光発電起因のPRS証書に関して，2倍に換算することになった。すなわち，太陽光発電に係る電気を1kWh利用したときには，RPS相当量は2kWhとして換算する特例措置である（経済産業省総合資源エネルギー調査会新エネルギー部会［2007］p.5）。本項では，この点に関して十分な考察を行っていないが，太陽光発電起因のRPS証書の会計上の処理が一層煩雑になる可能性があることを指摘しておく。

(47) 2010年度は，単年度クレジットが需要超過になる可能性がある。このように，現在と将来の需給ギャップの状況が，この制度運用をより難しくするのではないかと思われる。RPS法小委員会（第3回）平成18年12月13日開催　議事録を参照のこと。経済産業省のWebサイト（http://www.meti.go.jp/committee/summary/0004019/index..html）（アクセス日：2007.3.1）参照。

(48) 諸外国のRPS制度に関しては，RPS法小委員会（第1回）平成18年11月6日開催「資料5」pp.11-38，工藤・中茎［2003］及び米国エネルギー省のWebサイト（http://www.eere.energy.gov/greenpower/home.html）（アクセス日：2007.3.1）

に基づいてまとめた．

(49) この説明に関しては，DEFRA, *Framework for the UK Trading Scheme,* Chapter 8, 8.3 を参照されたい．同文献はDEFRAのWebサイト（http://www.defra.gov.uk/environment/climatechange/trading/pdf/trading-full.pdf．）より入手（アクセス日：2001.11.30）．

(50) 三菱総合研究所『排出権通信』2007年2月27日号．

(51) IERA et al.［2002］p. 10.

(52) IASB［2004b］para. BC8.

(53) ASBJ［2006］p. 2.

(54) RPS相当量の流動性が増え，バンキングされた相当量が時価評価になった場合，RPS相当量に評価損益の問題が発生し，財務・経営問題に繋がるとの指摘もある．船曳尚［2005］p. 18参照．

(55) 日本では，環境省国内排出量取引制度検討会，経済産業省地球温暖化対応のための経済的手法研究会及び首相官邸の地球温暖化問題に関する懇談会が，日本における排出量取引制度に関する検討を行っている．一方，2008年6月25日に東京都議会において「東京都環境確保条例」が改正され，その中で，「大規模事業者」（温室効果ガスの排出量が相当程度大きい事業所〈燃料，熱及び電気の使用量が，原油換算で年間1500kl以上の事業所〉）を対象とした「総量削減義務と排出量取引制度」（C&T型）が2010年度から導入される．詳細は，東京都環境審議会［2008］pp. 7-15,「参考資料1」を参照．

第7章

財務諸表における環境会計情報の開示に関する実態調査

第1節 はじめに

　日本初の環境会計ガイドラインである『環境保全コストの把握及び公表に関するガイドライン—環境会計の確立に向けて—（中間とりまとめ）』が1999年3月に環境省より発表されてから10年が経過した。環境省が2007年に行った調査（環境省[2007d] p.67）によると、環境会計を導入している企業数は819社となっている[1]。また環境報告書もしくはCSR報告書等で環境会計情報を開示する企業数も増加してきている。

　一方，財務諸表における環境会計情報の開示状況については2001年及び2005年に調査（小川[2002]，[2005]）を実施した。その調査から，環境会計情報は財務諸表でほとんど開示されていないという結果が得られた。また，佐藤[2007]の調査では，有価証券報告書における環境関連負債項目又は費用項目を開示している企業数は122社となっている[2]。

　そこで本章では，2005年の調査から3年経過した現在，これまでの調査をふまえ，財務諸表において環境会計情報を開示している企業数の動向を調査し，その調査結果を明らかにする。

第2節 調査内容

1 調査対象

　2001年に実施した調査（以下，2001年調査と略称する），2005年に実施した調査（以下，2005年調査と略称する），及び2008年に実施した調査（以下，2008年調査と略称する）すべて東京・大阪・名古屋証券取引所第1部上場企業の有価証

券報告書総覧である。図表7-1にあるように，2001年調査では1,498社，

図表7-1 調査対象企業の業種別企業数および環境会計情報開示企業数

(単位：社)

\\	2001年調査（平成12年3月末）			\\	2005年調査（平成16年12月3日）			\\	2008年調査（平成19年12月末）		
No.	業　種	業種別企業数	開示企業数	No.	業　種	業種別企業数	開示企業数	No.	業　種	業種別企業数	開示企業数
1	水産	8	0	1	水産・農林	6	0	1	水産・農林	6	1
2	鉱業	7	2	2	鉱業	7	4	2	鉱業	6	4
3	建設	122	0	3	建設	109	1	3	建設	109	6
4	食料品	68	6	4	食料品	73	5	4	食料品	73	12
5	繊維	46	0	5	繊維製品	52	2	5	繊維製品	50	8
6	パルプ・紙	17	1	6	パルプ・紙	13	1	6	パルプ・紙	12	5
7	化学工業	137	4	7	化学	119	12	7	化学	125	33
				8	医薬品	37	2	8	医薬品	37	2
8	石油・石炭製品	7	0	9	石油・石炭	9	1	9	石油・石炭製品	12	4
9	ゴム製品	13	0	10	ゴム製品	10	0	10	ゴム製品	12	2
10	ガラス・土石製品	30	2	11	ガラス・土石製品	28	4	11	ガラス・土石製品	32	14
11	鉄鋼	39	0	12	鉄鋼	35	3	12	鉄鋼	38	19
12	非鉄金属	24	4	13	非鉄金属	21	5	13	非鉄金属	25	14
13	金属製品	33	2	14	金属製品	38	4	14	金属製品	40	8
14	機械	106	0	15	機械	119	2	15	機械	123	21
15	電気機器	146	0	16	電気機器	162	8	16	電機機器	169	23
16	輸送用機器	61	0	17	輸送用機器	59	7	17	輸送用機器	67	10
17	精密機器	24	2	18	精密機器	23	1	18	精密機器	26	5
18	その他製品	49	0	19	その他製品	45	0	19	その他製品	47	2
19	商業	200	1	20	卸売業	129	2	20	卸売業	147	2
				21	小売業	130	0	21	小売業	147	1
20	金融・保険	158	0	22	銀行	86	0	22	銀行	96	0
				23	その他金融	33	0	23	その他金融	31	1
				24	証券・商品先物	17	0	24	証券, 商品先物取引	22	0
				25	保険	9	0	25	保険	12	0
21	不動産	21	0	26	不動産	40	0	26	不動産	55	2
22	陸運	57	0	27	陸運	38	0	27	陸運	37	5
23	海運	15	0	28	海運	10	0	28	海運	10	0
24	倉庫	11	0	29	空運	4	0	29	空運	4	0
				30	倉庫・運輸	13	0	30	倉庫・運輸	19	1
25	通信	11	0	31	情報・通信	82	1	31	情報・通信	94	2
26	電気・ガス	14	9	32	電気・ガス	17	11	32	電気・ガス	17	10
27	サービス	74	0	33	サービス	72	0	33	サービス	90	2
	合　計	1,498	33		合　計	1,645	76		合　計	1,790	219

2005年調査では1,645社,そして2008年調査では1,790社が調査対象企業数である。

また,2001年調査では平成12年版有価証券報告書総覧,2005年調査では平成16年版有価証券報告書総覧,2008年調査では平成19年版有価証券報告書総覧を調査対象としている。

2　調査範囲

調査範囲は,2001年調査,2005年調査,及び2008年調査すべて有価証券報告書総覧に掲載されている貸借対照表,損益計算書,重要な会計方針,注記,重要な後発事象,及びその他の各項目である。

3　調査方法

調査方法は,調査範囲において環境会計情報が開示されているか否かを調査し,環境会計情報と思われる項目及びそれに関連しているかどうか不明の項目を抜き出した。不明な項目については,当該企業の経理担当者に電話をかけ,その項目について質問し,確認をとった。

そして,調査の対象となる環境会計情報を「企業の事業活動で環境負荷の発生の防止,抑制,除去及び被害の回復等に関連する財務情報及び定性情報」として調査を実施した。ただし,貸借対照表において,有形固定資産に「土地」,「山林」,「植林立木」などの自然資産に関する項目については,現行の企業会計制度内でも開示が定められており,環境問題を考慮していなくても開示されていることから,これらの項目は調査の対象外としている。

第3節　調査結果

1　環境会計情報の開示企業数

まず,図表7-1には,2001年調査,2005年調査,及び2008年調査における業種別の環境会計情報開示企業数が示されている。2001年調査では環境会計情報と認識できる項目で開示していた企業は1,498社中33社（2.2%）であり,2005年調査では1,645社中76社（4.6%）であり,そして2008年調査で1,790社中219社（12.2%）であった。財務諸表における環境会計情報の開示

企業数は，2001年調査から2005年調査では43社増加し，2005年調査から2008年調査では143社増加している。

図表7-2　財務諸表における環境会計情報一覧（2001年調査）

財務諸表名	開示箇所	開示項目	件数
貸借対照表	流動負債	貸出容器保証金	2
		容器保証金	2
		容器預り金	1
	固定負債	廃鉱費用引当金	3
		金属鉱業等鉱害防止引当金	4
		使用済核燃料再処理引当金	1
	偶発債務	注記：じん肺訴訟	1
損益計算書	その他剰余金	再生資源利用促進準備金	1
		社会貢献積立金	1
	売上原価	製品・商品スクラップ売却収入	1
	営業外収益	建築資材売却益	1
		その他の営業外収益	1
		スクラップ売却収入（注1）	2
		廃材売却収入	1
	電気事業営業費用	廃棄物処理費（注2）	9
	営業外費用	廃鉱費用引当金繰入額	1
		廃棄物処理料	2
		係争関係費	1
		公害費用賦課金	1
	特別損失	訴訟関連費	1
		環境整備費	3
	積立金取崩益	社会貢献積立金取崩益	1

注1：「その他の営業外収益」は内訳に56百万円中，3百万円がスクラップ売却益とあったので環境会計情報とした。
注2：「廃棄物処理費」は，電力会社9社全ての「電気事業営業費用」の「汽力発電費」，「原子力発電費」，および「内燃力発電費」に含まれていた。これは，電気事業営業費用明細書で「汽力発電費」，「原子力発電費」，および「内燃力発電費」の内訳として「廃棄物処理費」が開示されていた。

2　2001年調査における環境会計情報の開示項目

　2001年調査における環境会計情報で開示されている項目を示している表が図表7-2である。

　2001年調査の貸借対照表における流動負債に関する項目では「貸出容器保証金」,「容器保証金」及び「容器預り金」が環境会計情報として開示されていた。これらの項目について，当該企業に電話で問い合わせをしたところ，全てビンの預り金との回答が得られた[3]。

　固定負債に関する項目のうち「廃鉱費用引当金」の「廃鉱」及び「金属鉱業等鉱害防止引当金」の「鉱害防止」については環境保全活動に該当するか否かは議論の余地があるが，「廃鉱」及び「鉱害防止」は環境保全活動とみなし，環境会計情報とした。

　その他剰余金には「社会貢献積立金」が開示されていた。損益計算書の当期未処分利益計算にも「社会貢献積立金取崩益」がある。「社会貢献」については，環境会計情報であるかどうか不明であったので，当該企業2社に電話で確認をとった。1社の担当者からは，「社会貢献」を①環境保全，②青少年育成，③文化スポーツ及び④科学振興の4つの活動に分類しているが，①環境保全に関する社会貢献にかかった金額は具体的に出していないとの回答があった。もう1社の担当者からは，支援金という形で一部環境活動が含まれているが，具体的な金額は不明との回答が得られた。これらの「社会貢献」活動の具体的な金額は不明であるが，環境保全活動に対して支出していることから「社会貢献積立金取崩益」及び「社会貢献積立金」を環境会計情報とみなしている。

　一方，損益計算書における営業外収益には「その他の営業外収益」が開示されていたが，「その他の営業外収益」は，注記で「42百万円中，2百万円がスクラップ売却益」と記載されていたので環境会計情報とした。

　次に損益計算書における費用に関する項目であるが，電力会社9社全ての「電気事業営業費用」の「汽力発電費」,「原子力発電費」及び「内燃力発電費」に「廃棄物処理費」が含まれていた[4]。これは，電気事業営業費用明細表で「汽力発電費」,「原子力発電費」及び「内燃力発電費」の内訳として「廃棄物処理費」が開示されていた。さらに，電気事業営業費用明細表の「原子力発電費」には「使用済核燃料再処理費」も含まれていた。

第3節　調査結果　277

そして，営業外費用における「係争関係費」については環境会計情報であるかどうか不明であったので当該企業に電話で確認をとった。担当者からは，環境関連のコストは含まれているが，詳細は非公表との回答が得られた。「社会貢献」の場合と同様に，具体的な金額は不明であるが環境関連のコストが含まれていることから，「係争関係費」を環境会計情報とみなした。

最後に，損益計算書における特別損失に関する項目には，「訴訟関連費」及び「環境整備費」が開示されていた。「訴訟関連費」については，注記で「じん肺罹患非提訴者解決金」と記載されていたので環境会計情報とした。また「環境整備費」は，注記で「クロム鉱さい埋立地における鉱さい及び汚染土壌の恒久的無害化処理工事等に要した費用」と記載されており，これは土壌汚染の浄化費用であることから環境会計情報とした。

3　2005年調査における環境会計情報の開示項目

図表7-3は2005年調査における環境会計情報の開示項目について示している。2005年調査も2001年調査と同様に実施している。2005年調査の貸借対照表には流動資産に「作業屑」が開示されていた。流動負債にある「貸出容器保証金」は，2001年調査と同様であることから図表7-3では1つの項目にまとめている。

貸借対照表の固定負債の開示項目にある「特定災害防止引当金」は，「産業廃棄物処分場埋立終了後の維持管理費用の支出に備えるため，廃棄物の処理及び清掃に関する法律第8条の5に基づき，計上している」と説明されていたので環境会計情報とした。「緑化対策引当金」は，「将来の林地開発跡地の緑化のための支出に備えて，期末における必要な緑化対策費用の見積額を計上しております」と説明されていたので環境会計情報とした。そして，リサイクル関係の引当金として「リサイクル費用引当金」，「パソコンリサイクル引当金」，「パソコン回収・再資源化引当金」及び「二輪車リサイクル引当金」が開示されていた。

また，貸借対照表の利益剰余金の開示項目にある「地域環境対策積立金」は，当該企業に電話連絡をして内容の確認をしたところ，ビオトープなどを近隣学校に寄付するための積立金との回答があったので環境会計情報とした。

図表7-3　財務諸表における環境会計情報一覧（2005年調査）

財務諸表名	開示箇所	開示項目	件数
貸借対照表	流動資産	作業屑	1
	流動負債	環境整備引当金	1
		貸出容器保証金	4
	固定負債	環境整備引当金	1
		廃鉱費用引当金	4
		土壌汚染処理損失引当金	2
		特定災害防止引当金	1
		汚染負荷量引当金	1
		緑化対策引当金	1
		金属鉱業等鉱害防止引当金	5
		リサイクル費用引当金	1
		パソコンリサイクル引当金	1
		パソコン回収・再資源化引当金	1
		二輪車リサイクル引当金	1
		使用済核燃料再処理引当金	9
	利益剰余金	地域環境対策積立金	1
		社会貢献積立金	2
		公害防止積立金	1
損益計算書	売上高	作業屑売却高	1
	販売費及び一般管理費	パソコン回収・再資源化引当金繰入額	1
	営業外収益	容器保証金取崩益	2
		産業廃棄物処理代	1
		作業屑売却益	13
		環境整備費精算差額	1
	営業外費用	廃鉱費用引当金繰入額	2
		廃棄物処理費	1
		環境整備費	2
		廃土処理費	1
		土壌調査費用	1
		鋼屑評価損	1
		環境対策費用	1
		環境対策費	1
		スクラップ処分損	1
		土壌浄化費用	1
	電気事業営業費用	使用済核燃料再処理費	9
		廃棄物処理費	10
		特定放射性廃棄物処分費	9
	特別利益	資源リサイクル設備補助金	1
		土壌汚染処理損失引当金戻入額	1
		廃鉱費用引当金戻入額	1
		低公害整備事業補助金	1
	特別損失	訴訟関連損失	1
		環境整備引当金繰入額	1
		炭鉱跡地整備費用	1
		訴訟関連費	1
		環境対策費用	1
		環境対策費	1
		じん肺訴訟和解金	1
		土壌汚染処理損失	1
		土壌汚染処理損失引当金繰入額	1
		埋設汚泥処理費用	1
		廃棄物処理費	2
		休止鉱山公害対策費用	1
		環境整備費	2
		労災和解金	1
		事業所閉鎖関連費用	1
		特別環境対策費	1
		土壌処理費用	1
		特別環境保全費用	1
		産業廃棄物処理費用	1
		土壌汚染処理対策費	1
		項目件数合計	123

（出所：小川［2005］pp. 98-99）

損益計算書では，土壌汚染に関連した項目として，営業外費用に「廃土処理費」，「土壌調査費用」及び「土壌浄化費用」が開示されており，特別損失に「土壌汚染処理損失」，「埋設汚泥処理費用」，「土壌処理費用」及び「土壌汚染処理対策費」が開示されていた。

4　2008年調査における環境会計情報の開示項目

　2008年調査における環境会計情報の開示項目について示している表が図表7-4である。

　2008年調査では404件の環境会計情報の開示項目件数があったが，2005年調査の結果である123件と比べると約3.3倍になっている。そこで，2005年調査では開示されていなかった項目をみると，まず，流動資産，固定負債，及び特別損失で開示されているフェロシルト回収損失がある。フェロシルトとは酸化チタン（白色顔料）の製造過程で副生する使用済み硫酸を中和処理等した汚泥であり，「埋戻し材」（商品名：フェロシルト）と称して製造・販売されていたが，微量の放射性物質が含まれていることから，現在は製造・販売ともに中止されている。岐阜県の土壌・水質・放射線調査によると，フェロシルトが搬入されていた箇所から土壌環境基準を超過する六価クロム及びふっ素が検出された。そこでフェロシルト製造企業がフェロシルトを撤去し，それに関連する項目がフェロシルト回収損失である[5]。よって，このフェロシルト回収損失については環境会計情報とした。

　次にPCBとコプラナーPCBに関連した項目が固定負債，営業外費用，特別利益，特別損失において開示されている。PCBはポリ塩化ビフェニル (Poly Chlorinated Biphenyl) の略称で，なかでも，コプラナーPCBと呼ばれるものは毒性が極めて強くダイオキシン類として総称されるものの一つとされている。PCBは，溶けにくく，沸点が高い，熱で分解しにくい，不燃性，電気絶縁性が高いなど，化学的にも安定な性質を有することから，電気機器の絶縁油，熱交換器の熱媒体，ノンカーボン紙など様々な用途で利用されていたが，この毒性が問題となり，昭和47年にPCBの製造を中止した。それ以降，事業者により，PCB廃棄物が30年以上にわたり保管が続けられていた。そして，PCB廃棄物を保管する事業者に一定期間内（平成28年7月14日まで）に処分することを義務付けた「ポリ塩化ビフェニル廃棄物の適正な処理

図表7-4 財務諸表における環境会計情報一覧（2008年調査）

開示場所	区分	項目	件数
貸借対照表	固定資産	使用済燃料再処理等積立金	9
	流動負債	貸付容器保証金	1
		容器預り金	2
		環境整備引当金	2
		環境対策引当金	7
		フェロシルト回収損失引当金	1
		土壌改良損失引当金	2
		土壌汚染処理損失引当金	1
		アスベスト対策工事引当金	2
	固定負債	PCB処理引当金	5
		アスベスト対策工事引当金	1
		汚染負荷量引当金	1
		土壌改良損失引当金	1
		土壌浄化対策引当金	3
		環境整備引当金	2
		環境対策引当金	55
		金属鉱業等鉱害防止引当金	4
		原子力発電施設解体引当金	9
		使用済燃料再処理等引当金	9
		使用済燃料再処理等準備引当金	9
		特定災害防止引当金	1
		二輪車リサイクル引当金	1
		廃鉱費用引当金	3
		パソコンリサイクル引当金	2
		フェロシルト回収損失引当金	1
		リサイクル引当金	3
		緑化対策引当金	1
	利益剰余金	地域環境対策積立金	1
		社会貢献積立金	1
		公害防止積立金	1
	貸借対照表項目件数合計		141
損益計算書	売上高	作業屑売却高	1
	販売費及び一般管理費	環境対策引当金繰入額	1
		パソコン回収・再資源化引当金繰入額	1
		環境管理費	1
	営業外収益	環境改善設備費奨励金	1
		作業屑等売却益	29
		低公害車補助金	1
	営業外費用	PCB廃棄物処分費用	1
		石綿特別拠出金	1
		環境整備費	2
		環境対策費	5
		土壌浄化費用	3
		土壌調査費	1
		廃棄物処理費	4
		廃鉱費用引当金繰入額	2
	特別利益	環境対策工事引当金戻入額	1
		設備解体撤去屑売却益	1
		PCB処理費用見直し額	1
		地球温暖化防止支援事業費補助金受入額	1
		環境対策費戻入益	1
	特別損失	PCB処理費用	15
		PCB対策引当金繰入額	1
		アスベスト対策工事引当金繰入額	2
		アスベスト対策費用	8
		石綿疾病補償金	4
		土壌汚染処理損失	1
		土壌汚染処理損失引当金繰入額	2
		土壌汚染対策費用	13
		土壌改良損失引当金繰入額	2
		土壌調査費用	1
		化学物質損失	1
		過年度容器包装リサイクル費用	1
		環境安全対策引当金繰入額	12
		環境改善費用	3
		環境事業操業停止損失	1
		環境浄化損失	1
		環境整備費	3
		環境整備引当金繰入額	2
		環境対策費	39
		環境対策引当金繰入額	24
		環境保全対策損失	1
		休止鉱山鉱害対策費用	1
		構造改善費用	1
		コプラナーPCB対策費用	1
		相模原原状回復費用	1
		職業病解決金	1
		訴訟関連損失	1
		廃棄物処理費	2
		廃鉱費用引当金繰入額	1
		フェロシルト回収損失	1
		フェロシルト回収損失引当金繰入額	1
	未処分利益計算	社会貢献積立金取崩益	1
	電気事業営業費用明細表	卸使用済燃料再処理等準備費	5
		原子力発電施設解体費	9
		使用済燃料再処理等準備費	9
		使用済燃料再処理等	9
		特定放射性廃棄物処分費	9
		廃棄物処理費	10
		融通使用済燃料再処理等準備費	4
	損益計算書項目件数合計		263
項目件数合計			404

の推進に関する特別措置法」によりPCBの処理を実施し，その処理費用がPCB処理費用として計上されている[6]。よってPCBに関連した項目についても環境会計情報とした。

そして次に，図表7-4の特別損失に相模原原状回復費用があるが，これは注記に，相模原事業所跡地の売却に係る原状回復費用であり，その内容は，解体・土壌浄化工事3,480百万円，その他調査費用117百万円であるとあったことから相模原原状回復費用を環境会計情報とした。

また，図表7-4の特別損失に職業病解決金とあるが，これは注記に，職業病解決金の内訳はじん肺罹患非提訴者解決金40百万円であるとあったことから職業病解決金も環境会計情報とした。

第4節 調査結果の考察

環境会計情報を財務諸表で開示している企業数は，2001年調査では33社，2005年調査では76社であり，この2つの調査を比較すると，43社増加している。そして，2008年調査における開示企業数は219社であることから2005年調査と比較すると143社増加している。2005年調査の段階では，環境会計情報の開示企業数は増加しているが，調査対象企業総数からみると大幅な増加というには難しい結果であるとしていた（小川［2005］）。その理由の1つとして企業会計原則にある重要性の原則をあげ，財務諸表で環境会計情報を開示する企業数が大幅に増加していない要因として，全体の金額のうち環境会計情報に関する金額の占める割合が低い可能性があるとしていた。

一方，今回の2008年調査では，2005年調査と比べ環境会計情報開示企業数は139社増加している。この原因は，新たにPCB及びアスベストに関連する項目を開示する企業が発生し，さらに土壌汚染に関連する項目を開示する企業数が増加したことが考えられる。

PCBについては，先述したが，PCBを保管している企業はPCBの処理を処理業者に委託し，その処理費用が財務諸表で開示されているのである。このPCBに関連した項目を開示していた企業数は63社であった。

次にアスベストについては，石綿障害予防規則が2005年7月に施行されている。石綿を含有する石綿セメント円筒等の製品の製造等が2004年に禁止

されたことにより，国内の石綿使用量の大部分が削減した。今後の石綿ばく露防止対策は，建築物の解体等の作業が中心となり，新たに建築物の解体等の作業におけるばく露防止対策等の充実を図った単独の規則を制定し，石綿による健康障害防止対策の一層の推進を図るために制定されたものが石綿障害予防規則である[7]。よって，この規則に従いアスベスト対策を実施した企業がアスベストに関連した項目として財務諸表に開示していると考えられる。このアスベストに関連する項目を開示していた企業数は15社であった。

土壌汚染に関連する項目については，土壌汚染対策法が2003年5月に施行されており，その対応をする企業数が増加していると考えられる。土壌汚染対策法は，土壌汚染の可能性のある土地を調査し，汚染が発見された場合は，都道府県知事の判断で汚染の除去等の措置をとらせるという法律である。2003年の施行以降，企業は土地の調査や浄化を実施しており，それを土壌汚染に関連した項目として財務諸表に開示しているのである。2005年調査では，この土壌汚染に関連する項目を開示していた企業数は7社であったが，2008年調査では31社であった。

また，PCB，アスベスト，そして土壌汚染に関連する項目のうち2つ以上の項目を開示している企業数は17社あった。よって，PCB，アスベスト，そして土壌汚染に関連する3つの項目を開示していた企業の総数は126社である。これら3つの項目が2005年調査の環境会計情報開示企業数76社から2008年調査の環境会計情報開示企業数219社に増加している原因であると考えられる。

こうした財務諸表に開示されている環境会計情報は，一定の金額を超えていることから独立の項目であるが，一定の金額を超えなければ財務諸表のその他に含まれていることから，財務諸表には現れてこない環境会計情報も当然あるであろう。そこで，財務諸表に開示されている環境会計情報は資産，負債，資本，費用，そして収益のどの程度の割合を占めているかを次に検討する。これは2001年調査及び2005年調査では実施しておらず，2008年調査で初めて実施する。

その方法は，まず，2008年調査で環境会計情報を開示していた企業219社の財務諸表から資産，負債，資本，費用，そして収益のそれぞれの合計金額を計算し，環境会計情報が属する資産，負債，資本，費用，そして収益のう

ちどの程度の割合となるかを算出した。つまり，図表7-4にある環境会計情報の各項目の金額を分子とし，その環境会計情報が属する資産，負債，資本，費用，そして収益の金額を分母として100を掛けた割合（％）を算出した。

その結果，環境会計情報が1％以上の割合で開示されていた企業数は，41社であった。さらに，41社の開示項目のうち，1％以上の割合となっていた項目（図表7-4にある環境会計情報の項目）数は，137件であった。その結果を示している表が図表7-5である。この137件のうち電力会社が開示している項目数は72件であり，約53％の割合である。

図表7-5　1％以上の割合となる環境会計情報の項目数

（単位：件）

	前期	当期	合計
資産・負債・資本	40	45	85
収益・費用	24	28	52
合計	64	73	137

注：前期と当期とあるが，有価証券報告書総覧の財務諸表には2年分の情報が掲載されており，有価証券報告書総覧が公表されている年を当期とし，その前年を前期としている。

そして，環境会計情報の割合が1％以上であった項目についてさらに細分化し，それを示している表が図表7-6である。図表7-6をみると，環境会計情報が20％以上の割合を占めている項目が合計3件あるが，これらはすべてフェロシルト回収損失関連の項目を計上していた企業1社である。また環境会計情報が10％以上20％未満の割合を占めている項目が合計11件あるが，このうち1件はフェロシルト回収損失関連の項目であり，もう1件は環境管理費として開示していた項目であり，そして残り9件は電力会社が開示していた項目である。資産・負債・資本では2％以上5％未満の割合が最も多く，収益・費用では1％以上2％未満の割合が最も多くなっている。

図表7-6 1％以上の割合となる環境会計情報の項目数の分類

(単位：件)

勘定	各勘定に占める割合	前期	当期	合計
資産・負債・資本	1％以上2％未満	12	15	27
	2％以上5％未満	16	17	33
	5％以上10％未満	7	7	14
	10％以上20％未満	4	6	10
	20％以上	1	0	1
資産・負債・資本合計		40	45	85
収益・費用	1％以上2％未満	12	15	27
	2％以上5％未満	9	11	20
	5％以上10％未満	1	1	2
	10％以上20％未満	1	0	1
	20％以上	1	1	2
収益・費用合計		24	28	52
合計		64	73	137

第5節 おわりに

　本章では，財務諸表における環境会計情報の開示状況を実態調査から検討してきた。2001年調査では環境会計情報と認識できる項目で開示していた企業は1,498社中33社（2.2％）であり，2005年調査では1,645社中76社（4.6％）であり，そして2008年調査で1,790社中219社（12.2％）であった。2008年調査では2005年調査と比較し，143社開示企業数が増加していた。この原因として，PCB，アスベスト，そして土壌汚染に関連する項目を開示する企業が発生及び増加したことがあげられる。これら3つの項目を開示していた企業数は126社であった。

　ここで，図表7-7に示されている事業所単位でのPCBの保管状況をみてみると，合計69,245の事業所がPCBを保管している[8]。また，東京都では，土壌汚染対策法第5条第1項の規定に基づいて土地を指定区域に指定してい

る箇所は2008年7月で34箇所ある[9]。このように，現在の財務諸表には現れてきていないが，今後もPCBの処理，土壌汚染対策，そしてアスベストの処理を実施する企業が増加することが推測される。

図表7-7　PCB廃棄物の保管状況

(平成16年3月31日現在)

廃棄物の種類	保管事業所数	保管量
高圧トランス	2,688	18,687 台
高圧コンデンサ	45,533	250,739 台
低圧トランス	427	35,949 台
低圧コンデンサ	3,520	1,836,705 台
柱上トランス	153	2,146,581 台
安定器	12,358	5,551,983 個
PCB	206	53 トン
PCBを含む油	1,060	176,489 トン
感圧複写紙	416	688 トン
ウエス	886	225 トン
汚泥	179	15,411 トン
その他の機器等	1,819	114,915 台

(出所：環境省ホームページより)
(http://www.env.go.jp/recycle/poly/hokan/ref04.html)

　また，2008年調査において，環境会計情報の金額が資産，負債，資本，費用，そして収益に占める割合が1％以上の企業数は41社であった。

　企業が事業活動で環境負荷の発生を防止し，抑制し，除去し，そして被害を回復する等に関連する環境保全活動は，今後も積極的に取り組んでいかなければならない活動であり，それにともない環境会計情報を適切に把握し開示していかなければならない。

注

（1）　この調査は，環境省の委託により㈱プラトー研究所が東京，大阪，名古屋の各証券取引所の1部，2部上場企業2,751社及び従業員数500人以上の非上場企業等

3,814社，合計6,565社を対象とし，平成19年7～8月にアンケート調査を実施したものである。有効回答数は2,774社（42.3％）であった。このうち環境会計を導入している企業数は819社（29.5％）であり，導入に向けて検討している企業数は363社（13.1％）であった。
（２）　佐藤［2007］の調査は，キーワードを「環境」，「土壌」，「廃棄物」及び「アスベスト」として，決算日が2006年4月1日以降2007年3月31日までに到来する会社の有価証券報告書における連結損益計算書に環境関連費用項目を記載しているか，あるいは連結貸借対照表に環境関連負債項目を記載している会社を検索したものである。
（３）　ビンはデポジット制をとっており，製品を販売する際にビン代を含んだ金額で販売し，ビン代は流動負債の「預り金」に計上される。ビンが回収されると，ビン代を現金で支払うとともに預り金が消える仕組みである。
（４）　2001年の調査時点は，電力会社の第1部上場企業数は9社である。2002年に上場会社が1社増えたので，2005年の調査では10社になっている。
（５）　フェロシルトに関する情報は，岐阜県HP（http://www.pref.gifu.lg.jp/pref/s11263/fs/gaiyou.htm）を参照。
（６）　PCBに関する情報は，日本環境安全事業株式会社HP（http://www.jesconet.co.jp/business/index.html），を参照。
（７）　アスベストに関する情報は，厚生労働省HP（http://www.mhlw.go.jp/topics/2005/02/tp0224-1.html）を参照。
（８）　環境省HP（http://www.env.go.jp/recycle/poly/hokan/ref04.html）を参照。
（９）　東京都HP（http://www2.kankyo.metro.tokyo.jp/chem/dojyo/dojyo04.htm#shiteikuikidaityou）を参照。

（小川　哲彦）

終 章
環境財務会計発展の可能性と方向性

第1節　環境財務会計発展の可能性

　前章までの議論から，日本における環境財務会計の発展を促す要因として，二つ考えられる。一つは，環境コストの増加であり，他の一つは環境財務会計の国際的動向である。

1　環境コストの増加
　序章で紹介したように，今後，温暖化及び土壌汚染等の環境問題への対策に相当額のコストを要する可能性が高い。
　京都議定書の約束期間に1990年度比6％減の温室効果ガスの抑制をするために，環境省は，2008年度の環境関連予算5,194億円に，約6,100億円を上積みする必要があるという試算をした。個々の企業がどの程度の負担を強いられるかは不明であるが，新日本製鉄㈱が1,000万トンの温室効果ガス排出量の購入に約250億円を要するとのことから類推すると，序章で紹介した排出量報告・公表制度対象の上位企業は相応のコストを負担することになろう。
　京都議定書の約束期間以降において，洞爺湖サミットでの議長総括が国際的約束事項として実施されると，2050年までに温室効果ガスを全世界で半減するためには先進国では60～80％の削減が必要といわれている。洞爺湖サミットに先立って発表された福田ビジョンで，日本は2050年までに現状比60～80％削減する，及び2020年までに現状比14％削減するというビジョンを明らかにした。経済産業省の試算では，2020年度までに2005年度比11％削減するためには企業部門で25.6兆円を要する見込みである。
　土壌汚染対策コストも考慮に入れる必要がある。2002年に土壌汚染対策法が制定された。序章で紹介したように環境省の試算では汚染された土地の

対策コストとして約16兆9,000億円要するとのことである。土地汚染に対する規制の強化も検討されており、土壌汚染対策コストは関連企業に重い負担となろう。

温暖化対策及び土壌汚染対策以外にも化学物質や資源循環に関わる規制の強化による対策コストの増加も見過しにはできない要因として指摘しておきたい。

東京・大阪・名古屋証券取引所第1部上場企業の財務諸表における環境会計情報の開示数に関わる小川調査（第7章）によると、2001年調査（1,498社）、2005年調査（1,645社）及び2008年調査（1,790社）の3調査において、環境会計情報開示企業数は、それぞれ33社（2.2％）、76社（4.6％）及び219社（12.2％）であった。2008年調査では環境会計情報開示企業数は200社を超え、その調査対象企業数に対する割合は1割を超えている。3年前の2005年調査に比較すると3倍弱という急激な増加である。小川は、2005年調査の折に、財務諸表による環境会計情報公表企業数が環境報告書による同情報の公表企業数と比較してかなり少ない理由を、環境関連会計項目が金額的に大きくないために重要性の原則が適用され、他の項目から区分して明示されなかったのではないかと推測している。この推測に従えば、2008年調査における環境情報開示企業数の大幅な増加は、3年の間における環境関連コストの増大によって説明しうる。

2 環境財務会計の国際的動向

第1章「環境財務会計に関する指針・報告書」で、CICA、ISAR、EU及びFEEなどから公表された環境財務会計に関わる指針及び報告書における環境コストや環境負債の会計処理並びに開示に関する考え方を比較、検討した。これらの指針及び報告書では、当初、企業活動の大半が集約されている財務諸表において環境関連の事象を取り入れることを通じて、企業による環境配慮活動の推進に役立てようとの視点から、環境関連の事象に関する包括的会計基準の設定が目的とされていた。

その後、環境情報やCSR情報の開示の制度化及び自主的開示、並びに資産除去債務等の個別会計基準の設定という方向に展開されたことをみてきた。包括的環境会計基準の設定の動きは停滞したといえる。しかしながら、

この停滞は必ずしも環境財務会計展開の停滞を意味しない。後述するように，環境関連の個別会計基準の設定は環境財務会計の展開の促進要因とみることができる。この方向での課題は環境問題へのピースミル・アプローチで十分に対応できるかということにある。そこで，環境法規制の漸次の強化に伴う環境リスクの増大が予見されることから推して，現状の定性的な情報の開示では全体的な環境リスクを把握することは困難と判断し，利害関係者が企業の環境リスクを的確に判断しうる定量的な会計情報を作成するための包括的会計基準設定の必要性の検討を説いた。

　第2章「環境財務会計基準の国際的動向」では，IASB及びFASBにおける環境資産及び環境負債に関連する会計基準設定の動向について検討した。特に環境資産及び負債をめぐる理論的研究に多くの紙幅を割いた。ここでは，第2節「IASB及び米国における動向」で，IASBとFASBの環境財務会計基準の動向を比較検討した後の，第3節の冒頭の一文を再掲する。

　「第1章及び本章第2節で述べたように，海外では環境財務会計の領域に関する報告書等が数多く公表されている事実，並びに米国（FASBやAICPA）及びIASBにおいて環境コストを財務諸表上に反映させる会計基準等が既に整備されている事実から明らかなように，財務会計の枠内で環境会計情報をどのように扱うのかという点に国際的関心が向けられている。このような国際的動向に伴い，日本においても環境コストを財務諸表（注記を含む）において計上することは，各国の環境問題への関心の高まりや，環境法規制の増加，そして，それに伴い企業が負担する環境コストの増加，さらには会計基準のコンバージェンス問題からも考慮する必要のある課題である。」

　日本における環境財務会計展開の必要性と可能性が，上記に再掲された一文によくまとめられている。本章冒頭でも指摘した企業が負担する環境コストの増大及び環境財務会計の国際的動向，より具体的には会計基準の国際的コンバージェンスの2要因により環境財務会計展開は促進されるであろう。日本における資産除去債務の会計基準の制定は，この種の会計基準がなかったことから，後者の要因によるものといえよう。このような理由による環境財務会計基準の制定は，単に海外への追随でしかない。今後，日本においても環境コストが増大することが十分予見される現在，日本の実状を考慮に入れ，環境財務会計の理論的研究を進め，関連する会計基準の設定を行い，そ

の上で国際的コンバージェンスに臨む必要がある。

第2節　環境財務会計の展開の方向性

1　環境コスト増大に伴う環境関連科目の開示

　前節で，環境関連活動の増大に伴って発生するコストの増大が，環境関連項目の開示の増大，延いては環境財務会計展開を促進することを説いた。

　環境問題への関心の高まりは同時に，企業経営における環境リスクへの利害関係者の関心を高める。それゆえ，彼らの意思決定に資するために環境会計情報の開示は望ましいことである。この方向での課題は二つある。

　一つは，第7章の図表7-4「財務諸表における環境会計情報一覧（2008年調査）」をみて分かるように，その内容を判断しかねる項目名をかなり多くの企業が使用していることである。貸借対照表項目では環境対策引当金（55社）であり，損益計算諸項目では前者の項目に見合いの環境対策費（5社）である。これらの項目については個別財務諸表でその内容が判断できるような注記を付けるか，あるいは環境対策の内容が分かる項目名を付すことが望ましい。財務諸表の企業間比較の視点からは，後者がより望ましいといえる。

　もう一つの課題も開示に関わっている。重要性の原則を適用して環境関連の項目に開示の有無が決定されるのであるが，財務諸表の本体に掲載しない場合の扱いである。

　第1章で紹介した国連貿易開発会議（UNCTAD）の報告書では，環境会計情報は原則独立表示するものとの考えから，重要性の原則に照らして，この情報を財務諸表本体，注記及び財務諸表のその他の箇所に記載することを求めている。この報告書の考えに従えば，環境会計情報は，金額の多寡及び情報の質を考慮した上で，多様な形で財務諸表に示されることになる。

　環境コストが増大すると，このコストを賄うための資金の一部（借入金）を提供する金融機関等の融資額（貸付金）が増える。また，事業会社については温暖化防止対策の一環としてCDMを通じての排出量の取得を意図して海外事業への出資（投資有価証券，関係会社株式等）も増加する。これらの貨幣項目については重要性の原則に照らして金融機関等の企業が自主的に開示するか否かを決めればよいのであるが，小川調査では財務諸表で開示事例がな

い。未だ金額が僅少であるのかもしれない。環境保全，特に温暖化防止対策に関する情報を財務諸表にできる限り反映させる視点からは，温暖化防止対策を目的とした貸付金や投資有価証券等については金額によっては独立項目として開示するか，脚注で開示することが奨められる。貸付金に対応する借入金の開示も考えられる。さらにいえば，環境保全目的の有形固定資産についても重要性の原則に照らして独立項目として開示するか，脚注とするかの別はあるが，開示することが奨められる。この場合，環境保全目的と製造その他の企業活動目的が一体となった機械設備については後者から前者を分離するという厄介な問題への対応を考慮しておく必要がある。

2　環境資産及び環境負債概念の拡張

第2章「環境財務会計の国際的動向」では米国及びIASBの会計基準に基づいて環境資産及び環境負債の概念について検討し，これを受けて第3章「環境財務会計における対象領域の検討」での環境資産及び環境負債の拡張の議論につなげた。ここでは，第2章で展開された議論を要約し，環境資産及び環境負債の概念の拡張の方向について示唆する。

(1)　環境資産

第2章第3節「環境資産をめぐる会計の理論的検討」で，環境資産の認識アプローチには「将来の便益の増加アプローチ」(IFBアプローチ) と「将来便益の追加コストアプローチ」(ACOFBアプローチ) があり，また会計観に「収益・費用アプローチ」(R/Eアプローチ) と「資産・負債アプローチ」(A/Lアプローチ) があるとし，資産の本質と操作可能性の視点から，R/EアプローチとACOFBアプローチが，そしてA/LアプローチとIFBアプローチが整合性をもつことを指摘した。その上で，米国における環境関係の会計基準である「アスベスト除去コストの会計処理」(EITF89-13) 及び「汚染処理コストの資産計上」(EITF90-8) とIASBの「有形固定資産」の会計基準 (IAS第16号 (2003年改訂版)) を取上げ，検討された。議論の対象とされた米国の会計基準には二つの会計観が混在しており，見方によりIFBアプローチあるいはACOFBアプローチを取っているとの解釈が成り立つとし，他方IAS第16号はA/Lアプローチに基づくIFBアプローチを取っているとした。

以上の米国の会計基準及び国際会計基準の検討を踏まえ，環境資産の概念

に関しては次の方向で議論することが望ましい。

　資産認識に関する国際的動向すなわちFASB及びIASBがA/Lアプローチという会計観を明確にしていることを考慮すると，今後の方向としては，A/Lアプローチに基づく厳密な資産の定義を遵守し，将来の経済的便益の増加の解釈を可能な限り拡張することにより環境コストの資産計上を図るIFBアプローチを適用する方向の模索が必要である。

(2) 環 境 負 債

　第2章第4節「環境負債をめぐる会計の理論的検討」では，負債の認識について，R/Eアプローチ思考に依拠する費用の認識に誘導されて負債を計上する方法（フロー認識法）とA/Lアプローチ思考に依拠し一定の要件を満たした負債の発生を認識し負債を計上する方法（ストック認識法）があることを指摘した。その上で，米国における環境負債関連の会計基準である「偶発事象の会計（SFAS第5号）」及び「資産除去債務の会計（SFAS第143号）」等を取り上げ，フロー認識法及びストック認識法の視点から議論した。

　偶発損失の存在は将来の資産の減損や損失あるいは負債の発生をもたらす。ここでは負債の発生に着目する。SFAS第5号では，偶発損失は，①資産の減損あるいは負債の発生の可能性が期末時点で高いこと（蓋然性）と②損失の金額を合理的に見積り可能なこと（測定可能性）の二つの要件を満たすことで計上される。つまり，偶発損失というフローの蓋然性と測定可能性に基づいて負債が認識されることになるので，SFAS第5号ではフロー認識法がとられているとみることができる。関連して，AICPAから公表された意見書「環境修復債務」（SOP96-1）が取り上げられた。そこでは，SFAS第5号を受けて，偶発損失に関する二つの要件すなわち蓋然性と測定可能性を広く解釈することにより環境負債を計上することを奨めていることをみた。

　SFAS第143号はSFAC第6号の負債の定義と整合性していることから，ストック認識法がとられているとみられる。SFAC第6号では負債は法的負債，推定的負債及び衡平的負債を含むとされる。ところがSFAS第143号では法的負債のみを負債の要件としている。しかしながら，法的負債に約束的禁反言のもとでの契約の法的解釈による債務が含まれているので，いわゆる法的債務より負債の範囲が広いといえる。また，フロー認識法をとっているSFAS第5号では偶発損失の認識要件として蓋然性と測定可能性をあげてい

たが，SFAS第143号では負債の認識要件から蓋然性は削除し，それは測定可能性要件に入れられた。かくして，SFAS第143号では，負債は法的債務自体の範囲の拡張，並びに蓋然性を負債の認識要件から外すことによる負債の範囲の拡張が行われたといえる。

次にIASBの偶発債務に関する会計基準，IAS第37号及び改訂公開草案が取り上げられた。これらの会計基準においてはストック認識法がとられており，かつIAS第37号では，負債の認識要件として現在の債務（法的債務と推定的債務），蓋然性及び測定可能性があげられている。他方，その改訂草案では蓋然性が削除され，法的債務と推定的債務並びに測定可能性の2要件とされている。

以上，米国の会計基準及び国際会計基準の考察を基に，環境保全の視点から可能な限り環境会計情報を開示する方向で考えるならば，ストック認識法の場合には負債の認識要件から蓋然性を外し，債務の範囲をできる限り広く解釈することが望ましい。他方，フロー認識法の場合には，蓋然性をできる限り広く解釈し，債務性のない項目も含めて負債計上することが考えられる。

会計基準の国際的動向である会計観としてのA/Lアプローチの優位性並びに前項での環境資産概念の拡張の議論を踏まえると，ストック認識法による負債概念の拡張を図ることが方向として示唆される。

3 環境関連の非財務項目

環境リスクを低減するために，企業は環境コストを費やし，このことが利益に影響し，企業の経営成績に反映される。しかしながら，環境コストを費やす第1の目的は環境リスクの低減すなわち環境負荷物質排出量の削減にあることを思われるので，利害関係者にとっては，まずは，環境コストの有効性を判断する上で，関連する環境負荷物質排出量及び削減量等の非財務情報がその意思決定にとって欠かせぬ情報といえる。

企業はその事業活動から多様な環境負荷物質を排出する。環境省から公表された『環境会計ガイドライン』では，企業活動から排出される環境負荷物質の中から，温室効果ガス排出量，特定の化学物質排出量・移動量，廃棄物等総排出量，廃棄物最終処分量，水質（BOD，COD），NOx・SOx排出量，

悪臭（最大濃度）などの開示が求められている⁽¹⁾。

　業種によって排出される環境負荷物質の内容が異なる。環境コストと対比する形で多様な環境負荷物質排出量を開示することは有意義であるが，当面は，世界的関心事となっている温室効果ガス排出量を開示することが望まれる。既に日本では，地球温暖化対策推進法に基づく排出量報告・公表制度に基づき，序章でみたように企業は温室効果ガス排出量の測定，公表を行っているという事実がある。

　日本公認会計士協会は，2006年に『投資家向け情報としての環境情報開示の可能性』なる経営研究調査会研究報告第27号を公表した。そこでは，株主及び投資家向けの開示制度の中に環境情報を組み込むことを想定し，地球温暖化問題を中心に，株主及び投資家向けの環境情報開示の方向性が示唆されている。すなわち，株主及び投資家にとって必要な情報として，①地球温暖化問題に対する企業の取組方針　②マネジメント体制　③リスク情報　④温室効果ガス排出量実績　⑤温室効果ガス排出量に関する目標・分析・評価　⑥具体的な対策　⑦今後の計画があげられている。④及び⑤の定量情報以外は概して定性情報である。④については，国内及び海外に区分した上で事業所ごとの排出量実績を示す開示様式例が提示されている⁽²⁾。

　また，自民党温暖化対策推進本部により，2008年6月11日に発表された中間報告に，投資判断のための情報として有価証券報告書への温室効果ガス排出量の開示の義務付け案が盛り込まれた⁽³⁾。さらには，温室効果ガス排出量の開示ではないが，企業の環境力を示す指数として「環境」株価指数を，東京証券取引所と経済産業省が協力して開発するとの報道もある。この株価指数の要素に温室効果ガス排出量が上げられている⁽⁴⁾。

　以上から，日本においても，投資家向けの有力な情報として温室効果ガス排出量が考慮されていることが分かる。温室効果ガス排出量を開示するとして，開示場所と開示内容等が問題とされる。本書では主として財務諸表と脚注を念頭に議論してきたことから，この線に沿うと，脚注を利用しての開示が示唆される。開示に当っては温室効果ガス排出量の算定方法や温室効果ガスを排出する事業活動の範囲（バウンダリー）等の検討課題が克服されなければならない。

　しかしながら，脚注での開示はスペース的には限られることから，温室効

果ガスのより詳細な情報の開示を進める場合には，開示内容については，先述した日本公認会計士協会の研究報告第27号が参考となる。詳細な開示をするとすれば，有価証券報告書の「第1部企業情報」の「第2事業の状況」中の「対処すべき課題」あるいは「事業等のリスク」などでの開示が考えられる[5]。

　土地は，長期的視点からはその所有者が変わり多様な利用がされる。この意味では土地は社会の共有財産とみることができる。多様な利用を妨げる土壌汚染は現在の所有者のみならず社会にとっての損失である。このような視点から漸次土地汚染に関する規制が強化されてきた。規制の強化は企業の経営リスクを高める。土地汚染関連の金額情報が開示されている場合には脚注を利用して汚染面積，浄化方法等の非財務情報を開示することが望ましい。土地汚染に関するより詳細な情報の提供を志向するならば，温室効果ガスに倣って，有価証券報告書の「対処すべき課題」あるいは「事業等のリスク」などで，所有する土地について，土壌汚染調査の有無，実施した調査のレベル，並びに汚染があった場合には，汚染状況，汚染浄化計画・方法・費用，浄化後のマネジメントの状況等の開示が望ましい。

注

（1）　環境省［2005］p. 43.
（2）　日本公認会計士協会［2006］pp. 25-41.
（3）　http://www.jimin.jp/jimin/seisaku/2008/seisaku-015.html
（4）　『日本経済新聞』2008年5月31日。
（5）　日本公認会計士協会［2007］pp. 17-19.

（河野　正男）

参 考 文 献

〔欧　　文〕

The Accounting Advisory Forum (AAF) [1995] *Environmental Issues in Financial Reporting*, Doc. XV/6004/94 cl rev4.

Accounting Principles Board (APB) [1972] APB Opinion No. 22, *Disclosure of Accounting Policies*, APB.

Association of Chartered Certified Accountants (ACCA) [1997] *Guide to Environmental and Energy Reporting and Accounting 1997*, ACCA.

American Institute of Certified Public Accountants (AICPA) [1970] Statement of The Accounting Principles Board (APBS) No.4, *Basic Concepts and Accounting Principles Underlying Financial Statements of Business Enterprises*, AICPA（川口順一訳［1973］『アメリカ公認会計士協会　企業会計原則』同文舘）.

AICPA [1996] Statement of Position (SOP) 96-1, *Environmental Remediation Liabilities*, Accounting Standards Executive Committee, AICPA.

AICPA [1997] *AICPA Professional Standards Volume 1*, AICPA.

Bennett, M. and P. James, [1998] *The Green Bottom Line: Environmental Accounting for Management. Current Practice and Future Trends*, Greenleaf Publishing.

Boatsman, J. R., I. K. Khurana and M. L. Loudder [2000] "The Economic Implications of Proposed Changes in the Accounting for Nuclear Decommissioning Costs," *Accounting Horizons*, Vol. 14, No. 2, pp. 211-233.

The Canadian Institute of Chartered Accountants (CICA) [1993] *Environmental Costs and Liabilities: Accounting and Financial Accounting Issues*, CICA（平松一夫・谷口（阪）智香訳［1995］『環境会計―環境コストと環境負債―』東京経済情報出版）.

CICA [1994] *Reporting on Environmental Performance*, CICA（グリーンレポーティング・フォーラム訳著［1997］『環境パフォーマンス報告』中央経済社）.

ChevronTexaco [2003] *CHEVRONTEXACO CORPORATION 2003 Annual Report*,

Chevron Texaco.

Chevron [2005] *CHEVRON CORPORATION 2005* Annual Report, Chevron.

Chevron [2007] *2007 Annual Report*, Chevron.

The European Parliament and Commission (EC) [1993] Towards Sustainability: A European Community programme of policy and action in relation to the environment and sustainable development, *Official Journal of the European Communities*, C138/5, EC, 17/5/1993.

Commission of the European Communities (EC) [1999] *Communication from the Commission to the European Parliament and the Council: Single Market and Environment*, COM (1999) 263 final, EC, 8/6/1999.

EC [2001a] Commission Recommendation of 30 May 2001: on the recognition, measurement and disclosure of environmental issues in the annual accounts and annual reports of companies, *Official Journal of the European Communities*, L153/33, (2001/453/EC), EC, 30/5/2001.

EC [2001b] *Promoting a European Framework for Corporate Social Responsibility: Green Paper*, Office for Official Publications of the European Communities.

EC [2001c] *A Sustainable Europe for a Better World : A European Union Strategy for Sustainable Development*, COM (2001) 264 final, Commission of the European Committee.

EC [2002a] *Communication from the Commission Concerning Corporate Social Responsibility: A Business Contribution to Sustainable Development*, COM (2002) 347 final, EC, 2. 7. 2002.

EC [2002b] *Environmental Liability with regard to the prevention and remedying of environmental damage* (presented by the Commission), COM (2002) 17 Final 2002/0021 (COD), Proposal for a Directive of the European Parliament and of the Council.

EC [2005] *Better Regulation and the Thematic Strategies for the Environment*, COM (2005) 466 final, Commission of the European Communities SEC (2005) 1197, Commission Staff Working Paper.

EC [2006a] *Establishing a Framework for the Protection of Soil and amending Directive 2004/35/EC* (presented by the Commission), COM (2006) 232 final

2006/0086 (COD), Proposal for a Directive of the European Parliament and of the Council.

EC [2006b] *Thematic Strategy for Soil Protection*, COM (2006) 231 final, Communication from the Commission to the Council, the European Parliament, the European Economic and Social Committee and the Committee of the Regions.

EC [2006c] *Thematic Strategy for Soil Protection, Impact Assessment of the Thematic Strategy on Soil Protection* SEC (2006) 620, Commission Staff Working Document, Document accompanying the Communication from the Commission to the Council, the European Parliament, the European Economic and Social Committee and the Committee of the Regions.

Cook, A. [2009] Emission Rights: From Costless Activities to Market Operations, *Accounting, Organizations and Society*, Vol. 34 No. 3-4, pp. 456-468.

CRU [2008] *FORM 20-F Annual Report Pursuant to Section 13 or 15 (d) of the Securities Exchange Act of 1934 For the fiscal year ended: December 31*, 2007, CRU.

Dominion Resources [2008] *2007 Annual Report*, Dominion Resources.

Duke Energy [2008] *FORM 10-K Duke Energy Holding Corp.- duk, Annual Report which Provides a Comprehensive Overview of the Company for the Past Year*, Duke Energy.

Endesa [2008] *Endesa07: Annual Report, Legal Documentation*, Endesa.

Enel [2008] *Annual Report 2007*, Enel.

European Financial Reporting Advisory Group (EFRAG) [2005] *Final Endorsement Advice*, EFRAG.

The European Parliament and the Council of the European Union (EU) [2002] Regulation (EC) No 1606/2002 of the European Parliament and of the Council of 19 July 2002 on the application of international accounting standards, *Official Journal of the European Union*, I243/1, EC, 11/9/2002.

EU [2003a] Directive 2003/51/EC of the European Parliament and of the Council of 18 June 2003 amending Directives 78/660/EEC, 83/349/EEC, 86/635/EEC and 91/674/EEC on the annual and consolidated accounts of certain types of companies, banks and other financial institutions and insurance undertakings, *Official Journal of the European Union*, L178/16, EC, 17/7/2003.

EU［2003b］DIRECTIVE 2003/87/EC of the European Parliament and of the Council of 13 October 2003, Establishing a Scheme for Greenhouse Gas Emission Allowance Trading within the Community and Amending Council Directive 96/61/EC, *Official Journal of the European Union*, L257/32, 25/10/2003.

Fédération des Experts Comptable Européens（FEE）［1999］*Review of International Accounting Standards for Environmental Issues*, FEE.

Financial Accounting Standards Board（FASB）［1975］Statement of Financial Accounting Standards（SFAS）No. 5, *Accounting for Contingencies*, FASB.

FASB［1976a］*Scope and Implications of the Conceptual Framework Project*, FASB（森川八洲男監訳［1989］『現代アメリカ会計の基礎概念』白桃書房）.

FASB［1976b］FASB Discussion Memorandum, *an analysis of issues related Conceptual Framework for Financial Accounting and Reporting: Elements of Financial Statement and Their Measurement*, FASB（津守常弘監訳［1997］『FASB財務会計の概念フレームワーク』中央経済社）.

FASB［1976c］FASB Interpretation（FIN）No. 14, *Reasonable Estimation of the Amount of a Loss–An interpretation of FASB Statement No. 5*, FASB.

FASB［1977］SFAS No. 19, *Financial Accounting and Reporting by Oil and Gas Producing Companies*, FASB.

FASB［1978］Statements of Financial Accounting Concepts（SFAC）No. 1, *Objectives of Financial Reporting by Business Enterprises*, FASB（平松一夫・広瀬義州訳［1999］『FASB財務会計の諸概念（改訳新版）』中央経済社）.

FASB［1980］SFAC No. 2, *Qualitative Characteristics of Accounting Information*, FASB（平松一夫・広瀬義州訳［1999］『FASB財務会計の諸概念（改訳新版）』中央経済社）.

FASB［1982］SFAS No. 71, *Accounting for the Effects of Certain Types of Regulation*, FASB.

FASB［1985］SFAC No. 6, *Elements of Financial Statement*, FASB（平松一夫・広瀬義州訳［2002］『FASB財務会計の諸概念（増補版）』中央経済社）.

FASB [1989] Emerging Issues Task Force (EITF) 89-13, *Accounting for the Costs of Asbestos Removal*, FASB.
FASB [1990] EITF 90-8, *Capitalization of Costs to Treat Environmental Contamination*, FASB.
FASB [1993] EITF 93-5, *Accounting for Environmental Liabilities*, FASB.
FASB [1996] Exposure Draft (ED), *Accounting for Certain Liabilities Related to Closure or Removal of Long-Lived Assets*, FASB.
FASB [2000a] SFACNo. 7, *Using Cash Flow Information and Present Value in Accounting Measurements*, FASB (平松一夫・広瀬義州訳 [2002]『FASB財務会計の諸概念 (増補版)』中央経済社).
FASB [2000b] ED (Revised), *Accounting for Obligations Associated with the Retirement of Long-Lived Assets*, FASB.
FASB [2001a] SFAS No. 143, *Accounting for Assets Retirement Obligations*, FASB.
FASB [2001b] SFAS No. 144, *Accounting for the Impairment or Disposal of Long-Lived Assets*, FASB.
FASB [2002a] *Memorandum of Understanding "The Norwalk Agreement"*, Sep 18, 2002, FASB.
FASB [2002b] SFAS No. 146, *Accounting for Costs Associated with Exit or Disposal Activities*, FASB.
FASB [2005a] FIN No. 47, *Accounting for Conditional Assets Retirement Obligations - An interpretation of FASB Statement No. 143*, FASB.
FASB [2005b] FASB Staff Position (FSP), *SFAS No. 143-1Accounting for Electronic Equipment Waste Obligations*, FASB.
FASB [2005c] SFAS No. 154, *Accounting Changes and Error Corrections -a replacement of APB Opinion No.20 and FASB Statement No. 3*, FASB.
FASB [2007] *Minutes of the March 14, 2007 Board Meeting (Valuation of Commodity Inventory and Emission Allowances that are Acquired for Resale)*, FASB.
FASB [2008] *Project Updates: Emission Trading Schemes*, FASB (http://www.fasb.org/project/emissions_trading_schemes.shtml).
Foster, J. M. (Neel) and W. Upton [2001] The Case for Initially Measuring

Liabilities at Fair Value, *Understanding the Issues*, FASB, Vol. 2 No. 1, pp. 1-4 (澤　悦男・佐藤真良訳［2002］「公正価値による負債の当初測定」『企業会計』（中央経済社），第54巻第8号，pp. 120-124).

Gray, R and J. Bebbington［2001］*Accounting for the Environment -Second Edition-*, SAGE Publications.

Guinn, R. E., R. G. Schroeder and S. K. Sevin［2005］Accounting for Asset Retirement Obligations, *The CPA Journal*; Vol. 75, No. 12, pp. 30-36.

International Accounting Standards Board (IASB)［2003a］International Financial Reporting Interpretation Committee (IFRIC) Draft Interpretation D1, *Emission Rights*, IASB.

IASB［2003b］IAS No. 41 (revised in 2003), *Agriculture*, IASB（企業会計基準委員会訳［2005］『国際会計基準審議会　国際財務報告基準書 2004』レクネクシス・ジャパン).

IASB［2003c］IAS No. 17 (revised in 2003), *Leases*, IASB（企業会計基準委員会訳［2005］『国際会計基準審議会　国際財務報告基準書 2004』レクネクシス・ジャパン).

IASB［2003d］IAS No. 1 (revised in 2003), *Presentation of Financial Statements*, IASB（企業会計基準委員会訳［2005］『国際会計基準審議会　国際財務報告基準書 2004』レクネクシス・ジャパン).

IASB［2003e］IAS No. 16 (revised in 2003), *Property, Plant and Equipment*, IASB（企業会計基準委員会訳［2004］『国際会計基準審議会　国際財務報告基準書 2004』レクネクシス・ジャパン).

IASB［2004a］International Financial Reporting Interpretation Committee (IFRIC) Interpretation 1, *Changes in Existing Decommissioning, Restoration and Similar Liabilities*, IASB.

IASB［2004b］IFRIC Interpretation 3, *Emission Rights*, IASB.

IASB［2004c］IFRIC Interpretation 5, *Rights to Interests arising from Decommissioning, Restoration and Environmental Rehabilitation Funds*, IASB.

IASB［2004d］International Financial Reporting Standard (IFRS) 5, *Non-current Assets Held for Sales and Discontinued Operations*, IASB.

IASB［2004e］IFRS 6, *Exploration for and Evaluation of Mineral Resources*, IASB.

IASB〔2004f〕IFRIC Interpretation 1, *Changes in Existing Decommissioning Restoration and Similar Liabilities*, IASB.

IASB〔2005a〕Exposure Draft of Proposed Amendment to IAS 37 Provisions, *Contingent Liabilities and Contingent Assets an IAS 19 Employee Benefits*, IASB.

IASB〔2005b〕IFRIC Interpretation 6, *Liabilities arising from Participating in a Specific Market - Waste Electrical and Electronic Equipment*, IASB.

IASB〔2006〕*Exposure Draft of Proposed Amendments to IAS 1 Presentation of Financial Statements: A Revised Presentation*, IASB.

IASB〔2007a〕*Information for Observers, Agenda Priority Decision*（Agenda Paper 5B）, IASB.

IASB〔2007b〕*Information for Observers, Reproduction of September 2005 Agenda Proposal*（Agenda Paper 5B（i））, IASB.

IASB〔2007c〕IAS No. 1（revised in 2007）, *Presentation of Financial Statements*, IASB.

IASB〔2008〕*Emission Trading Schemes, Latest revision: 04 June 2008*, IASB.

International Accounting Standards Committee（IASC）〔1989〕*Framework for the Preparation and Presentation of Financial Statements*, IASC（日本公認会計士協会国際委員会訳〔2001〕『国際会計基準審議会　国際財務報告基準書 2001』同文舘出版）.

IASC〔1992〕Exposure Draft No. 43, *Property, Plant and Equipment*, IASC.

IASC〔1993〕International Accounting Standards（IAS）No. 16（revised in 1993）, *Property, Plant and Equipment*, IASC.

IASC〔1998a〕IAS No. 16（revised in 1998）, *Property, Plant and Equipment*, IASC（日本公認会計士協会国際委員会訳『国際会計基準審議会　国際財務報告基準書 2001』同文舘出版）.

IASC〔1998b〕IAS No. 37, *Provisions, Contingent Liabilities and Contingent Assets*, IASC（日本公認会計士協会国際委員会訳〔2001〕『国際会計基準審議会　国際財務報告基準書 2001』同文舘出版）.

International Accounting Standards Committee Foundation（IASCF）〔1998〕*International Accounting Standards 37 Provisions, Contingent Liabilities and Contingent Assets*, IASCF（日本公認会計士協会国際委員会訳〔2001〕『国際会計基準審議会　国際会計基準書2001』同文舘出版）.

IASCF [2007] *International Financial Reporting Standards*, IASCF (企業会計基準委員会日本語訳監修 [2008] 『国際財務報告基準 (IFRSs) 2007』雄松堂出版).

IETA, UK Emission Trading Group, Deloitte & Touche [2002] Discussion Paper, *Accounting for carbon under the UK Emissions Trading Scheme*.

The International Organization of Securities Commissions (IOSCO) [1995] *Joint Press Release*, IOSCO, Paris July 9, 1995.

Kieso, D. E., J. J. Weygandt and T. D. Warfield [2004] *Intermediate Accounting eleventh edition*, John Wiley & Sons, Inc.

Price Waterhouse [1992] *Accounting for Environmental Compliance: Crossroad of GAAP, Engineering and Government-Second Survey of Corporate America's Accounting For Environmental Costs*, Price Waterhouse.

PricewaterhouseCoopers and the International Emissions Trading Association (PwC & IETA) [2007] *Trouble-Entry Accounting- Revised: Uncertainty in Accounting for the EU Emissions Trading Scheme and Certificated Emission Reductions*, PwC.

National Grid [2008] *Annual Report and Accounts 2008*, National Grid.

Reither, C. L. [1997] How the FASB Approaches a Standard-Setting Issue, *Accounting Horizons*, Vol. 11, No. 4, pp. 91-104.

Schaltegger, S. and R. Burritt [2000] *Contemporary Environmental Accounting; Issues, Concepts and Practice*, Greenleaf Publishing Ltd. U. K. (宮崎修行監訳 [2003]『現代環境会計　問題・概念・実務』五絃舎).

Schroeder, R., S. Suzanne and Y. Kathryn [2005] Reporting Effects of SFAS 143 on Nuclear Decommissioning Costs, *International Advances in Economic Research*, Vol. 11, No. 4, pp. 449-458.

Scottish and Southern Energy [2008] *Answering the right questions: Scottish and Southern Energy plc, Annual Report 2008*, Scottish and Southern Energy.

Stora Enso [2008] *Our Company, Our Choices: Annual Report 2007*, Stora Enso.

Sutton, T. G. [1984] Lobbying of Accounting Standard-Setting Bodies in the U. K. and U. S. A.: A Downsian Analysis, *Accounting, Organization, and Society*, Vol. 9, No. 1, pp. 81-95.

Texaco [1999] *TEXACO 1999 Annual Report*.

United Nations (UN) [1999] *Accounting and Financial Reporting for Environmental Costs and liabilities*, United Nations.

United Nations Department of Economic and Social Affairs [1974] *The Impact of Multinational Corporations on Development and on International Relations: Report of the Group of Eminent Persons*, United Nations, E/5500/Rev. 1/ST/ESA/6.

United Nations Economic and Social Council, Commission on Transnational Corporations [1977] *International Standards of Accounting and Reporting: Report of the Secretary-General, Report of the Group of Experts on International Standards of Accounting and Reporting*, United Nations, E/C. 10/33.

United Nations Conference on Trade and Development (UNCTAD) [1999] *Accounting and Financial Reporting for Environmental Costs and Liabilities*, United Nations, UNCTAD/ITE/EDS/4.

UNCTAD [2002] *Guidance Manual: Accounting and Financial Reporting for Environmental Costs and Liabilities*, UNCTAD, UNCTAD/ITE/EDS/4.

UNCTAD [2004] *Disclosure of the Impact of Corporations on Society: Current Trends and Issues*, United Nations, UNCTAD/ITE/TEB/2003/7.

UNCTAD [2006a] *Guidance on Good Practices in Corporate Governance Disclosure*, United Nations, UNCTAD/ITE/TEB/2006/3.

UNCTAD [2006b] *Guidance on Corporate Responsibility Indicators in Annual Reports*, Trade and Development Board, Commission on Investment, Technology and Related Financial Matters, Intergovernmental Working Group of Experts on International Standards of Accounting and Reporting Twenty-third session, Geneva, 10-12 October 2006, TD/B/COM. 2/ISAR/34, 24 July, 2006.

UNCTAD [2006c] *Agreed Conclusions*, Trade and Development Board, Commission on Investment, Technology and Related Financial Matters, Intergovernmental Working Group of Experts on International Standards of Accounting and Reporting Twenty-third session, Geneva, 10-12 October 2006, TD/B/COM. 2/ISAR/L. 8, 17 Oct, 2006.

United States Environmental Protection Agency (EPA) [2000] *The Clean Air Act of 2000*.

EPA [2007] *FY 2007 SUPERFUND Annual Report*, EPA.

United States of America Federal Energy Regulatory Commission [1993] *18 CFR Parts 101 and 201, Revisions to Uniform Systems of Accounts to Account for Allowance under the Clean Air Act Amendments of 1990 and Regulatory-Created Assets and Liabilities and to form Nos. 1,1-F, 2 and 2-A*, March 31, 1993.

U. S. Government Accountability Office (GAO) [2004] *Environmental Disclosure: SEC Should Explore Ways to Improve Tracking and Transparency of Information*, GAO-04-808.

Whittington, R. and P. R. Delaney [2004] *Wiley CPA Examination Review 2005 Regulation*, John Wiley & Sons, Inc.

Wolk, H. I., J. L. Dodd and M. G. Tearney [2004] *Accounting Theory, Conceptual Issues in a Political and Economic Environment, Sixth Edition*, South-Western.

The World Bank [2007] *State and Trends of the Carbon Market 2007*, The World Bank.

〔邦　文〕

合崎堅二 [1976]「社会監査の帰趨」青木茂男編『日本会計発達史』同友館，pp. 285-296。

赤塚尚之 [2004]「IFRIC公開草案D1『排出権』の特徴と諸論点の整理」『産業経営』（早稲田大学産業経営研究所），第36号，pp. 171-187。

安藤英義編著 [1996]『会計フレームワークと会計基準』中央経済社。

アーンスト・アンド・ヤング [2008]『国際会計の実務（上巻）：International GAAP2007/8』（日本語版監修　新日本監査法人　レクシスネクシス・ジャパン）。

植田敦紀 [2005]「財務諸表における環境会計情報―米国財務会計基準に基づく環境会計の構築と展開―」『横浜国際社会科学研究』（横浜国立大学国際社会科学学会），第9巻第6号，pp. 77-94。

植田敦紀 [2008]『環境財務会計論』森山書店。

上田俊昭 [2006]「外部環境会計の国際的動向―国連を中心として―」河野正男編著『環境会計の構築と国際的展開』森山書店，pp. 33-63。

浦崎直浩 [2008]「会計基準のコンバージェンスとその論点」『国際会計研究学会

年報 2007年度』（国際会計研究学会），pp. 6-13。

遠藤悦子［2008］「排出量取引の会計基準—欧州排出量取引市場における解釈指針『IFRIC3』の適用をめぐって—」『横浜国際社会科学研究』（横浜国際社会科学学会），第13巻第3号，pp. 17-30。

大西雅志［2004］「排出権取引とコスモ石油の取り組み」『ペトロテック』（石油学会），第27巻第2号，pp. 177-181。

大森　明［2004］「環境会計の国際的動向—国連の取り組みを中心として—」『商学研究』（愛知学院大学商学会），第45巻第1・2号，pp. 315-333。

岡村　堯［2004］『ヨーロッパ環境法』三省堂。

岡本　清［2000］『原価計算（六訂版）』国元書房。

小形健介［2007］「米国会計基準設定構造とSFAS143の設定過程」『長崎県立大学論集』（長崎県立大学学術研究会），第41巻第3号，pp. 77-110。

小川哲彦［2002］「有価証券報告書における環境会計情報の開示について—財務諸表調査を中心に—」『横浜経営研究』（横浜国立大学経営学会），第23巻第1号，pp. 41-55。

小川哲彦［2005］「日本企業の財務諸表における環境会計情報の開示について」『佐賀大学経済論集』（佐賀大学経済学会），第38巻第3号，pp. 93-105。

加藤盛弘［2001］「長期資産除去債務の会計—除去コスト・負債の認識・測定と将来予測—」『會計』（森山書店），第160巻第5号，pp. 1-14。

加藤盛弘［2006］『負債拡大の現代会計』森山書店。

茅　陽一監修［2002］『環境ハンドブック』産業環境管理協会。

河野正男［1998］『生態会計論』森山書店。

河野正男［2001］『環境会計—理論と実践』中央経済社。

河野正男編著［2006］『環境会計の構築と国際的展開』森山書店。

環境省［2005］『環境会計ガイドライン2005年版』環境省。

環境省［2007a］『平成17年度自主参加型国内排出量取引制度（第1期）評価報告書』環境省。

環境省［2007b］『排出削減クレジットにかかる会計処理検討調査事業』環境省。

環境省［2007c］『土壌汚染をめぐるブラウンフィールド問題の実態等について（中間取りまとめ）』環境省。

環境省［2007d］『環境にやさしい企業行動調査結果（平成18年度における取組に

関する調査結果)』環境省。

環境省［2008a］『平成20年版環境・循環型社会白書』ぎょうせい。

環境省［2008b］『土壌環境施策に関するあり方懇談会報告書』環境省。

環境省［2008c］『諸外国における排出量取引の実施・検討状況』環境省。

環境省国内排出量取引制度検討会［2008］『国内排出量取引制度のあり方について中間まとめ』環境省。

環境省水・大気環境局［2007］『平成17年度　土壌汚染対策法の施行状況及び土壌調査・対策事例等に関する調査報告』環境省。

河村寛治，三浦哲男編［2004］『EU環境法と企業責任』信山社。

監査法人トーマツ　トーマツリサーチセンター編［2007］『有価証券報告書の記載事例分析』(平成20年度版)　別冊商事法務，第313号。

企業会計基準委員会（ASBJ）［2004］実務対応報告第15号『排出量取引の会計処理に関する当面の取扱い』ASBJ。

企業会計基準委員会（ASBJ）［2006a］『我が国会計基準の開発に関するプロジェクト計画について―EUによる同等性評価等を視野に入れたコンバージェンスへの取組み―』ASBJ。

企業会計基準委員会（ASBJ）［2006b］実務対応報告第15号『排出量取引の会計処理に関する当面の取扱い』ASBJ。

企業会計基準委員会（ASBJ）［2006c］討議資料『財務会計の概念フレームワーク』ASBJ。

企業会計基準委員会（ASBJ）［2006d］『資産除去債務に関する会計処理の今後の検討の進め方（案）』ASBJ。

企業会計基準委員会（ASBJ）［2007a］論点整理『資産除去債務の会計処理に関する論点の整理』ASBJ。

企業会計基準委員会（ASBJ）［2007b］『論点整理「資産除去債務の会計処理に関する論点の整理」のコメントについて』ASBJ。

企業会計基準委員会（ASBJ）［2007c］企業会計基準公開草案第23号『資産除去債務に関する会計基準（案）』ASBJ。

企業会計基準委員会（ASBJ）［2007d］企業会計基準適用指針公開草案第27号『資産除去債務に関する会計基準の適用指針（案）』ASBJ。

企業会計基準委員会（ASBJ）［2008a］企業会計基準第18号『資産除去債務に関す

る会計基準』ASBJ。
企業会計基準委員会（ASBJ）［2008b］企業会計基準適用指針第21号『資産除去債務に関する会計基準の適用指針』ASBJ。
企業会計基準委員会（ASBJ）［2008c］『公開草案「資産除去債務に関する会計基準（案）」に対するコメントの公表』ASBJ。
企業会計基準委員会（ASBJ）［2009a］実務対応報告公開草案第31号『排出量取引の会計処理に関する当面の取り扱い（案）』ASBJ。
企業会計基準委員会（ASBJ）［2009b］実務対応報告第15号『排出量取引の会計処理に関する当面の取り扱い』ASBJ。
企業会計基準委員会（ASBJ）国際対応専門委員会［2003］『IFRIC解釈指針公開草案D1「排出権」に対するコメント』ASBJ。
企業会計審議会企画調整部会［2006］『会計基準のコンバージェンスに向けて』企業会計審議会。
菊谷正人［2007］「国際会計基準第16号「有形固定資産」の総合的・分析的検討」『経営志林』（法政大学経営学会），第44巻第1号，pp. 37-53。
キヤノン［2007］『キヤノンサステナビリティ報告書2007』キヤノン。
金融庁［2008］『金融検査マニュアル（預金受け入れ金融機関に関する検査マニュアル）』金融庁。
工藤拓毅・中茎伸一［2003］「日本における再生可能エネルギー導入策の論点」『IEEJ』2003年6月，pp. 1-12。
黒川行治［2003］「温室効果ガス排出権取引の会計の新展開」『三田商学研究』（慶應義塾大学商学会），第46巻第3号，pp. 71-92。
グリーンフォーラム21・山口民雄［2001］『環境経営への軌跡』日刊工業新聞社。
経済産業省総合資源エネルギー調査会新エネルギー部会［2007］『RPS法小委員会報告書（案）』経済産業省。
建設副産物リサイクル広報推進会議［2007］『建築物の解体等に伴う有害物質等の適切な取り扱い』建設副産物リサイクル広報推進会議。
上妻義直［2005］「EUにおける年次報告書の環境情報開示」『上智経済論集』（上智大学経済学会），第50巻第1・2号，pp. 55-68。
上妻義直［2006］「EU会社法現代化指令による環境情報開示の制度化」河野正男編著『環境会計の構築と国際的展開』森山書店，pp. 64-83。

国土交通省［2007a］『不動産鑑定評価基準』国土交通省。

国土交通省［2007b］『不動産鑑定評価基準運用上の留意事項』国土交通省。

國部克彦［2000］『ライブラリー会計学最先端＝2　環境会計　改訂増補版』サイエンス社。

國部克彦・伊坪徳宏・水口　剛［2007］『環境経営・会計』有斐閣マルマ。

コスモ石油［2003］『グリーンレポート2003』コスモ石油。

小関誠三［2006］「欧州における財務報告と環境会計」河野正男編著『環境会計の構築と国際的展開』森山書店，pp. 84-104。

斎藤静樹編著［2007］『討議資料　財務会計の概念フレームワーク』中央経済社。

阪　智香［1996］「財務会計領域における環境会計―カナダにおける制度化の取り組みと環境報告の実態―」『社会関連会計研究』（日本社会関連会計学会），第8号，pp. 33-44。

阪　智香［2001］『環境会計論』東京経済情報出版。

阪　智香［2003］「財務会計における「環境会計」」國部克彦・梨岡英理子監修『環境会計最前線―企業と社会のための実践的なツールをめざして―』省エネルギーセンター，pp. 136-151。

阪　智香［2005］「環境資産と環境負債の会計と開示―アメリカ・IASBにおける会計基準の動向―」『商学学論究』（関西学院大学商学研究会），第53巻第2号，pp. 65-83。

阪　智香［2008］「環境負債の会計問題―国際的動向と我が国の課題―」『会計・監査ジャーナル』（日本公認会計士協会），第636号，pp. 65-71。

佐藤信彦［2007］「日本における環境負債会計実務」『産業経理』（産業経理協会），第67巻第3号，pp. 53-62。

四国電力［2008］『よんでん環境保全活動レポート2008』四国電力。

柴田秀樹・梨岡英理子［2006］『進化する環境会計』中央経済社。

商事法務研究会編［2000］『平成10年度世界各国の環境法制に係る邦訳等比較調査報告書』商事法務研究会。

新日本監査法人［2008］『International GAAP 2007/8　国際会計の実務【上・下巻】』雄松堂出版。

杉本徳栄［2005］「米国SECの国際開示戦略とFASBのミッション」平松一夫・徳賀芳弘編著『会計基準の国際的統一――国際会計基準への各国の対応―』中央

経済社。

石油連盟［2006］『石油統計情報　今日の石油産業データ集2006』。

大日本スクリーン製造［2007］『社会環境報告書2007～思考展開レポート～』大日本スクリーン製造。

高須教夫［1997］「FASB概念フレームワークにおける利益観をめぐる問題」 日本会計研究学会スタディグループ（主査 津守常弘）『会計の理論的枠組みに関する総合的研究〔最終報告〕』日本会計研究学会，pp. 39-51。

高寺貞男［2003］「公正価値会計への中途半端な転換」『大阪経大論集』（大阪経大学会），第54巻第4号，pp. 203-213。

武田隆二［1976］「情報会計の現状と将来」青木茂男編『日本会計発達史』同友館，pp. 22-228。

武田隆二［2001］『最新　財務諸表論〔第7版〕』中央経済社。

田中英夫編［1991］『英米法辞典』東京大学出版会。

地球温暖化対応のための経済的手法研究会［2008］『「ポスト京都」における我が国の産業分野を中心とした対策について―中間報告―』経済産業省，平成20年7月25日。

地球環境戦略研究機関（IGES）［2008］『図説京都メカニズム9.0版』IGES。

地球産業文化研究所（GISPRI）［2003］『平成12年度排出削減における会計および認定問題研究委員会報告書』GISPRI。

中央青山サステナビリティ認証機構編［2003］『排出権取引の仕組みと戦略』中央経済社。

中央青山サステナビリティ認証機構編［2005］『排出権取引ハンドブック』中央経済社。

津守常弘［1988］「会計原則と利益概念―「包括的利益」概念と「稼特利益」概念に関連して―」『産業経理』（産業経理協会），第47巻第4号，pp. 1-10。

津守常弘［2003］「収益認識をめぐる問題点とその考え方」『企業会計』（中央経済社），第55巻第11号，pp. 18-25。

トーマツ環境品質研究所［2006］『トーマツ環境ニュース』第69号（2月）。

東京海上［1998］，『TALISMAN別冊：ドイツ連邦土壌保護法』（ヨーロッパ編その17）東京海上ホールディングス，1998年11月。

東京海上［2001］『TALISMAN別冊：スーパーファンドの20年』（アメリカ編その

30）東京海上ホールディングス。

東京海上［2003］『TALISMAN別冊：EU環境法の最新動向』（ヨーロッパ編その18）東京海上ホールディングス。

東京都環境局［2008］『東京都による土壌汚染の課題と対策の方向性について～土壌汚染に係わる総合支援対策検討委員会報告～』東京都。

東京都環境審議会［2008］『都民の健康と安全を確保する環境に関する条例（環境確保条例）の改正について　答申』東京都。

徳賀芳弘［2003a］「国際会計基準の概念フレームワーク」土方　久編『近代会計と複式簿記』税務経理協会，pp. 35-42。

徳賀芳弘［2003b］「資産負債中心観における収益認識」『企業会計』（中央経済社），第55巻第11号，pp. 35-42。

土壌環境センター［2007］『「土壌汚染状況調査・対策」に関する実態調査結果（平成18年度）』土壌浄化センター。

冨塚嘉一・斉藤彰夫［2002］「閉鎖負債に関するアンケート調査報告―米国財務会計基準審議会公開草案 Accounting for Obligations Associated with the Retirement of Long-Lived Assets（長期資産の退役に関連する債務の会計）を基礎として―」『中央大学企業研究所ワーキング・ペーパー No. 7』。

内藤克彦［2002］「土壌汚染対策法について」『環境研究』（日立環境財団），第127号，pp. 28-39。

長束航［2004］「負債概念の再検討―債務性を中心として―」『福岡大学商学論叢』（福岡大学研究推進部）第49巻第1号，pp. 159-179。

日本会計研究学会スタディ・グループ中間報告［2007］『環境財務会計の国際的動向と基礎概念に関する研究　中間報告』日本会計研究学会。

日本会計研究学会スタディ・グループ最終報告［2008］『環境財務会計の国際的動向と基礎概念に関する研究　最終報告』日本会計研究学会。

日本公認会計士協会（JICPA）［2001］「財務会計の枠組み内での環境会計をめぐる国際的研究動向と我が国における課題―環境コスト及び環境負債の会計処理と開示―」『経営研究調査会研究報告第11号』，JICPA。

日本公認会計士協会（JICPA）［2006］「投資家向け情報としての環境情報開示の可能性」『経営研究調査会研究報告第27号』，JICPA。

日本公認会計士協会（JICPA）［2007］「我が国における気候変動リスクに関わる投

資家向け情報開示―現状と課題―」『経営研究調査会研究報告第33号』,JICPA。

日本貿易振興機構（JETRO）［2005］「EUのCSR政策とベルギーでの取り組み」『ユーロトレンド』2005年7月号, pp. 1-22.

日本貿易振興機構（JETRO）［2006］「EUの環境政策と産業」『ユーロトレンド』2006年9月号, pp. 1-146.

日本不動産鑑定協会［2002］『土壌汚染にかかわる不動産鑑定評価上の運用指針Ⅰ』日本不動産鑑定協会。

日本不動産鑑定協会［2004］『土壌汚染にかかわる不動産鑑定評価上の運用指針Ⅱ』日本不動産鑑定協会。

広瀬義州［1995］『会計基準論』中央経済社。

広瀬義州［2008］「企業会計における非財務情報の役割」『會計』（森山書店），第173巻第6号, pp. 1-23。

藤井秀樹［1991］「FASB1976年討議資料に関する研究ノート」『経済論叢』（京都大学経済学会），第148巻第4・5・6号, pp. 181-189。

藤井秀樹［1997］『現代企業会計論』森山書店。

藤井秀樹［2007］『制度変化の会計学―会計基準のコンバージェンスを見すえて』中央経済社。

藤田幸男［2008］「会計大学院における教育課題」『企業会計』（中央経済社），第60巻第10号, pp. 56-63。

船曳尚［2005］「RPS相当量の価格に影響を与える要素」『Natsource Japan Letter』2005年10月号。

松尾敏行［2005］『資産・負債概念の拡張と環境会計の概念フレームワークの提案～環境税への適用可能性と意思決定有用性を視野に～』中央大学大学院国際会計研究科リサーチペーパー（修士論文）。

松尾敏行［2006］「環境会計の概念フレームワーク」『横浜国際社会科学研究』（横浜国立大学国際社会科学学会），第10巻第6号, pp. 57-74。

松村弓彦［1999a］「汚染土壌浄化義務者―ドイツ連邦土壌保全法の示唆」『日本土地環境学会誌』第6号, pp. 94-102。

松村弓彦［1999b］「土壌汚染の調査・浄化義務」『法律論叢』（明治大学法律研究所），第71巻2・3号。

松村弓彦［2001］『ドイツ土壌保全法の研究』成文堂。

松本敏史［2003］「収益費用中心観における収益認識」『企業会計』（中央経済社），第55巻第11号，pp. 26-34。

松本敏史［2007］「引当金会計モデルの類型と会計基準」『財務会計研究』（財務会計研究学会），第1号，pp. 142-155。

三菱ケミカルホールディングス［2006］『有価証券報告書—第1期』三菱ケミカルホールディングス。

三菱マテリアル［2007］『有価証券報告書—82期』三菱マテリアル。

向伊知郎［2003］『連結財務諸表の比較可能性—会計基準の国際的統一に向けて—』中央経済社。

村井秀樹［2001］「カナダにおける排出権取引市場の形成と会計問題—GERTの実態調査を踏まえて—」『商学集志』（日本大学商学研究会），第69巻第4号，pp. 11-21。

村井秀樹［2004］「排出権取引と会計」勝山進編著『環境会計の理論と実態』中央経済社，pp. 187-196。

村井秀樹［2005］「海外植林における炭素権の法的・会計的問題」『会計学研究』（日本大学商学部会計研究所），第19号，pp. 31-48。

村井秀樹［2007］「再生可能エネルギーの施策と会計問題」『会計学研究』（日本大学商学部会計研究所），第21号，pp. 1-16。

村井秀樹［2008］「欧州排出量取引制度（EU-ETS）の現状と会計基準の方向性」『企業会計』（中央経済社），第60巻第12号，pp. 66-74。

保髙徹生［2007］『土壌汚染の社会・経済影響の定量化とその解決方法に関する研究』横浜国立大学環境情報学府博士論文。

リコー［2007］『リコーグループ環境経営報告書2007』リコー。

リコー［2008］『リコーグループ環境経営報告書2008』リコー。

【執筆者紹介】（執筆順，○印は編著者）

○河野　正男（かわの・まさお）：中央大学経済学部教授
[略歴]
一橋大学大学院商学研究科博士後期課程満期退学。博士（商学）。1969年獨協大学経済学部専任講師，横浜国立大学教授を経て2003年より現職。著作には，『生態会計論』（単著，森山書店），『環境会計―理論と実践―』（単著，中央経済社），『環境会計の構築と国際的展開』（編著，森山書店）などがある。

○阪　智香（さか・ちか）：関西学院大学商学部教授
[略歴]
関西学院大学大学院商学研究科博士課程満期退学。商学博士。1998年関西学院大学商学部専任講師，助教授を経て2008年より現職。著作には，『環境会計論』（単著，東京経済情報出版），『環境会計 A to Z』（共著，Bio City出版），『The Natural Advantage of Nation: Business Opportunities, Innovation and Governance in the 21st Century』（共著，London・Sterling）などがある。

大森　明（おおもり・あきら）：横浜国立大学経営学部准教授
[略歴]
横浜国立大学大学院国際開発研究科博士後期課程修了。博士（学術）。2001年愛知学院大学商学部専任講師，助教授を経て，2007年より現職。著作には，『環境会計の構築と国際的展開』（共著，森山書店），「自治体環境政策のための環境会計―エコバジェットを用いた一試案―」『會計』第172巻第3号などがある。

井上　定子（いのうえ・さだこ）：流通科学大学商学部准教授
[略歴]
神戸商科大学大学院経営学研究科博士後期課程修了。博士（経営学）。2004年流通科学大学商学部専任講師，2008年より現職。著作には，「IAS21における機能通貨概念導入の意義」『国際会計研究学会年報―2008年度―』，「テンポラル法における換算差額の性質」『流通科学大学論集』第20巻第2号などがある。

○上田　俊昭（うえだ・としあき）：明星大学経済学部教授
[略歴]
早稲田大学大学院商学研究科博士課程満期退学。商学修士。1978年富士大学経済学部専任講師，湘北短期大学商経学科教授，明星大学情報学部教授を経て，2005年より現職。著作には，『複式簿記の基礎と応用』（単著，中央経済社），『動的社会と会計学』（共著，中央経済社），『黒澤会計学研究』（共著，森山書店），『環境会計の構築と国際的展開』（共著，森山書店）などがある。

小形　健介（おがた・けんすけ）：長崎県立大学経済学部准教授
[略歴]
神戸商科大学大学院経営学研究科博士後期課程修了。博士（経営学）。2002年長崎県立大学経済学部専任講師を経て，2005年より現職。著作には，『現代会計学と会計ビッグバン』（共著，森山書店），『会計利益計算の構造と論理』（共著，創成社），「全部暖簾法をめぐるFASBとIASBの決定過程の分析」『国際会計研究学会年報　2008年度』などがある。

植田　敦紀（うえだ・あつき）：LEC大学総合キャリア学部講師
[略歴]
米国公認会計士（イリノイ州登録）。横浜国立大学大学院国際社会科学研究科博士後期課程修了。博士（経営学）。著作には，『環境財務会計論』（単著，森山書店），「土壌汚染の会計」『環境管理』

第45巻第6号,「環境財務会計の構築と展開―U.S. Environmental GAAPに基づく環境負債計上のメカニズム―」『會計』第173巻第1号などがある。

金藤　正直（かねとう・まさなお）：弘前大学人文学部准教授
[略歴]
横浜国立大学大学院国際社会科学研究科博士後期課程修了。博士（経営学）。2005年東京大学大学院工学系研究科産学官連携研究員，2006年弘前大学人文学部専任講師を経て，2008年より現職。著作には,「サプライチェーン環境会計情報システムの構築方法」『會計』第169巻第6号,「日本におけるバイオマス政策・事業を対象にした評価モデルの構想」『人文社会論叢（社会科学篇）』第20号などがある。

〇八木　裕之（やぎ・ひろゆき）：横浜国立大学経営学部教授
[略歴]
中央大学大学院経済学研究科博士課程修了。博士（会計学）。1988年福井工業大学工学部専任講師，神戸商科大学経営学部助教授，教授を経て，2000年より現職。著作には,「持続可能な経済社会と会計」『會計』第162巻第3号,『環境会計の構築と国際的展開』（共著，森山書店）,「バイオマス資源を対象としたストック・フロー統合型環境会計の展開」『會計』第174巻第4号などがある。

千葉　貴律（ちば・たかのり）：明治大学経営学部教授
[略歴]
横浜国立大学大学院国際開発研究科博士後期課程修了。博士（学術）。福山平成大学経営情報学部専任講師，明治大学経営学部専任講師，助教授を経て，2008年より現職。著作には,『環境会計の構築と国際的展開』（共著，森山書店）,『経営学への扉【第3版】』（共著，白桃書房）,「環境リスクマネジメントと環境品質原価計算」（明治大学経営学研究所『経営論集』第55第4号）などがある。

〇村井　秀樹（むらい・ひでき）：日本大学商学部教授
[略歴]
日本大学大学院商学研究科博士後期課程満期退学。商学修士。1992年日本大学商学部専任講師，助教授を経て2004年より現職。著作には,『国際会計基準を考える―変わる会計と経済―』（編著，大月書店）,『環境会計の理論と実態（第2版）』（共著，中央経済社）,「欧州排出量取引制度（EU ETS）の現状と会計基準の方向性」『企業会計』第60巻第12号などがある。

齋尾　浩一朗（さいお・こういちろう）：あずさ監査法人シニアマネジャー
[略歴]
関西学院大学経済学部卒業。1999年公認会計士登録。上場企業の財務監査を担当後，環境会計，J-SOX等のアドバイザリー業務を中心に行う。著作には,『環境会計 A to Z』（共著，ビオシティ），『環境会計最前線』（共著，財団法人省エネルギーセンター），『内部統制評価マニュアル』（共著，中央経済社）などがある。現在，日本公認会計士協会経営研究調査会排出権取引専門部会委員。

小川　哲彦（おがわ・てつひこ）：佐賀大学経済学部准教授
[略歴]
横浜国立大学大学院国際社会科学研究科博士後期課程修了。博士（経営学）。2003年佐賀大学経済学部専任講師を経て，2004年より現職。著作には,「ABCにおける環境保全活動」『横浜経営研究』第24巻第1・2号,「日本企業の財務諸表における環境会計情報の開示について」『佐賀大学経済論集』第38巻第3号などがある。

環境財務会計の国際的動向と展開

2009年11月30日 初版第1刷発行

著者 © 河野正男　上田俊昭　八木裕之
　　　　村井秀樹　阪　智香

発行者　菅田直文

発行所　有限会社　森山書店　〒101-0054　東京都千代田区神田錦町1-10林ビル
TEL 03-3293-7061　FAX 03-3293-7063　振替口座 00180-9-32919

落丁・乱丁本はお取りかえします　印刷／製本・シナノ書籍印刷

本書の内容の一部あるいは全部を無断で複写複製することは，著作権および出版社の権利の侵害となりますので，その場合は予め小社あて許諾を求めてください。

ISBN 978-4-8394-2085-7